每個孩子都不一樣

解開人格差異與形成之謎

No Two Alike

Human Nature and Human Individuality

心理學最高榮譽 米勒獎得主 茱蒂‧哈里斯 Judith R. Harris——著

洪蘭——譯

譯者序

　　心理學是一門探討人類行為的學問，尤其是人類的心智更是最近當紅的主題。行為是心智的外顯，每個人都認為自己是與眾不同、獨一無二的，但是在這同時，他又很好奇，為什麼人有不同？為什麼同一件事情，他的看法與我這麼不同？套句現代流行的說法，藍綠為什麼差異這麼大？朝野為什麼這麼難溝通？自古以來，人就對個別差異有興趣，也一直在探究這差異的來源：是什麼因素使在同一個家庭長大的同卵雙胞胎有不同個性？如果親代好，子代不好，成語說「虎父犬子」，如果子代好，親代不好，成語說「壞竹出好筍」，每個文化都有探究人格差異的成語。因此人格與智慧一直是心理學的主要領域之一。

　　兩千年來，哲學家一直在爭論人格是天生還是後天的。經過一百多年的研究，心理學家終於達到共識：人格是受到先天（基因）和後天（環境）交互作用的影響，基因使你有做這個行為的傾向，後天環境使這個行為表現出來。在《教養的迷思》出版後，先天和後天的爭辯終於告一段落。但是在 2003 年，伊朗連體雙胞胎拉列和拉丹分割手術的失敗，平地一聲雷，打破了心理學好不容易得到的平靜。這對雙胞胎跟別人不同的地方是她們兩個的頭部連在一起，連上廁所都得一起去，因此後天經驗也是相同的。那麼，為什麼她們會發展出不同的個性，使她們願意冒生命危險去分割，尤其在知道機率只有 50/50 後，還願意分割？記者問她們，只有一半的成功率（即一半機率會死亡），為什麼要做？她們說因為人格不同，綁在一起很痛苦，願意付代價去分開，各奔前程。手術失敗的消息震驚了全世界，

3

也使心理學家坐立難安：在先天和後天的因素都完全相同的情況下，竟然還有這麼不同的人格出現，顯然以前的結論還不夠周延，還有待修正的地方。他們只好重整旗鼓，再度出發去找影響人格的因素。這本書就是在這樣的情況下出現的。

本書的作者資歷非常地不平凡，她並非大學教授，（三十七年前被哈佛研究所退學），也完全沒有做實驗的環境（是家庭主婦，副業寫大學教科書），連行走都不方便（她有先天性自體免疫機能方面的毛病）。但是她就像「輪椅神探」似的，用她的邏輯思考，就已經發表出來的論文，找出同卵雙胞胎在同一個家庭長大仍會有人格差異的原因。她這個業餘偵探做到了許多專業學者都做不到的事情，令人敬佩。她的《教養的迷思》內容豐富，證據扎實，為學術界帶來了革命性的震撼，推翻了學界盛行了五十年的理論。父母不必再為孩子不成材而內疚了，孩子受到同儕的影響比在家庭中受到父母的影響大；在研究上也沒有找到過去認為的老大人格、老二人格的證據，出生別是沒有關係的，自己不成器不必怪罪父母把你生成老大或老二。父母給孩子的是人格的基礎──是非的觀念和基本的價值觀，但是其餘的行為方式和態度就是他同學對他的影響了，作者認為孩子的社會化是在同儕團體中完成的。

我翻譯這本書，除了我個人對人格的形成很好奇，覺得這一方面的知識值得介紹到台灣來，另一方面我也對作者在做了三十七年的家庭主婦後，仍然能奪得心理學的大獎「喬治‧米勒傑出人才獎」感到敬佩（喬治‧米勒是當年寫信通知她，她不適合念博士的哈佛系主任）。她是終身學習很好的例子，一般人會認為被哈佛退學大概一輩子就完了，但是學習不一定要在

課堂中，上圖書館自學成功的人比比皆是。她沒有拿到學位，不能教書，只好退下來寫教科書。因為要寫書，就必須先讀很多資料才能寫，在消化這些論文數據的過程中，她看到過去理論不合理的地方（人的記憶是選擇性記憶，會把不合自己理論的數據掃到地毯下，科學家也不例外）。她不能做實驗，只能去圖書館找別人已發表的論文來研究，寫成了第一本書《教養的迷思》。這本書一出即轟動，成了媒體追逐的對象，上了《新聞週刊》的封面。我想她這個不妥協、勇於挑戰的個性，可能是她被哈佛退學的主要原因吧！

因為這個作者寫作的方式是透過辯證法，從現有的資料中去找出更好的解釋方法，所以這本書不能像讀一般科普書那樣，它必須細讀。作者挑出許多過去理論與數據不符的地方，博徵旁引令你不得不被她說服。看了她的書才發現有這麼多的科學家有偏見，只說符合自己理論的數據，其他的就都省略不談。難怪孔子說「博學、審問、慎思、明辨」，做學問必須經過慎思，有不妥處必須審問，要辨到通後才能繼續往前走，我們現在已很少人像她一樣在做學問了。

商周的編輯希望我把作者最後找出拉列和拉丹這兩位基因和後天環境都相同卻形成不同人格的原因講出來作個導讀，但我想了想，覺得不妥，它會破壞讀者的胃口。一本偵探小說，如果知道是誰幹的，就沒有看下去的動機。還是先賣個關子，讓讀者一路讀到完，自己去發現，樂趣比較高。本書的寫法是以偵探小說的方式，抽絲剝繭，直到水落石出，最後真相大白為止，我想應該尊重作者的原意，讓讀者去享受破案的喜悅。

作者序

　　人類的個別性一直以來都是未解之謎。目前流行的人格理論（又稱人格發展理論）不能解釋為什麼兩個人在某些方面會很相像，或即使是在同一家庭長大的同卵雙胞胎，他們的人格和行為也不相同。同卵雙胞胎有著相同的基因，所以他們之間的差異不可能是來自先天。

　　人與人之間的有趣差異不是來自基因，也不是來自你所想到與「人格」這個字有關的任何其他原因，這就是為什麼人的獨特性一直以來都是一個解不開的謎。

　　這本書的目的就是要解開這個謎；而這將是一個科學的偵探故事。

　　現在做這件事的時機已經成熟了。我現在手邊擁有的工具是以前的理論家所沒有的：它是基於演化心理學家平克（Steven Pinker）、康斯邁德（Leda Cosmides）和托比（John Tooby）等人的研究所得出對於人類心智的新觀點。現在我們已經知道，人類的心智不只是一個複雜的器官：它是很多複雜器官的集合，每一個器官會根據自己的規則運作。

　　但是，演化心理學並不是我唯一的工具。作為一個獨立的研究者，我有充分的自由去選擇任何我認為我應該走的路，不必去理會那些學術界的領域標記。我所涉獵的領域包括社會心理學、發展心理學、心裡語言學、神經科學和行為遺傳學。我在許多不可能的地方找到了有用的線索，甚至在昆蟲學中，我也找到有用的資料。

　　一個好的偵探在破案時，必須去思考所有的可能性，再

將不適用的剔除。這些不對的線索就是所謂的「紅鯡魚」（red herring）。我最適合做這項工作，因為我是天生的懷疑者，如果沒有證據，我不會隨便相信別人的話；我從小就有自己的主張，不太相信別人的話。自從七年前我的書《教養的迷思》（*The Nurture Assumption*）❶出版之後，我變得更小心謹慎。你們在後面會讀到這個故事，因為它與我們現要追尋的目標有關。

我並不是說我過去那七年的經驗都是負面的；正好相反。因為健康的關係，我幾乎沒有辦法出門，但透過電子郵件，我遇到了許多有趣且心胸寬大的人。在魚雁往返的過程中，我學到了一件事：某人名字後面那一長串的文字並不見得使他值得受尊敬❷。

事實上，那是非常特殊的七年。你絕對想不到，像我這樣不能夠參加派對的人會有如此美妙的時光。當我被困在紐澤西州的水岸❸時，《教養的迷思》倒是被翻譯成十五種不同的語言，行遍全世界。之前我提到的電子郵件，除了來自我自己的國家，也來自許多我過去或未來都無緣造訪的地方。我想藉這個機會謝謝所有曾與我分享看法的朋友，我接受了陶冶、教誨和挑戰，也獲得了滿足與娛樂，有時更被他們告訴我的東西所感動。

我欠很多人恩情：我的經紀人，博克曼公司（Brockman, Inc.）的梅特森（Katinka Matson）小姐，她總在我需要她的時

❶ 譯註：中文版由商周出版。
❶ 譯註：通常期刊論文的作者名字後面會列出他所屬的機構，如某某大學、某某科系。作者曾被哈佛大學心理系退學，是憑自己的實力打出一片天，所以對學院派的人不假顏色。
❸ 譯註：這裡的水，指的是哈德遜河。

候聽我傾訴，並給我忠告。我的編輯安琪拉‧馮德利（Angela von der Lippe）小姐提供我許多寫作上的建議，讓這本書的可讀性更高。還有諾頓出版社（W. W. Norton）的李文史密斯（Vanessa Levine- Smith）和史瓦茲（Renee Schwartz）等人，他們的努力使得這本書得以順利出版。

我特別要感謝讀過這本書初稿的同事、朋友及親戚，他們給了我許多有用的意見。

更多的意見來自與我結褵四十四年的先生，查理‧哈里斯（Charles Harris），他是真正使我能繼續寫作完成這本書的動力。為了回報他給我的鼓勵與幫助，我呈上我的感恩和愛。我的愛也要給我其他的家人，他們都了解我、支持我──我的兩個女兒娜咪（Nomi）和伊蓮恩（Elaine）、女婿克里斯（Chris）和提姆（Tim），還有我的兄弟理查（Richard）。對了，當然還有我那四個漂亮又可愛的孫子珍妮佛（Jennifer）、艾比加（Abigail）、傑若米（Jeremy）和伊蓮諾（Eleanor）。

我要將這本書獻給平克教授。我們自 1995 年共事至今，並以電子郵件保持聯絡。他聆聽我的想法，在我沮喪時給我打氣，當他認為我走偏方向時會跟我爭辯。雖然我們在很多事情上仍不同意對方的看法，但平克教授對我思想的影響比任何人都要深遠。同樣重要地，他也允許我去影響他的思想。

寫到這裡，我想起來還有另一群人值得我感謝：發明和發展網際網路的人。他們使得像我這樣行動不便的人，得以與世界上最有名的科學家交換意見。現代醫學的奇蹟讓我存活至今，而現在科技的奇蹟，讓我得以完成這本《每個孩子都不一樣：解開人格差異與形成之謎》。

目　錄

第一章

感謝差異性

在我寫這本書的第一天，拉列（Laleh）和拉丹（Ladan
Bijani）在伊朗下葬，她們葬在不同的墳墓中；雖然她們在生時
從來不曾分離過，死時，她們分開了。拉列和拉丹二十九歲，
是頭部相連的連體人，她們死於分離她們的外科手術。

在她們被迫在一起生活的二十九年中，拉列和拉丹成就了
她們那個時代大多數伊朗婦女所做不到的事：她們兩人都從法
學院畢業了。她們一起坐、一起走，因為她們是側面相連，兩
人面對著同一方向，但是假如她們要看對方的臉，就必須靠鏡
子了。

拉列和拉丹知道手術的危險，醫生告訴她們只有百分之五
十的成功率。她們為了要有分開獨立生活的機會，還是決定試
一試。「我們是兩個完全不同的個體，我們只是黏在一起而已。」
拉丹在手術前對記者說，「我們對世界有不同的看法，我們有不
同的生活型態，我們對事情的看法非常不同。」拉列想要搬到
德黑蘭去，成為新聞記者；拉丹想留在家鄉，當個律師。拉丹
是姊妹中比較健談的一個，有個朋友形容她說：「非常友善，她
總是喜歡開玩笑！」

相衝突的事業目標是她們想要動分割手術的一個原因。另
一個原因是她們想要面對面地看對方，不想再透過鏡子。而她
們可能還有其他的原因沒有告訴記者──或許她們想要結婚，
想要有孩子。如果每次去哪裡都要帶著姊妹同行，可能不容易
交到男朋友。研究者發現（拉列和拉丹可能自己也發現了），愛
上一個同卵雙胞胎的人，不見得喜歡另一個雙胞胎。

雖然同卵雙胞胎是大自然複製人類的一個方法，但雙胞

2003 年，拉丹（左）與拉列在手術前接受媒體採訪。
（照片來源：美聯社）

胎是分離、獨特的個體，對他們自己及對認識他們的人都是如此。拉列和拉丹有相同的基因和相同的生長環境——她們去到哪裡都是一起的，她們沒有選擇——但是她們的人格、意見及生活目標都不相同。這個個別性，就是她們願意冒險、寧死也要有的東西。

　　當然，大部分的雙胞胎不是像這樣黏在一起，大部分連在一起的雙胞胎也不會在成年後才尋求外科手術分離。然而，同卵雙胞胎在人格上幾乎都是不相同的。為什麼他們會不一樣？這個謎，科學到現在還不能解開，而雙胞胎自己也覺得很困惑。

為什麼我是我？

　　「為什麼我是我？」（Why am I me?）這個問題是普林斯頓大學高等研究院物理學教授戴森（Freeman Dyson）的八歲孫子喬治問他的。我不知道戴森對喬治怎麼說，但是後來他告訴聽眾，這個問題基本上綜合了「一個人生活在一個非個人的宇宙的難題」。嗯，我想是。但是這個問題對喬治有另外一個意義，因為他是一個同卵雙胞胎。根據戴森的說法，喬治知道同卵雙胞胎和異卵雙胞胎的差別，也知道自己和雙胞胎兄弟唐諾的基因完全相同。戴森還說，喬治也知道自己和唐諾有相同的生活環境和相同的教養方式——他們生長在同一個家庭，有著相同的父母。當喬治問：「為什麼我是我？」他是在問「為什麼兩個人有相同的基因和相同的環境，但是想法卻不同？」假如天性是相同的，後天也是相同的，為什麼他們會有不同的人格？

　　人的個別性及人的差異是本書的主題。雖然我們很容易可以從雙胞胎身上看到問題，一般兄弟姊妹之間的差異也一樣神祕，令人不解。假如科學家不能解釋為什麼雙胞胎會不同，為什麼一般的手足會不同，這表示，他們也無法解釋為什麼你跟我，或是任何隨機抽樣的兩個人會不同。

偵探的科學辦案法

　　在故事中或在真實的執法機構中，解開一個謎一定要有證據。科學的做法有一點不同，大部分的情況是沒有辦法提供絕對的證據，來證明這個科學之謎的解決方法是正確的，最多只

能說其他的解決方法不能解釋這個現象的重要關鍵。福爾摩斯很得意自己的科學辦案方式，他很喜歡說：「當你去除掉不可能的，剩下來的不管多麼不太可能，就是真相。」一個真正的科學家只敢說：「當你排除非常不可能的；剩下的，就那個時候而言，有比較大的可能性。」

閱讀偵探小說是我的休閒嗜好，但是我多半選擇比福爾摩斯現代一些的偵探故事。蘇·葛瑞芙頓（Sue Grafton）有一系列的小說是按字母排列的，例如《「A」是不在場證明》（*A is for Alibi*）是第一本。這些偵探小說中的偵探是金賽·米爾洪（Kinsey Millhone），她的背景及細節則在故事的發展中慢慢帶出。發掘米爾洪的生平是閱讀這系列小說的樂趣之一。

米爾洪像我一樣，不對權威磕頭，自己剪頭髮，好奇心旺盛到有毛病的地步。在書中，她以第一人稱說故事，通常會有像下面這樣的話在第一頁或第二頁出現：

> 我的名字叫金賽·米爾洪。我是一個私家偵探，加州政府登記的執照……我今年三十一歲，結過兩次婚，沒有小孩。目前，毫無牽掛（意即沒有固定男友），以我的能力很可能繼續維持現況。

你也可以叫我私家偵探，因為我是自己在作調查，探討事情。在其他方面，金賽跟我就完全不同了。我住在紐澤西州，今年六十七歲，仍然跟我第一個，也是唯一的先生住在一起。我有兩個小孩和四個很可愛的孫子，目前依附在很多人的身

上，很可能繼續維持現狀，不管我的能力如何，我還是喜歡依
附別人。

但是我跟金賽最重要的差別在於她很強壯、很健康，我
卻病了近三十年。醫生說我罹患系統化的纖維硬化（systemic
sclerosis）外加狼瘡（lupus）。這兩種自體免疫方面的疾病，會
分別影響各種器官。這些年來，我的免疫系統對我身體的各個
器官展開攻擊，最近它們的目標是我的心和肺。有系統化纖維
硬化的病人，大約有一半以上會因此心肺功能不彰，這種現象
叫肺高壓（pulmonary hypertension）。2002 年時，我被診斷出有
這個肺部功能失常的問題。

為了保持健康，金賽每天跑步三英里，我則是連以正常速
度走路都會喘不過氣來。金賽能夠跳上汽車，開到很遠的地方
去找線索，我卻沒有辦法。我雖然不是完全關在家裡，偶爾也
外出，但是我的體力有限，活動範圍很少超越附近的圖書館或
文具店。當我去醫院檢查時，我總是坐在輪椅上，由我先生推
著走。

但是還有偵探比我更殘障。1951 年，英國出版了一本偵
探小說《時間的女兒》（*The Daughter of Time*）（書名是來自一
句古老諺語：「真相是時間的女兒。」〔Truth is the daughter of
time.〕）。這位偵探是躺在醫院的病床上，不能動的。作者約瑟
芬·泰（Josephine Tey）一開始時，這樣寫著：

格倫躺在他的病床上，眼睛瞪著天花板，他非常厭惡地凝
視著它，天花板上任何一個小裂縫，他都瞭若指掌。

　　蘇格蘭場的艾倫‧格倫（Alan Grant）值勤時因公受傷而躺在醫院裡，但是他沒有讓「行動不便」阻礙他工作。他透過朋友幫忙，從圖書館中搬了很多書和古畫複製品給他消磨時間，並從中發現有一個謎沒有解開：誰殺了倫敦塔中的兩個小王子？——過去，大家都認為是理查三世下的毒手。因為這個事件發生在十五世紀，就算格倫的身體狀況很好，他也無法約談任何證人或嫌犯，因此他採取的是「學術上的調查」(academic investigating)。

　　學術上的調查就是我現在能夠作的事。收集資料的方法有很多種，即使坐著不動，全世界也在你的眼底。我比不幸的艾倫‧格倫強的地方是，我有網際網路可用，更有一群以電子郵件往來的朋友和同事。有些朋友可以拿到的資料，是即使我像金賽一樣可以跑、可以跳也都還拿不到的。但是我大部分的證據來自已發表的論文，像是刊登在學術性的書刊、專業期刊上的研究（請參閱書末的參考資料）。別人實際動手去收集資料，但是只要資料一旦發表出來，我就可以用了。即使我不同意作者的結論或是他所使用的方法（這一點，你在本書中會常看到），但一份已發表的報告可能藏著有用的東西，等著你去發掘。

掃去舊的蜘蛛網

　　我的第一個工作與艾倫‧格倫相似，就是要說服你，有個謎需要去解開。格倫的同事大部分都認為這個謎早就解了，因為「每個人」都知道理查三世就是殺掉兩個小王子的凶手。

0

在格倫能夠指認出真正的凶手前，他必須說服別人，這個大家所接受的謎底是錯的。作者花了四分之三的篇幅在說服讀者，理查三世沒有殺這兩個小王子，也就是他哥哥艾德華四世的孩子。美國有位年輕的研究者可以進入英國博物館的古籍收藏區，有了她的幫忙，格倫發現理查三世沒有把孩子置死的必要，同時這也跟他的個性不合，而這兩個孩子在理查三世於波士沃斯（Bosworth）被弒時，仍舊活著。

跟我同一時代的大部分人，也都認為人格的謎已經解開了；一般認為，人彼此不相同，兄弟姊妹也有不同，是因為先天和後天以及兩者之間的交互作用所造成的。

福爾摩斯說：「在沒有數據之前就形成理論，是絕大的錯誤，人們會不知不覺地扭曲事實來迎合理論。」在真實世界中，理論很少在完全沒有數據的情況下突然形成。空穴不來風，無風不起浪，你總是要先有點什麼才能開始，但是很多理論是因為不實、模稜兩可或誤導的資料而形成。不知不覺地，人們開始去收集更多的資料來配合新的理論，結果竟變成支持新理論。

在心理學上，這種情形延續了一百年以上；新理論出來，像個掃帚一樣把舊的蜘蛛網掃去。心理學上有兩支新掃帚，在本書中都會大大派上用場：演化心理學及行為遺傳學。這兩支掃帚掃的方向不同，但並非相反方向，而是成直角。

基本配備或額外選擇

演化心理學把人類的心智當成達爾文定義天擇的產品。初

看之下，它不像是研究個別性的好方法。整個來說，演化心理學家對人類的個別差異並沒有什麼興趣，他們感興趣的是人類全體都有的特質。例如，演化心理學家史迪芬‧平克（Steven Pinker）寫了一本叫做《心智探奇》（*How the Mind Works*）的書，從書名「the」就可以看到端倪。平克的書並不是關於我的心智或你的心智是怎麼運作的，他關心的是每一個人的心智是怎麼運作的。他談的是基本配備，而不是額外選擇。

　　事實上，平克是演化心理學家之中的異類。在他最新的著作《白板》（*The Blank Slate*）中，他的確有談到個別差異，但是一直到第十九章才談到。下面是《白板》這本書的開頭：

　　　　每個人都有他自己的人性理論，每個人都會去預期別人的行為，這表示我們都需要一個理論來解釋人為什麼這樣做。

　　這倒是真的；但問題是，人性的理論並沒有帶來太大幫助，因為每個人的行為都不一樣。知道一個人為什麼這樣做，甚至知道一百個人為什麼這樣做，並不能幫助你預測第一百零一個人會怎麼做。

　　再舉一個例子：麥修是我朋友的孩子，他最近於一場正式晚宴中，在大庭廣眾之下向他的女朋友求婚。很幸運的是，愛莉遜說「好」。但是萬一她拒絕，或說「我需要考慮考慮」，或者甚至指著另一個男人說：「我寧可跟他結婚！」那場面會是什麼樣呢？我在想，麥修真是勇敢啊！敢在這麼多人的面前冒這個險。

　　然後，我突然了解，麥修知道他自己在做什麼；假如他對愛莉遜的回答沒有把握，他不會在那麼多人吃晚飯時求婚（事實上，他也根本不會求婚）。他對她行為的預測並非基於對人性的了解（讓我們假設，他的理論是女人天生都有想要結婚的渴望），而是基於他對愛莉遜的了解。

　　我承認我對麥修行為的解釋，就是根據人性理論。我認為，假如他沒有把握愛莉遜會答應，他就不會在別人面前求婚。這個看法就是基於我對人性的了解，因為我知道人不喜歡在公眾場所丟面子。所以你可以在某個程度之內，預測人的行為。但是這還不夠，我們需要能預測某些特定人士的行為。為此，我們需要知道他們是怎麼想的。沒有很多人會駕飛機去撞大樓，但是有些人會。

　　人在行為上有差異，有些個別差異持續很久。有些人從小到大都守法，有些人比較不相信別人，有些人喜歡交朋友，有些人容易生氣。心理學家把人們之間的差異及個人行為之間的一致性，歸因到人格的差異上。

基本歸因錯誤

　　在一個經典的實驗裡，社會心理學家拿破利丹（David Napolitan）和哥索斯（George Goethals）請威廉斯學院（Williams College）的大學生跟一名假裝是臨床心理學研究生的女生進行面對面的簡短訪談。這個「研究生」其實是受過訓練的研究者同謀，她在某些情境對學生很友善，在某些情境對學生不友善；她對一半的學生很熱情、很支持，對另一半的學生則很嚴苛、

很挑剔。

　　訪談之後，受試者要填一份問卷，其中有些是關於這個女研究生的人格。實驗者特別指示受試者去評估這個女研究生真正的人格，而不只是她的行為。但是因為受試者都只見過這個假研究生一次，除了她在訪談時的行為，他們也無從評估起。很自然地，被分到冷漠嚴苛那組的人，會評她嚴峻、排斥人，而被分到友善和藹那組的人，會認為她易於接受別人、可親度高。

　　當實驗程序稍微改變時，實驗的目的就顯現了。實驗者事先告訴一組新的受試者，為了研究的目的，這個研究生會很冷淡或很友善。想不到這額外的訊息對受試者一點影響都沒有，即使受試者已經知道跟他談話的這個女研究生是受到指示必須要很冷淡、很挑剔，他還是會把她評為不友善、嚴苛。受試者不理會情境要求這位女研究生做出某種行為，他們仍把她的行為歸因到她的人格上，認為她從小到大都是很不友善的人。

　　很多人重複拿坡利丹和哥索斯的實驗，並修改一些細節，都得到同樣的結果。受試者都傾向把人的行為歸因到性格上，他們都低估情境會迫使一個人做出某些他本來不會做的行為，這應該與他的人格無關。但是大多數人不會這樣想，只有在歸因自己的行為時，才會把環境因素考量進去。

　　社會心理學家把這個大部分人從來沒有聽過的現象取了一個很眩的名字，叫做「基本歸因錯誤」（fundamental attribution error），然而「基本」這個詞，只是有一點點誇張而已。雖然這個錯誤的大小或強度會因文化而有所不同，基本上，這是人類

所共有的行為。

　　就如平克所說的，「每個人必須要能預測別人的行為」。當別人的行為這麼不一樣時，我們該怎麼辦呢？答案是，我們不只要考慮到人的本性，還得考慮到那個人的本性，就如基本歸因錯誤所顯示給我們看的。我們先天傾向於把別人看成是個性不變的人，他們的性格使他們做出某種可預測的行為。要解釋一個人的行為，就從他的性格上去找線索，不管這些行為樣本是多麼不恰當。我們人性的理論使我們預測人有一致性；假如我們在菜市場或超市遇到那個女研究生，她就會和在實驗室裡一樣地冷漠或友善。

　　我們習慣把某人的行為歸因到他身體裡面比較穩定、比較長久的一面（現在叫作人格〔personality〕，以前叫作個性〔character〕），這點其實會使我們在預測上犯錯：我們高估了人們實際上的一致性。然而，這是一個情有可原的錯誤，因為在沒有其他訊息的情況下，對於一個人未來會有什麼樣的行為，最好的預測指標還是他過去的表現。

演化的觀點

　　至少在某個程度之內，人是有一致性的。有的人總是很友善，有的人總是懷有敵意。在一個充滿孩子的教室裡（這間教室是設計來產生一致性行為的地方），有些孩子會不停地去打擾隔壁的人或一直插嘴，也有人在老師叫到名字時立刻臉紅，囁嚅地說不出話來。他們年復一年的表現皆如此，不論身旁的老師和同學換了又換。

　　演化心理學家通常不太談到這些差異，但是他們的研究卻不能沒有它們。個別性已經融入他們的理論中，只是沒有特別提出來講而已。就拿這個領域的主要研究題目——擇偶——來說好了，假如你問人們，他們擇偶的條件是什麼？無論男生或女生，都會提出仁慈、善良、可靠、真誠、有智慧等條件。假如這些條件使得人們選擇某些人而不選擇某些人，那麼，獲選者顯然具有上述條件的差異，他們被認為比較仁慈、比較善良，也比其他人更可靠和更有智慧。

　　當然，人們還有外表上的差異；我們會覺得有些人比其他人更有魅力。然而，在擇偶方面，外表還有另一項同樣重要的功能：它是我們辨認個體的方式，我們藉此知道誰是誰。雖然聽覺和嗅覺也很重要，人類最主要還是依賴視覺去辨認別人。假如選擇長期伴侶意指要知道某些人有沒有這些條件，那麼，我們一定要能區分這些可能的候選人，還要記得哪些人具備哪些條件。選擇伴侶並不是選擇對的性別、對的身材、對的年齡而已，而是選擇某一個特殊的個體。

　　能夠辨識並記住某些特定的人，在演化心理學家常常討論的另一個人性層面上，也扮演了重要的角色，就是利他行為（altruism）。利他行為是為了別人而犧牲自己的利益。初看之下，利他行為似乎與達爾文主義不合。把別人從燃燒的房子中救出來，其實會威脅到拯救者自身的安危。然而，人們還是會奮不顧身地去拯救別人。因為在適者生存（survival of the fittest）的觀點上，「犧牲小我，完成大我」是說不過去的（死亡就是最大的不適應），所以演化心理學家需要有個方法來解釋利他行

為。1964 年,威廉‧漢米爾敦(William Hamilton)指出,假如你所幫助的人和你有相同的基因,那麼這種利他行為就很合理了。他把這稱為「內含性的適應」(inclusive fitness)。他甚至提出一個公式來計算你與別人共享多少基因,你會不會為他犧牲——和父母、子女、手足有 50% 的基因相同,和孫輩或同父異母、同母異父的兄弟姊妹則有 25% 的基因相同。

漢米爾敦的理論叫做「親族選擇」(kin selection)或「親族利他行為」(kin altruism)。他預測人類和非人類的動物會養育自己的孩子,而不會去養別人的孩子。但是要做到這一點,動物一定要能區辨自己的孩子才可以。在演化過程中,有好幾種方法可以解決這個問題。舉例來說,一隻母山羊有好幾種方式可以區辨自己的小羊。如果距離較近,母羊利用視覺和嗅覺來區分出自己的小羊和羊群中的其他小羊。假如小羊離得太遠,母羊聞不到或看不到時,這時就依靠聽覺,母羊可以分辨出自己小羊的叫聲。

大部分的動物都對自己人比對外人好,這一點與親族選擇相符。但是,人類也會幫助毫無關係的人。這個難題使得演化心理學家崔佛斯(Robert Trivers)在 1971 年提出「互惠的利他」(reciprocal altruism)理論,內容是說幫助別人可以增加自己的存活率,因為別人會在你有需要時回報你的恩情。吸血蝙蝠就是個非人類的例子。有時候,吸血蝙蝠辛苦整晚而沒有找到任何食物,只好空著肚子回到洞穴。然而,蝙蝠是群居動物,會彼此互相幫忙。找到食物的蝙蝠會吐一點血出來,讓沒有找到食物的不幸夥伴充饑,下次輪到牠運氣不好時,那隻曾經受過

牠恩惠的蝙蝠應該要回報牠一飯之恩。「來而不往非禮也」，演化心理學家及遊戲理論（game theory）的經濟學家把它稱為「一報還一報」（tit for tat）。

只有在這個遊戲的參與者能夠辨識和記住彼此時，「一報還一報」才有效。顯然吸血蝙蝠可以做到，因為牠們知道誰欠誰一頓，下次該找哪隻蝙蝠要晚餐。依賴互惠的利他行為來使自己度過難關的社會動物，必須要能區辨出誰曾經欠過自己恩情，現在可以去找誰要求回報。所以，牠們必須能將某些過去的經驗與某個特定對象聯結在一起。這些動物需要一個特殊的記憶櫥櫃來收納與各個對象的過往，因為你知道自己是在跟喬治說話而不是唐諾，是沒有用的，假如你不記得是喬治還是唐諾欠你人情。

加西亞的味覺厭惡學習

雖然擇偶理論和互惠利他主義很有趣，但這些並不是演化心理學最主要的貢獻；演化心理學最重要的貢獻是對人類心智的新看法。

這個突破源自 1960 年代心理學家加西亞（John Garcia）和他的同事一系列非常精緻的實驗。這些實驗的受試者不是人類，而是老鼠；實驗程序是巴夫洛夫（Pavlov）古典制約的一種。巴夫洛夫發現，可以訓練狗在聽到一個例如鈴聲的訊號後就流口水；只要出現鈴聲之後，食物便出現，一旦鈴聲跟食物的味道聯結在一起後，就形成美國心理學家所謂的「制約的反射反應」（conditioned reflex）。巴夫洛夫所做的假設是，任何一

個武斷的刺激都可以跟任何一個天生的反射反應聯結在一起，產生制約行為；而大部分的美國心理學家從來不曾質疑過他的這個假設。

　　加西亞證明了巴夫洛夫的假設是錯的。他的老鼠很快就學會去聯結某個特定味道（加了糖精的甜水）與 X 光照射所引發的嘔吐，即使 X 光所引發的嘔吐是在牠們喝了糖水的好幾個小時以後。這個聯結的結果，使得老鼠發展出對糖水的厭惡，雖然牠們的嘔吐跟糖水完全沒有關係。牠們也能學會，當白光一出現，牠們的腳馬上就會受到電擊。但是，假如喝完糖水後接著有電擊出現，老鼠學不會去逃避糖水；假如喝完糖水後會嘔吐，牠們也學不會去逃避和糖水聯結在一起的光。

　　當時加西亞和他的同事沒有辦法發表他們的研究，他們屢屢遭到期刊退稿，拒絕刊登。一位傳統的行為主義者批評，加西亞的發現「比咕咕鐘裡面發現有鳥大便還要不可能」。但是，他們的發現一再地被別的實驗室證實。非人類的動物學習某些聯結會比別的聯結快，人類也是一樣，只要這個聯結是有意義的。當你聽到晚餐開飯的鈴聲響時，你期待有晚餐可吃是合理的。假如晚餐中有某種食物是你從來沒有吃過的，你吃了之後不久，肚子就開始痛，你會把這種食物與反胃聯結在一起，從此不敢吃這種食物，這也是合理的。一次的壞經驗會使你永遠去避開這個食物。

　　加西亞的老鼠只是一個開始。後來有很多大部分以人為對象的實驗，都得到同樣的結果：脊椎動物的大腦並非平均分配來執行所有的學習工作。有些聯結很快就能形成，有些很困

難，而有些則完全無法形成。人類的大腦總是事先就準備好，使自己可以快速又輕鬆地學習某些事。

最好的例子就是語言。麻省理工學院的教授喬姆斯基（Noam Chomsky）說，嬰兒要從所聽到的不完整句子去學習語言，事實上是非常困難的。為了要能快速地學好語言，人類嬰兒一定有一種專門學習語言的能力。但是直到平克，才把喬姆斯基的語言學習機制（Language Acquisition Device; LAD），也就是大腦中一個假想的機制，轉變成我們可以了解的東西；平克把這個理論接軌到在 1990 年代初期仍是全新領域的演化心理學上。下面是平克在《語言本能》（*The Language Instinct*）中所說的：

> 語言不是文化的產物，學習語言不像我們學會怎麼看時鐘現在是幾點幾分，或是聯邦政府是怎麼運作的。相反地，這是我們的大腦與生俱來的一種生物機制。語言是一種複雜、專化的技能，孩子很自然地就可以學會，不需要正式的教導或特別的努力，每個人學到的語言品質都一樣；有別於一般的訊息處理和智力行為的能力。因為這個原因，有些認知科學家認為語言是一種心理能力、一種心智器官、一個神經系統，以及一個計算模組。但是我個人喜歡「本能」（instinct）這種說法，這表示人們知道如何說話，就好比蜘蛛知道如何吐絲結網。

語言只是人類所具備的許多特殊能力之一；其中有些特殊能力，別的動物也有。演化心理學家認為，人類的心智充滿了

各種設備（即心智器官，或稱心智機制，或稱本能），是經過演化設計來執行某些特別任務的。心智不像神奇的廚房萬用工具，而是各種特殊工具的集合：一個用來切洋蔥，另一個用來炸洋蔥，第三個用來使你在炸洋蔥時不會燙傷手。

心智器官或機制提供了完成工作所必要的手段，在物種演化的過程中，對於該物種的成員來說是很重要的。在很多例子中，這個機制或配備同時也提供了執行這項工作的動機。嬰兒並不需要報酬或鼓勵就能習得語言；他們天生就想要學習它。嬰兒從生下來的第一天開始便聆聽人類說話，想辦法去使聽到的聲音有意義。

另外一件人類很擅長的事，便是區辨個體，知道誰是誰。這不僅是分辨男人或女人，還是分辨適婚年齡與太年長或年輕的女性，而是我們認知並記得特定的人。平克說，「人類對個體有縈繞不去的執念」。我認為，人類天生具有一種專門為了這個目的的心智配備，而這個心智配備提供了自己本身的動機。就好像嬰兒天生會想要學語言，他們也是天生就對如何區辨人有極大興趣。從一出生，他們就熱切地注視著旁人的臉；從一出生（甚至更早），他們就熱切地聆聽聲音。一個很小的嬰兒看到媽媽的臉或聽到媽媽的聲音，就能認出自己的媽媽來。他會看著或聽著他的姊姊，或他的阿姨，或他的保母，知道這個人不是媽媽，而是別人。

社會性動物的群居生活

就身體比例來說，人類的腦比其他哺乳類的腦大了九倍。

我們為什麼要這麼大的腦呢？目前已有很多種解釋的理論，其中有許多也不無道理。雖然擁有一顆「大」腦有不利的地方，但是「聰明」還是能蓋過那些不利之處。人類並不是靠蠻力而成為萬物之靈。如果只講力量，人類是很可悲的。莎士比亞說，理查三世之所以會死，因為他沒有馬❶。

英國演化心理學家羅賓・鄧巴（Robin Dunbar）認為，大腦在類人猿類（hominid）演化時變大，主要是因應收集並儲存社會資訊的需要。大部分的猴子和和猿類（紅毛猿〔orangutan〕例外）是非常社會化的動物，牠們群居而活，因此得以在充滿敵意的環境中生存下來。即使如此，如果單獨來看，大部分的靈長類在孔武有力這方面是很可悲的。我們的祖先特別知道不可以落單，那些不喜歡團體生活的人，也沒能成為我們的祖先。

但是對一個靈長類來說，在團體中適應良好，不僅是大家聚在一起，共同抵禦外侮而已。在團體中，仍然有複雜的敵我關係和恩怨情仇。要在團體中成功地生活下去，表示要知道誰跟誰是朋友，誰又跟誰不和，而誰可以打垮誰。假如克萊德對你不爽了，你不但要小心克萊德，還得小心克萊德的朋友傑克。假如你能得到比克萊德和傑克更強勢的人的支持，你就不必擔心被他們揍了。

團體愈大，成員愈多，關係愈複雜，你愈需要知道誰和誰之間的裙帶關係。鄧巴發現，靈長類團體的大小，跟這個物種

❶ 譯註：莎士比亞在他的《理查三世》劇本中寫到，在波士沃斯戰役中，理查高喊：「願以我的國家換一匹馬！」

大腦皮質的大小有正相關。新皮質是腦殼之下的大腦細胞層，如鄧巴所說，「你可以說它是大腦『思考』的部分」。除了少數幾個例子之外（又是紅毛猿），靈長類的新皮質愈大，愈會形成大的團體。

有了這個相關係數之後，鄧巴便開始計算人類的團體應該要有多大。結果，從人類新皮質的大小看來，答案是 150 人。

今天，地球的每一個角落都有人類。但是一直到相當近代，人類都還是一個相對來說並不常見的物種。在我們的祖先發明農耕之前（這僅是一萬年以前的事，在演化的時間上就像是昨天而已），人類是以狩獵採集為生，而這種生活方式需要很大的土地，所以他們的團體很小，也很分散。千百萬年來，人類和類人猿類的祖先都是以很小的團體在生活著。從目前殘存的狩獵採集部落民族的研究中，我們知道這些團體不穩定。小團體會暫時地合併，大團體會分裂為二，就好像所謂「天下合久必分，分久必合」。個人或家庭偶爾會從一個團體換到另一個團體。

鄧巴認為，狩獵採集與部落社會是一層層組織起來的。最下層為暫時性的「過夜」（overnight）團體，大約 30~50 人，他們只是暫時一起旅行；最上層為部落，是一個語言的團體，在這團體中，大家都說著同樣的語言或方言，人數大約是1500~2000 人左右；居於這兩者之間的則是家族，平均人數約150 人。鄧巴認為這是人類很自然的團體大小，他也找到其他證據來支持這個說法。最早農業社會的村莊大小、一間公司最佳的組織大小，或是教會成員總數及軍隊作戰單位的人數，以及

胡特爾（Hatterite）社群的最大值，都是 150 人。胡特爾派是一個實施共耕制度的宗教團體，類似人民公社，當人數超過 150 人便將團體一分為二。鄧巴說，他們發現團體人數超過 150 人時，就很難維持教義的規則。

當團體人數在 150 人以下時，所有成員都可以叫得出彼此的名字。他們記得每個人的臉和名字，知道每個人的族譜和親戚關係，對每個人的人格也有自己的看法。在阿拉斯加西北方的愛斯基摩人告訴人類學家說，在古老的時候，積習難改的搗亂者會被丟到海裡去。認為一個人是講不聽、無可救藥的搗亂者，是對這個人人格的評語，也是對他未來行為的預測：假如沒有人出面阻止的話，這個人將會繼續製造麻煩。

錯把太太當帽子的人

在演化所賦予人類的那些具有特殊目的的配備中，有一項是面孔辨識模組。神經科學家很容易就能說明這種配備是模組，因為它大部分的迴路都發生在大腦中的一個區域。執行某特定任務的大腦機制不需要都集中在大腦中的一個小區域，有些心理機制的部件分散得很遠；但是集中在一起的機制比較容易研究。你曾聽說過有個人錯把太太當帽子嗎？他的面孔辨識模組嚴重受損，以致於無法分辨人臉和物體。比較常見的情形是，一個人大腦的面孔辨識區受了傷以後，雖然他仍可以辨識出人臉，但卻無法知道那是誰的臉。這種缺陷叫做「面孔失辨認症」（prosopagnosia），這些人通常不會錯把太太當帽子，而會把她當成陌生人，甚至他們連鏡子裡面自己的臉也不認得了。

他不但忘記了過去認識的臉，也無法學會記住新的臉。

在神經學上，一個正常的腦最令人驚訝的就是它可以學會辨認這麼多的臉。羅馬學者老普林尼（Pliny the Elder）曾說：「人類的臉孔和五官雖然只由十個左右的部件所組成，然而在幾千個人中，沒有任何兩個人是我們區辨不出來的。」在他的時代，幾千人就算是一個很大的數字。老普林尼並不是說他可以區辨出幾千個人，而是說如果有機會的話，他覺得自己可以做到。

現代工業化國家的人民就有這樣的機會。他們居住、工作、上學的地方都有幾百個人，每次搬家、換工作或轉學，就會認識一群新的人。而電視、電影、報紙、雜誌、書籍以及網際網路把所有資訊帶到人們的眼前來，我們因此看到更多的臉。我們可以認識並記得的面孔數量驚人。在先前提到的友善或冷漠研究生的實驗中，那些擔任受試者的學生，一個月後在超市碰到那個女研究生時，大多數都還會記得她。

假如我們的大腦是以讓我們在 150 人的團體中生活而建構的，那麼為什麼大腦要提供我們那麼大的儲存空間？大腦在儲存與臉有關的訊息時，幾乎沒有容量限制；他們的名字、我們在哪裡遇見他們、他們是友善還是卑鄙的，都隨著一張張的臉孔儲存在我們的腦海中。

我們的「與人有關的訊息學習機制」（people-information acquisition device），並不會像語言學習機制那樣，在十二歲生日之前表現最好，然後就功成身退、休息去了；但是我們的與人有關的訊息學習機制卻是日夜不停歇，終其一生都在努力進行

的。我今年六十七歲，而且健康情況很不好，通常一個禮拜過去，我唯一見到的人是我先生及打掃房子的清潔工。但是大約在五年前，我開始喜歡看職業高爾夫球賽。現在當我把全世界頭兩百名男子高爾夫球選手的名單列印出來，我發現我可以在腦海中浮現至少七十名選手的面孔，包括前二十五名中的二十三個人。我還可以說出關於其中許多人的其他事：這個人花很多時間在練習；這個人很懶；這個人剛結婚；這個人有兩個小孩；這個人喜怒不形於色，而那個人的情緒都表現在臉上。

為什麼我要浪費我的大腦細胞去學習這些無用的資訊？反正我永遠不可能在超市遇到老虎・伍茲（Tiger Woods）或是厄尼・艾爾斯（Ernie Els），又為什麼要去記他們？

然而，我發現學習這些無用的資訊很快樂。從這個角度看來，我的這個行為絕不是異常。就是為滿足這種知的動機，雜誌才會充滿了八卦消息，狗仔隊才會拼了命地跟拍，書店的架上才會擺滿了名人的自傳、傳記以及虛構小說。在《「A」是不在場證明》的系列小說中，偵探金賽・米爾洪在每次的謀殺案中，都會透露一點關於自己的背景訊息，而這使得讀者一直回來買她的小說，因為他們想要多知道一點她的背景訊息。在《時間的女兒》中，躺在醫院病床上的艾倫・格倫花了無數的時間凝視著理查三世的肖像，他說：「我想知道是什麼使他這樣做？」

我曾看過那張理查三世的肖像，就在《英國的國王和皇后》（*The Kings and Queens of Britain*）這本書中。對我來說，理查三世看起來很有愛心，還帶有一點哀愁，好像他有預感沒人會回

應他要一匹馬的呼聲。但是那本書的作者喬治‧貝婁爵士（Sir George Belllew）說，「這張畫像透露出理查三世寡廉鮮恥的本性！」

對我來說不是這樣，對艾倫‧格倫來說也不是；格倫認為理查看起來像個聖人。但是，記住一張臉比解讀一張臉容易多了。莎士比亞說：「要從臉上去推想這個人心中在想什麼，是很不容易的一件事。」（There's no art to find the mind's construction in the face.）莎士比亞並不是說看一個人的臉就容易讀出他的心思；他的意思正好相反。這段話是他的劇本《馬克白》（Macbeth）中的一個角色遭到某個很信任的人背叛時，相當懊惱所說的話。

收集與人有關的訊息

我們想知道為什麼這個人會這麼做；並不只是一般人而已，我們想知道的是某個特定的人為什麼這樣做，因為人們的想法、做法都不盡相同。我們對人際之間的差異深感興趣，因為我們的大腦是這樣建構的，而它們會建構成這樣是有理由的。在人類演化的歷史上，知道某個人的想法是有利的，因為知道他怎麼想就容易去預測他的行為。為了要決定是否與他分享資源、是否與他交配、是否信任他、是否害怕他，我們的大腦就有了特別的機制來收集這個人所有的資料，而我認為這個想法與演化心裡學的原則是相符合的。

這個習得與人有關的資訊的機制不但收集資訊，同時也提供這麼做的動機。它使得我們毫不費力、不需要訓練，更不期

待有任何報酬就會去收集與人有關的訊息；做這件事本身就是報酬了。辨識臉孔的模組只是這個機制中的一個部件，但是絕非不重要的一個。即使沒有看過某個人，我們還是可以把與他有關的訊息記在腦海中。我不知道金賽・米爾洪長什麼樣子，我敢說你也不知道，但是你可能還是記得她每天會慢跑健身、住在加州，而且目前沒有固定的男朋友。

　　雖然習得跟人有關的訊息的機制是天生的，但是並不代表我們在這一點上都相似。就好像從事性行為的慾望、照顧嬰兒或是學習一個新字的意義，對每個人來說都不相同，所以，你習得與人有關的訊息的興趣也不盡相同。有些人很擅長收集與人有關的資料，新聞記者馬康・葛拉威爾（Malcolm Gladwell）稱他們為「連接者」（Connectors）。然而，即使是普通人也很能記住這種人物訊息。葛拉威爾曾經設計了一項測驗，並對幾百個人進行測試。這項測驗是一份包含了兩百五十個名字的名單，有些很普通，有些很罕見。下面是名單中的五十個名字：

Algazi, Alvarez, Alpern, Ametrano, Andrews, Aran, Arnstein, Ashford, Bailey, Ballout, Bamberger, Baptista, Barr, Barrows, Baskerville, Bassiri, Bell, Bokgese, Brandao, Bravo, Brooke, Brightman, Billy, Blau, Bohen, Bohn, Borsuk, Brendle, Butler, Calle, Cantwell, Carrell, Chinlund, Cirker, Cohen, Collas, Couch, Callegher, Calcaterra, Cook, Carey, Cassell, Chen, Chung, Clarke, Cohn, Carton, Crowley, Curbelo, Dellamanna.

　　測驗的方式是，當你看到一個你認得的人的名字出現在名單中，你就得到 1 分；這個人必須是你知道他的名字，而且他也知道你的名字才行。假如你認得兩個人有同樣的名字，你就得到 2 分。

　　接受這項測驗的大學生，平均分數是 21 分。而在葛拉威爾另一份大部分為離開大學十年以上的新聞記者的測驗樣本中，平均分數則是 41 分（得分從 9 分到 95 分不等）。

　　假如你在這個測驗中拿到 9 分，並不代表你只有九個朋友；你的朋友應該比這個數目多很多，因為葛拉威爾的名單中只有兩百五十個名字，而這些只是所有名字中的一小部分而已。此外，他只要求以朋友和認得的人來計分；如果他問的是所有你認得的人，不論已逝還是健在，甚至電影明星、政治人物、運動員、科學家、作家、音樂家，甚至電視劇主角的名字、小說人物的名字都包括在內的話，你想想看會有多少？我上一次讀《小婦人》（Little Women）的故事距今已經五十年了，但是我仍清楚地記得梅格（Meg）、喬（Jo）、貝絲（Beth）和艾咪（Amy）。我的大腦並不需要把梅格、喬、貝絲及艾咪趕出去，才能容納老虎‧伍茲和厄尼‧艾爾斯。

　　我們這麼容易就收集了他人的資料，而且在收集的過程中很愉快；甚至在與人分享所收集來的別人資料也是。這種分享叫做「說閒話」（gossip），以現代的說法就是「哈拉」。當孩子一會說話時，他們張開嘴說出來的話都是有關別人的：「你喜歡傑米嗎？」「不喜歡，傑米弄斷我的蠟筆。」大一點的小孩會把他們的午餐時間和下課時間都花在聊別人的閒話上。可惜他們

在學習數學和科學時的樂趣，不像他們在交換訊息時那麼多，尤其是交換的訊息可能不是真的，所聊的對象他們可能從來不曾見過。

當然，大人也閒聊。鄧巴和他的學生聆聽別人說話，發現三分之二的談話內容都圍繞著「誰對誰做了什麼」這個社交議題上。鄧巴認為，這種與別人分享他人訊息的能力，對我們的祖先來說，有生存和生殖上的好處。「整個來說，」他說，「我認為語言演化出來的目的就是使我們能夠哈拉。」我認為他把哈拉當作語言演化出來的主要原因，有點扯過頭了。語言有許多重要的功能，不太可能只是為了「讓 A 可以告訴 B，C 對 D 做了什麼」而演化出來。然而，鄧巴理論的弱假設（weaker version）是有可能的：語言演化出來的一個原因是使我們可以哈拉。

不論 A 要告訴 B 有關 C 的什麼，他們的語言絕對提供了他們一種說的方式。1936 年，兩個有強迫症（obsessive-compulsive）的美國心理學家計算了《韋氏新國際大詞典》（*Webster's New International Dictionary*）中，從 A 到 Z 所有「描述人格或個人行為」的字，結果發現有 17953 個。在這方面，英文的詞彙真是豐富，然而所有的語言都提供了各種不同的詞彙來描述人格和個人行為。哈拉是全世界都流行的一種行為，當然，我指的是人類的世界。

自閉症兒童的研究

普遍性常被人所忽略。我們常把每個人都會做的事情忽略

掉，不重視它，因為我們習以為常了。這就是為什麼研究者會
對一個不符合常態的人——他不能做我們大家都能做的事，因
為他的大腦受傷——特別有興趣。英國的認知科學家巴隆科恩
（Simon Baron-Cohen）從自閉症兒童的研究中，學會了很多有關
正常人的心智。

　　自閉症兒童天生就是這樣，不是他們父母的錯。神經科學
家至今仍不知道確切原因，只知道是在母親懷孕時，胎兒大腦
的發展出了錯。基因很顯然有扮演某種角色；同卵雙胞胎中若
有一人患有自閉症，另一人也有的機率很高。

　　自閉症並不會使人失去某一種能力；它去除的是整串的能
力。對一個演化心理學家來說（巴隆科恩是演化心理學家和認
知科學家；現在愈來愈多這種綜合領域的趨勢），這表示這些
訊息的心智機制缺少或喪失功能。的確，我們在解釋自閉症
時，很難不提到心智機制，因為有些能力保留了，有些能力失
去了。

　　自閉症兒童失去了辨識面孔的能力，或是這種能力會嚴重
受損。現在有神經生理上的證據顯示，自閉症患者視覺處理臉
的方式，是正常人處理無生命物體的方式。如果區辨人臉的方
式與區辨物體的方式一樣，你就難怪自閉症孩子對面孔辨識沒
興趣了。我前面提過，正常的嬰兒會熱切地注視人的面孔；自
閉症的嬰兒不會。他們對學習區辨人臉沒有興趣，不只顯示他
們的與人有關的資訊學習機制沒有正常運作，也讓我們看到，
當這個機制正常運作時，就提供了區辨人臉的能力和動機。

　　自閉症患者不但對於找出人為什麼這樣做沒有興趣，就

某些方面來講，他們甚至不知道人有這個能力。他們缺乏一種認知科學家所謂「心智的理論」（theory of mind）的能力。巴隆科恩寫了一本關於自閉症的很有趣的書，叫做《心盲》（*Mindblindness*），他在書中列出心智理論的機制。自閉症的孩子是心盲，因為他們不會自動了解別人有心智，也不了解別人也有思想和知識。當他們告訴一個人某件事時，他們不了解他們可以把一個想法（可能是錯誤的）植入那個人的心中。正常的孩子長到四歲左右時，就已經發展出這個能力。

　　我沒有在自閉症的研究文獻中看到的是，這些孩子不但不能了解別人有心智，他們也不能了解人的心智會有不同。他們對於人有不同的人格並不自覺，也沒興趣。他們不了解人有人格；如果知道人格，就能預測未來的行為。他們同時也缺乏動機去與別人分享個人資訊。自閉症兒童不與人哈拉。

　　本章一開頭，我提到「基本歸因錯誤」的心智偏見，我舉的例子是受試者認為某個研究生很冷淡、不友善，因為她在簡短的訪談中表現出來的是這樣。之後，我又舉了一個例子，但是沒有特別提醒你注意它：你還記得我稱那兩位從 A 到 Z 計算字典詞彙的心理學家有「強迫症」嗎？我對他們兩個人一無所知，唯一知道的是他們翻遍了字典，統計出 17953 個人格描述的詞彙。我從這一點資訊中，得出他們人格的結論。

　　神經正常的人非常容易只從一點行為的樣本中，便去得出人格的結論；即使她為什麼會這樣做有另外的解釋，我們也不管。我們會從一個樣本行為立刻跳入結論說這個人的人格為何，主要是因為我們的心智（更正確一點地說，是與人有關的

訊息習得機制）是這樣建構的。

心智器官的建構和運作需要很高的代價，愈精緻的器官需要愈長的演化時間來使它們運作正常。它們不是偶然演化出來的，除非它們提供主人一些演化上的利益，如生存或生殖的優勢，不然不會演化出來。他人訊息習得機制的運作方式，其實就是告訴我們，在演化的時候，下面這些事是真的，就像現在一樣：人有人格；人格因人而異；行為是人格的指標；知道別人的人格有好處，因為人在某些程度上具有一致性。這些訊息值得去收集，因為它們告訴我們那個人未來的行為。

今天，我們把關於那些永遠都不會碰面的人的訊息儲藏起來，因為他人訊息習得機制不知道我們永遠不會碰到那些人，而這個機制在很早以前就設計好了。在古老的時候，人並沒有這麼多，你很有可能再次遇到同一個人，而他們可能對你的生存很重要，所以你的大腦把他們牢牢記住了。

人格的定義

你可以上網去搜尋曾經發表在心理學期刊上的心理學論文。如果你搜尋「人格」這兩個字，你會看到自 1985 年以來，有 165620 這麼多篇的人格論文被發表過。但是假如你想要找的是人格的定義，那麼這 165620 篇論文就不是你該找的地方。你應該去查普通心理學教科書，一個很好的例子是心理學家葛瑞（Peter Gray）在他的教科書中所給的定義：

人格是指一個人與世界互動的一般型態，尤其是與其他人

的互動──這個人是內向還是外向、急躁還是溫和、謹慎還是粗心、仁慈還是嚴苛。人格概念的基本假設是人在行為的型態上會彼此不同，但是一個人的行為在不同的時間和地點有相當的一致性。

這個定義捉住了人格概念的兩個主要元素：變異和一致性。人格是一個人與別人不同的地方，但是對自己來說是一致的。第三個元素是強調社會互動。整個來說，我們所談的就是社會行為的不同。

人與人的不同有非常多種，所以才有這麼多的論文來談它。舉個例子來說，下面是一份十八頁的回顧文獻報告中所談到的一些關於人格的議題：

延宕滿足的能力，處理社交資訊的能力，進取心，同意度，行為的抑制，漫不經心，壓抑的行為，順從，謹慎，犯罪行為，好奇心，酒醉駕車，注意力不集中，情緒表達，外向，膽怯，衝動性，勤勉，易怒，工作滿意度，領導能力，情緒化，自戀，神經質，開朗，政治態度，宗教態度，不安，自信，自我控制，自我取向，害羞，社會性，社交能力，社會責任，家暴，屈服，吸毒，容易覺得受委屈或被別人欺騙，容易發脾氣，趨向危險或避開危險。

這篇文章的標題是「生命中的人格發展」（Personality Development Across the Life Course），包括兒童與成人，所以這

裡回顧的論文不僅是一般的人格測驗。你無法讓一個六歲的孩子坐在桌子前面，叫他用鉛筆勾選同意或不同意這些句子：「當人家對我不公平時，我會生氣。」自我報告的人格問卷只能用在大人身上。事實上，人格這個名詞主要是用在成人身上；研究兒童的心理學家通常只挑某些他們感興趣的題目，如攻擊性、自信、情緒表達等等。

因為有這麼多東西可以測量，又因為紙筆測驗不見得每次都適用或能用，所以測量人格的行為和特質有很多不同的方式。兒童的攻擊性可以用父母親、老師和同儕的看法來評分，或是研究者到兒童的家中、學校或實驗室中來觀察。犯罪行為的資料可以到法院去查記錄；家暴則可聽取配偶的證詞。

但是因為自我報告的人格測驗容易施測，馬上可以得到很多的資料，有的還可以用電話來收集，所以現在我們所知道的人格資料，絕大部分是用這種方法得來的。我說的不是用在診斷心智疾病的測驗，如明尼蘇達多重層面人格測驗（Minnesota Multiphasic Personality Inventory; MMPI），或是在科學上不夠嚴謹的測驗，如羅夏氏測驗（Rorschach Test）或邁爾斯·布立格（Myers Brigg）測驗。我所說的是那些行之已久、透過錯誤嘗試修正、已有可信度及正確度的測驗；所謂正確度是與其他方式測量結果之間的一致性。這些測驗是設計來評估在正常範圍內的人格，看看這個人在幾個人格基本向度上落點在哪裡。這些基本向度依測驗不同而異，但是通常有五個：附和性、神經質、開朗、外向、謹慎。每一個向度又有正向和反向，如附和性和不附和性、外向和內向等等。（神經質是指容易生氣或感到

焦慮或沮喪，它的相對詞是情緒穩定性。開朗表示願意去接受新的想法或嘗試新的經驗。）這個想法是，人格雖然有無限的變異性，但是可以歸納到幾個主要的成分。

你可能對自我報告的人格測驗覺得不太安心，有點懷疑它的準確度，而很多人跟你一樣。但是，事實上每種測驗方式都有它不足的地方。假如沒有其他的證據，以單一方式所收集來的資料並沒有很大的價值。你可以放心，在本書中，我所下的結論沒有一個來自人格測驗本身。

「生命中的人格發展」的作者結論說，從童年到成年的人格有小小的延展性（modest continuity），人愈成熟，人格愈穩定。但是即使在中年期，人格還是有一些彈性。假如你的生活改變了，你也會改變。

尚待解答的人格差異之謎

雖然演化賦予我們天生的好奇心去探索人為什麼會如此，它卻沒有同時提供解答：為什麼這個人很急躁而那個人很溫和？為什麼這個人很孤僻而那個人很外向？關於人格起源的故事，就像關於宇宙起源的故事一樣，是文化的產物——文化迷思可能代代相傳，也可能在一夜之間被新的迷思所推翻取代。

發展心理學家凱根（Jerome Kagan）提出了一個很好的例子：比較愛麗思·詹姆斯（Alice James，美國心理小說大師亨利·威廉斯〔Henry James〕和哲學家兼心理學家威廉·詹姆斯〔William James〕的妹妹）與作家契佛（John Cheever）的自傳，兩人都是作家，也都深受憂鬱症折磨之苦。但是愛麗思在十九

世紀後半期寫道：「她跟她同期的大部分人一樣，相信她的緊張陰沉情緒是來自遺傳……」而契佛在二十世紀的後半期寫道：「假設他的憂鬱症發作是來自他童年的遭遇……他想像他家庭所製造出來的衝突。」人為什麼會不同，在十九世紀及二十世紀上半期的解釋主要是基於「先天」因素，也就是遺傳。到了二十世紀中葉，文化迷思突然改變了。從那以後，人為何不同的解釋多半基於「後天」因素，也就是在一個人成長時，父母親對待他們的方式所造成的。請注意我沒有把「教養」（nurture）界定成「環境」（environment）的同義詞。「環境」的意義比較廣，指的是所有不是遺傳以外的東西。然而，「教養」是從動詞「照顧」（take care of）或「扶養」（rear）而來的，特別指環境中父母所提供的部分。在我們的文化迷思中，特別是指教養而不是一般的環境，才是人格的起源。

前面我提到掃除心理學蜘蛛網的兩支新掃帚：演化心理學和行為遺傳學。這兩個領域的學者常被指責相信「每件事都是遺傳的」。這個指控是不實的，然而人們常忽略的是「先天」或「遺傳」的雙重意義；它對於演化心理學家和對行為遺傳學家的意義是不同的。演化心理學家用先天來解釋所有的人（或所有的男性或女性）是相同的；行為遺傳學家用它來解釋人類為什麼會彼此不同。

演化心理學家說人類天生就具備某些能力和體質，並非標新立異。所有的人格理論，不論是特別指明還是內隱的，都包括一個概念，即有些東西是天生的。對行為學家而言，從經驗中去學習的能力是與生俱來的；對社會學習理論家而言（相信

觀察學習者），藉由觀察別人而學習的能力是與生俱來的；對佛洛伊德派的人來說，libido，即性和攻擊的潛意識驅力，是與生俱來的；對馬斯洛（Abraham Maslow）的擁護者來說，自我實現的驅力是與生俱來的。這些理論家就像演化心理學家一樣，主要以「先天」來解釋為什麼人都是一樣的。要解釋人為什麼不一樣，他們認為是環境和經驗的不同所造成的。

行為遺傳學家是專長在研究個別差異的心理學家。他們認為人之所以不同的一個原因是，人有不同的基因；請注意，他們並沒有說唯一的原因，而是原因之一。

然而，無論是基因還是環境，都無法解開人的個別性之謎。它們不能解釋拉列和拉丹為什麼有不同的世界觀、不同的生活型態、不同的生活目標、不同的人格，雖然她們二十四小時黏在一起，共同生活了二十九年。它們也不能解釋為什麼喬治和唐諾是不同的個體、各自擁有獨特的人格，雖然他們來自同一個家庭，是由同一對父母撫養長大的同卵雙胞胎。

是的，同卵雙胞胎有很多相同的地方（即使被不同的家庭扶養長大），但是認識雙胞胎的人會說出「拉丹是比較友善的一個」這類的話。不論有沒有一起長大，同卵雙胞胎在人格測驗上選擇的答案常不同；他們測驗得分的相關係數是 0.50，為中度的相關，並不是高相關。愛麗思·詹姆斯認為她的憂鬱症是遺傳的，然而，同卵雙胞胎之一患有憂鬱症，另一人也有的機率只有 40%。同卵雙胞胎中，一個有精神分裂症，另一個也有的機率也只有 48%。

同卵雙胞胎有著相同的基因，因為他們來自相同的受精

卵。愛麗思的理論——遺傳性——並不能解釋同卵雙胞胎之間
的差異；契佛的也不行。拉丹和拉列到哪裡都是一起的，她們
的童年經驗怎麼可能不同？假如一個總是處在家庭失和的環境
中，那麼另一個也是；假如一個每天出去玩，另一個也只好陪
著玩；假如一個雙胞胎受到嚴厲的大小便訓練，你認為照顧她
們的人會對另一個放任不管嗎？不論父母親是否相處融洽，還
是天天吵架，不論是在貧窮、暴力充斥的環境長大，還是生活
在充滿書香與博物館的環境中，同卵雙胞胎在長成的過程中，
是一同經驗到外在環境的。然而，這些一起長大的雙胞胎卻有
著不同的人格。

桃樂賽‧色耶（Dorothy Sayer）在她經典的英國偵探小說
《五條紅鯡魚》（*Five Red Herrings*）中，花了大半的篇幅描寫偵
探逐一檢視所有嫌疑犯為什麼他們不會或不能犯這個罪。排除
了每個人涉案的可能性後，剩下的那個人就是凶手。

既然如此，有一個可能性是可以立刻被排除的。沒有人相
信「每件事都是遺傳的」，或說行為或人格是由基因決定的。顯
然地，不是只有基因（也不可能）使得同卵雙胞胎的人格不同。

然而，我不是只對雙胞胎感興趣。人們也跟自己的兄弟
姊妹不同，即使兄弟姊妹有很多基因是相同的，而且都在相同
的環境中成長。手足差異在文學中是很常見的主題。在莎士比
亞的《李爾王》（*King Lear*）中，李爾的兩個女兒會說奉承的
話，但是第三個女兒不會說好聽的話。在波特（Beatrix Potter）
的《彼得兔的故事》（*The Tale of Peter Rabbito*）中，佛洛普西
（Flopsy）、默普西（Mopsy）和短尾（Cotton-tail）都是聽話的乖

寶寶，只有彼得老是闖禍。這些故事並非純屬虛構；你可能在報上看到波士頓有兩個兄弟，一個是大學校長，另一個是亡命天涯的罪犯。

但我也不是僅對兄弟姊妹有興趣。雙胞胎和兄弟姊妹的研究很有用，我在下一章會談到，因為可以用來驗證一些人格發展理論。偵探必須要有一些工具，新的工具才會引出新的方法，才會得到新的理論。在莎士比亞時代被認為有罪的人，在今天可能因為指紋或 DNA 而脫罪。現代驗證人格理論的方法，就用到了雙胞胎和一般手足在某些方面相同、某些方面不同的事實。

我們在某些方面相似，在其他方面則不同。我和演化心理學家一樣，相信人生而具備許多標準配備。但是要了解這些標準配備如何運作，必須要看接受到不同的環境刺激時，這些配備如何反應。所有正常的嬰兒都有語言學習機制，但是他們要學哪一種語言，卻是要看環境提供的是哪一種。假如每個人都說同樣的語言，心理語言學家就很難去了解語言學習的機制是怎麼運作的了。

我寫這本書的目的，是希望讓各位看到我們所共有的這些如何使我們不同。人性——這是人類所共有的——可以得出個別差異。這並不是一個新奇的主張；我前面說過，所有人格理論都包括一個主軸：有些事情是天生的。但是問題在於，這些理論都不能解釋為什麼拉列和拉丹會有不同的人格。

第二章

那個該死的長方形

　　雖然我很小的時候常生病，常向學校請假，然而在我的前半生，健康問題是間歇發作，而不是持續性的。我在青春期的後期和初成年的時候身體最健康。我去念了大學，讀了兩年的研究所，跟我研究所的同學結婚，生了一個孩子，而我的第二個女兒是收養的。

　　當兩個女兒都長大離家，自立得很好後，我開始有一些想法，因而寫了《教養的迷思》（The Nurture Assumption）這本書。當時，我的健康狀況已變壞，不能到處訪談別人，只有靠手邊有的資料來寫書。所以，在徵求兩個女兒同意後，我用她們做例子，說明同一個家庭長大的姊妹可以很不相同。在輕歌劇《天皇》（Mikado）中，卜巴（Pooh-Ba）解釋說：「僅是查證細節，想替一個無聊、不能說服人的談話，找到一些藝術的風采。」

　　作為吉爾伯特（Gilbert）和沙利文（Sullivan）❶的粉絲，我應該老早就知道好歹，因為查證細節替卜巴找了非常多的麻煩。然而我並沒有大肆宣揚我的一個女兒是收養的，只有在書中很不經意地提了一次：

　　我不認為父母養育孩子的方式是一致的，除非他們有完全相同的孩子。我有兩個非常不同的孩子——有一個是收養的；但相同父母生的孩子也會不同——我用兩種非常不同的方式教養她們。

---

❶ 譯註：《天皇》的作詞者和作曲者，他們合作寫了非常多賣座的輕歌劇。

　　媒體倒是馬上注意到這一點，他們對我的家庭不尋常的組織感到興趣：一個親生的女兒，一個收養的女兒。他們馬上注意到我在書中所講的手足之間的差異，而我家中正好就有現成的例子。許多記者立刻做出錯誤的結論，認為我反對傳統兒童發展理論的原因是我個人作母親的經驗。

　　無疑地，有些理論的確是根據理論者個人的經驗，但是我的不是。事實上，你幾乎不需要去想一個新的理論來解釋你的個人經驗，你總是可以從現行的理論中找到解釋的方法。十九世紀的愛麗思‧詹姆斯及二十世紀的契佛依當時社會文化所接受的理論去解釋他們的憂鬱症，都沒有任何問題；愛麗思怪罪遺傳，契佛怪罪童年的家庭環境，說他母親忽略他。

　　當我的孩子還小，還住在家裡，我自己親身體驗作母親的那些年，我的理論很傳統，完全是二十世紀後半期的文化所接受的那些理論。我當時的工作是撰寫關於兒童發展的大學教科書，而我所寫的教科書跟別人的都沒兩樣。我所做的就是重複兒童發展領域大師的話。我不是虛偽，我那時是真正相信他們！

　　我是在我的孩子長大成人後，才開始不相信專家的話。我會突然不再相信而且劇烈改變我的想法，並不是當了母親的關係，而是我花了一年的時間大量閱讀心理學各個領域的書，因為我在預備寫另一本教科書。當我在讀這些時，我注意到當時流行的理論有不對的地方：不符合理論的數據一直出現。這些不符理論的發現並非出現在個案研究或小故事，而是大量觀察兒童的數據。只有從大量受試者收集而來的資料才會看到一片

森林，不然只會見到一棵棵的樹。

我寫《教養的迷思》，就是想要解釋那些研究者所得到的不符合當代理論預測的資料。我找了很多的資料顯示，父母並沒有直接影響到子女長大後會成為什麼樣的人，我認為孩子受同儕的影響最大，他們受到同儕的社會化。社會化是使孩子看起來都相似的歷程，使孩子跟同樣年齡、同樣性別的人行為相似。假如他們被社會化，為什麼他們在人格上還會不同？雖然團體社會化可能可以解釋相似性，然而對於我試圖說明的差異性（團體內的差異性）卻仍缺乏說服力。

但是我並不是唯一的失敗者。演化心理學家（著重於人的相同之處）、行為生物學家（著重於基因的影響）和發展心理學家（著重於環境的影響）也都無法為人格的差異提出一個適當解釋。我們知道基因並不能解釋所有的差異，但卻沒有人能解釋為什麼環境會使人在某些方面一致、在其他方面又不同？也沒有人能解釋同卵雙胞胎在同一個家庭長大，為什麼人格會不同？

這裡有個重要的線索。這個不能解釋的非遺傳性人格差異，在一起長大的同卵雙胞胎之間，幾乎和一般手足之間的差異一樣大。而一般手足之間不能解釋的人格差異，與隨機從街上或教室找來兩個同齡、同性別的人之間的差異，也幾乎一樣大。

這是個重要但卻令人猜不透的線索。假如這是部偵探小說，而其中的重要線索是指紋，我就不需要去解釋什麼是指紋，或這種證據是怎麼得來的。但是要了解我的線索，必須要

先了解一些行為遺傳學上的實驗方法。在桃樂賽‧色耶的偵探小說《五條紅鯡魚》中，重要的線索是與火車有關的，讀者必須能夠了解火車時刻表以及 1930 年代蘇格蘭鄉下火車行駛的情形。我跟你保證，你學會一些行為遺傳學的基本知識，一定比學會看火車時刻表及操作程序快且有用。

但是在解開個別差異的謎之前，我有五條「紅鯡魚」❷得先解決。在本章中，我要先檢視頭兩個嫌犯：人格差異主要是來自環境差異，或是來自「先天」（基因）和「成長方式」（父母提供的環境部分）兩者的交互作用。

兩條紅鯡魚：環境和基因

個別差異從一開始就是心理學研究的一部分。例如，智力測驗在一百年前發展出來，就是為了要研究智力上的個別差異。假如每個孩子在智力測驗上的某個問題都給了相同的答案，那麼這個問題就一點價值也沒有。智力測驗或人格測驗的重點，就是不同的人會回答出不同的答案。智力測驗或人格測驗的研究者是在研究人的變異性，所以他們觀察孩子在操場的行為以研究他們的攻擊性，或是把他們放在一個實驗設計的情境去研究他們的情緒表達，或是請他們填問卷以研究青少年使用毒品的情形。

以數字來呈現這些結果，得到的數字可能有很大的不同，也可能落在一個小範圍內。變異性則依你所測量的東西及測量方法而有所不同，也跟你所選的研究對象有關。智商的差異性

----

❷ 編註：紅鯡魚，red herring，意指錯誤的線索。

在一組籃球選手中，會比在一組物理學家中來得大；但是物理學家在高度上的變異性，會比籃球隊員大。差異是可以量化的，不會有模糊地帶，通常會用標準差（standard deviation）及變異性（variance）這兩種統計方法來表示；前者是後者的平方根。在一般的人口中，智力測量的標準差是 15，變異性是 225；在物理學家中，這個數字會比較小。「變異性」這個詞在本章中會出現很多次，但你只要知道它是一種指出某群人在某向度上的不同程度有多大的方式就好了。

我還要提另一個會讓你頭痛但很常用的統計名詞：「相關」（correlation）。相關只是一種關係——兩組測量之間的統計相連性——而已。孩子的攻擊性和他被父母責打的正相關，就是說常被父母打的小孩，他們的攻擊性比一般孩子的平均數高。（不常或沒有被父母打的孩子，他們的攻擊性比平均數低；這個相關就是負相關。）理論上，正相關的範圍是從 0 到 1（0 即指兩組測量法之間毫不相關），但是在心理學的研究上，相關很少超過 0.50，而且通常遠低於這個數字。發展心理學家假如發現他們的結果變項（例如攻擊性）與一個環境變項（如責打）的相關高達 0.30，他們就會高興得開香檳來慶祝了。

發展心理學家的目的是要去解釋受試者之間的不同，他們想要知道為什麼有些人比較有攻擊性，或是比較不會去用毒品。如果用術語來說，就是他們想要找出所測量變項之間變異的原因。而研究者用相關來表達這個變異性。問題是，相關並不是代表因果關係。假如父母打孩子的次數與孩子的攻擊性有相關，並不代表是前者導致後者。也有可能是倒過來：有攻擊

性的孩子比較皮，常使父母忍無可忍而動手打他。或是這個相關可能來自第三個原因，就是基因對人格的影響。假如攻擊性在某種程度上是會遺傳的，那麼有攻擊性的父母（時常體罰子女）就比較容易生下有攻擊性的小孩。或許這三個原因同時成立，只是單從相關來看，我們無法分辨得出來。

行為遺傳學家的目的跟發展心理學家一樣：他們想解釋受試者之間的變異性。他們想了解所測量的結果變項中，每一個變項所佔的變異性比重。他們用相關數來看，這點跟發展心理學家一樣。但是方法卻截然不同：行為遺傳學家所用的方法，使他們可以預測行為的變異性中，有多少可以歸因到基因對人格的影響。

行為遺傳學家的研究使我放走了第一條紅鯡魚：人格差異不是完全也非大部分是由於環境的差異。一個人之所以和別人不同，有部分是因為他們有不同的基因。雖然這不是什麼新聞，但它出現的時機很不好：這種說法在 1972 年代初期開始出現在心理學的期刊上，當時很多人不願意承認基因對人格有任何影響。因此，第一條紅鯡魚這個誤導的線索游了很長一陣子才消失。環境學派如今仍舊聲勢壯大，但是他們低調了很多，也不像以前那樣動不動就詆毀別派。

行為遺傳學家的第二個發現就真的是個新聞了：環境並不如每個人所以為的那麼有威力。「先天」因素對人格差異的影響，和我們預期的差不多，然而「後天」因素就差得遠了。有一些人格的差異是無法用基因來解釋的，卻也不能歸咎於環境。每一個人（包括我在內）都認為，對孩子的發展來說最重

要的,就是他成長的家。

如果用數字來表示,行為遺傳學的研究顯示,有 30~50%
的人格差異可以歸因到基因。從不同的研究中,人格的遺傳因
素大約佔 45%。我們預期家庭環境應該解釋剩下 55% 左右的變
異性,但是結果卻並非如此。事實上,它只能解釋很少的變異
性,有時甚至不能。

行為遺傳學的結果可以綜合成下面這句話:基因差異會
引起人格上的差異。但是人的差異除了基因之外,尚有別的原
因。兩個在不同家庭長大的孩子,他們的環境差異對人格沒有
作用。在嬰兒期就被分開扶養長大的同卵雙胞胎,在人格上比
較不相似。在同一個家庭、被同一對父母所養大的子女或異父
母兄弟姊妹,在人格上並沒有比較相似。

雖然這些結果使得研究者感到困惑,但我發現這些結果與
其他兒童研究中不符預期的結果相吻合。心理學家多年來致力
於發現獨生子特異性的研究是失敗了,雖然獨生子的家庭生活
與兄弟姊妹眾多的顯然不同,但是研究者在社會行為上及心理
適應上,並沒有發現獨生子與非獨生子有一致性的差別。研究
者也沒有發現,那些五歲以前白天都待在托兒所的孩子,與父
母自己帶的孩子有什麼不同。而試管嬰兒雖然比較可能享受更
多的父母關注,他們與一般的孩子也沒有什麼差別。

簡單地說,以控制家庭間的基因差別為研究方法時,就可
以發現家庭環境跟父母教養孩子的方式,對孩子人格的形成沒
有什麼影響。

父母有關係嗎？

　　兩條紅鯡魚脫勾了。行為遺傳學家所提供的證據顯示，人格差異並不是完全來自環境因素；基因也有關係。他們的證據同時顯現，人格的差異並不是基因和家庭環境混合的結果；換句話說，不是由於先天和教養方式。而且行為遺傳學家的證據並不是唯一，還有很多其他方面的證據都支持這個結論，如發展心理學、社會心理學、人類學和心理語言學的證據都如此指出。我把所有的證據集合起來，呈現在《教養的迷思》中。我對人格差異的結論主要是負面的：答案是「不可能」，人格差異並不是來自父母教養孩子的方式。

　　結果這個負面的結論引起了大眾的注意；「父母有關係嗎？」（Do Parents Matter?）成為很多報紙的標題。而我的團體社會化理論反而不被重視。全國的心理學教授被媒體追著問意見，絕大多數人都不同意我的說法。發展心理學家尤其激烈反對我。《新聞週刊》（News week）說：「全國許多著名的兒童發展學家控訴哈里斯扭曲他們的邏輯，誤解行為遺傳學，忽視不符合她的理論的研究。」事實上，我花了很多年解讀這些研究，找出他們錯誤的地方。至於我誤解了行為遺傳學嗎？行為遺傳學家並不是這樣想。

　　隨著時間過去，控訴我誤解行為遺傳學的人改口說我太依賴行為遺傳學、太相信他們的資料。然而，我的結論並不是完全基於行為遺傳學的證據：我在《教養的迷思》中談到的證據（以及我在本書中所用到的）是來自心理學很多其他的領域。無

論如何，了解行為遺傳學是很重要的，因為它提供了重要的線索：關於環境的線索。

為了要了解環境如何造成人格差異，我們必須先要承認基因是有關係的。我們必須先要知道基因貢獻了什麼，才會了解環境做了些什麼。那些不考慮基因的人很可能就會下錯結論。從佛洛伊德以來的心理學家都犯了這個錯誤。佛洛伊德注意到那些拘謹挑剔的人多半有拘謹挑剔的父母，他就把這個人格現象歸因到小時候大小便的訓練。

都怪那該死的長方形

行為遺傳學家被批評和納粹沒什麼兩樣，都是種族主義者。他們被指控支持基因決定論（現在也是）。然而卻好像沒什麼人去攻擊環境決定論。我不想進入「先天還是後天」的辯論之中；你可以去看平克教授寫所的《白板》這本書。但是一個緊咬著行為遺傳學的錯誤批評會妨礙我的目標，就好比那該死的長方形；史丹佛大學的生物學及人口研究的教授艾立克（Paul Ehrlich）在 2000 年時寫了一本《高等教育年鑑》（*The Chronicle of Higher Education*）：

我們無法區隔出攻擊性、利他主義或是魅力氣質的 DNA 和教養之間的責任歸屬。想要區分先天和後天的貢獻，就像要去區分出一個長方形中，長和寬對面積的貢獻；初看時你會覺得很容易，但當你再細想時，就知道不可能。

　　艾立克的意思是，我們不可能找出遺傳和環境對人格的貢獻，因為兩者一般重要。

　　他在某些方面是對的。我們說某個人的人格有百分之多少是來自遺傳，有百分之多少是由於環境的影響，這種話是沒有意義的。然而，從沒有一個行為遺傳學者曾經說過這樣的話。這並不是行為遺傳學的宗旨，而是有關人的變異性，人與人的差別。他們所重視的不是一個人本身的變異性，而是一個人在團體中與其他人之間的差別。

　　對一個長方形來講，要說它的面積主要是來自長還是來自寬，的確是沒有意義的。但是說到一組長方形的變異性，就有意義了。舉例來說，如下頁的圖所示，上方的長方形長度都不同，但寬度是一樣的，所以它們面積的變異性來自長度的差異。相反地，下方的長方形寬度不同，但長度都是一樣的，所以它們面積的差別來自寬度的不同。

　　假設你有很多面積不同的長方形，你想要知道它們面積的差異（變異性）有多少可以歸因到長、有多少可以歸因到寬，但是你不能一個個直接去測量它。這時你該怎麼辦？對，你可以先控制一個向度不變，然後當另一個變項變化時，看看面積的改變。這就是行為遺傳學研究法的原則。

　　行為遺傳學研究法的創新之處在於受試者（孩子或大人）是成對比較的，通常是同卵雙胞胎或是兄弟姊妹。研究者在選擇受試者時，選的就是基因相似性的差異，那麼他們就可以研究基因的效果。如果選的時候就是選環境相似性的差異，那麼他們就可以研究環境的效果。所以，改變基因向度，研究者就

可以比較同卵與異卵雙胞胎間的差異，或親兄弟姊妹與沒有血緣的兄弟姊妹間的差異（基因相似性的定義是從共同祖先所繼承基因的百分比；同卵雙胞胎為 1.00，異卵雙胞胎為 0.50，兄弟姊妹為 0.50，養兄弟姊妹為 0）。至於要改變環境的向度，研究者可以比較在相同家庭長大和不同家庭長大的同卵雙胞胎。

如我們所預期的，基因相似性使得同卵雙胞胎的人格比異卵雙胞胎更相像，親兄弟姊妹的人格也比養兄弟姊妹更相像。我們預期環境相似性也會有類似的作用，但結果不然。在同個家庭長大的同卵雙胞胎，並沒有比在不同家庭長大的同卵雙胞胎在人格上更相似。

我們必須承認，環境對人格的影響沒有基因來得大。這裡只考慮到兩個層次的環境相似性：在同一家庭或不同家庭成長的兩人。然而，我們不需假設在同一家庭長大的兩個人就有一模一樣的環境，或是分開撫養的兩個人，他們的成長環境就一定不一樣；這個方法只是去測量環境對於一起長大的手足的效應。所以這裡包括發展心理學家多年來所說的：這個家是單親還是雙親家庭？父母相處得好不好？他們是否大學畢業，還是高中都沒念完的中輟生？他們管教孩子的方法是放任式還是權威式？母親是家庭主婦，還是像契佛的母親一樣是職業婦女？她的精神狀態良好，還是像愛麗思‧詹姆斯一樣有憂鬱症？這個家是在都市還是鄉村？擁擠還是寬敞？井井有序還是亂七八糟？擺滿了藝術品還是堆滿了汽車零件？對於一起長大的兄弟姊妹，尤其是同卵雙胞胎來說，這些條件都是一樣的；對於沒有一起長大的兄弟姊妹則可能不同。

還不只這些。在不同家庭長大的孩子，還有家庭以外的環境差異。一起長大的孩子不但生活在同一個家庭、同一個社區，也就讀同一所學校。尤其如果是雙胞胎的話，還屬於同一個同儕團體。

在相同的或不同的家成長的這個對比，抓住了最多的環境變項；發展心理學家研究了五十年，才把這些變項全都放在一起。而這有好也有壞。這個對比是很有力的工具，因為即使兩個家庭之間只有一點差異，而這個差異的影響很小，但是當兩者都加在一起看時，效果就會顯現出來了。從另一方面來看，這卻也是很粗糙的工具，因為它不能區分這些效果的差異，尤其無法區分家庭生活與家庭以外的生活對孩子的影響，而是把所有東西都堆在一起了。

然而，這個送做堆的環境卻對在同樣環境長大的兄弟姊妹幾乎沒有影響。在行為遺傳學的研究中，尤其是最近樣本較大的研究，最常見的結果是兩個兄弟姊妹共享的環境效果沒有統計上的差異；在同一個家庭長大，並沒有使雙胞胎、親兄弟姊妹或是養兄弟姊妹在人格上更相似。

現在回頭看，有些發展心理學者就否認他們曾預期家庭環境會使兄弟姊妹的人格更相像。然而，這個預期並不是憑空掉下來的，而是基於一些推論，就像研究是基於一些傳統的方法。以一篇典型的發展心理學論文為例；這是三位心理學家綜合這個領域中的研究來看兒童的情緒表達。他們發現，父母親情感豐富，孩子通常較能自由地表達情緒；而那些情緒壓抑、喜怒不形於色的父母，他們的孩子也比較不善表達情緒。作者

把這種相關歸因到「父母的情緒社會化」(parental socialization of emotion)。

　　讓我用另一個方式重新再說一遍。統計的趨勢顯示，善於表達情緒的父母，他們的孩子情緒表達在平均數以上；不善表達情緒的父母，他們孩子情緒表達在平均數以下。這表示如果兩個孩子在不同的家庭長大，他們的父母碰巧都善表達情緒，那麼這兩個孩子在情緒表達上會比較相像；至少比兩個孩子其父母情緒表達的方式不同時更相像。也就是說，同樣父母扶養長大的兩個孩子在表達情緒上，應該比不同父母養大的兩個孩子更相像。

　　所以，根據邏輯（其實是數學）推演而來的預期就是，在同一家庭長大的孩子的行為，應該比不同家庭長大的孩子更相像。像這樣的發展理論充斥著這個領域，他們認為孩子受父母情緒社會化的影響，而成為開朗、善於表達情緒或悶嘴葫蘆、不會表達情緒的孩子，結果導致研究者預期相同父母所扶養的兄弟姊妹，應該比較相像。

　　發展心理學家發現，孩子的行為與父母的行為有相關，並把這個相關歸因到家庭環境的效應。雖然他們知道基因應該有關係，卻從不認為基因會占全部的可能性。然而，這正是統計結果所顯現的：家庭環境的效應消失了。

辛浦森的 DNA 證據

　　在其他的領域也是一樣，新的研究法有時會產生一些與現行理論衝突的結果。舉個醫學上的例子，流行病學家范斯坦

（Alvan Feinstein）說：「過去幾世紀所持的疾病原因、致病機制和治療方法，到頭來幾乎每一個都被發現完全是錯的或是錯得離譜，最後被全盤拋棄，用新的理論取代。」但是過去可行的理論不會毫無抗爭就黯然下台。不知為何，人們不喜歡承認自己是錯的，就算是對自己也不願。不過，醫生終於放棄了他們對放血、洗腸的信念，這也使我對心理學有信心。

在科學上，新舊觀念的鬥爭通常都集中在研究方法上。讓我再引用范斯坦的一段話：

當研究結果與讀者或科學領域所持的信念相比較時，所有的理性分析都消失了。假如結果重申我們的信念，那麼人們就會假設它一定是對的；不必很嚴謹地去檢視研究方法，因為得到了正確的結果，所以方法一定是對的。同樣地，如果結果跟我們所相信的相抵觸時，研究方法一定有問題；不論方法有多好，人們都看不見。

假如行為遺傳學家得到了預期的答案——共享的基因使得人的人格更相似，在同一個家庭長大也會使人更相似——就不會有人抱怨他們的研究法。但是，假如研究沒有得出他們預期的答案，學術圈的許多人就結論說，他們的方法一定有什麼錯誤。就像轟動一時的辛浦森（O. J. Simpson）殺妻案，陪審團拒絕採信 DNA 證據，因為他們相信辛浦森是無辜的。

但是行為遺傳學的強處在於它不是單一方式，而是一組的研究法，專門為了同時研究兩個或兩個以上的方向所設計的。

這種方法可依參與研究的受試者類別而計算出基因和環境各自的貢獻。這些計算公式沒有預設立場，例如同卵雙胞胎在不同家庭長大，環境對他們的影響應該與一起長大的養兄弟姊妹相同，最後得出的結果也的確如此。基因效果的預測多少會因研究不同而異，而這本是我們所預期的。但是不管用哪種方法，對於共享家庭環境的效果的預測幾乎都是零。

在過去的三十年裡，行為遺傳學家檢視了各種人類行為及心理特質。他們用了很多方法，有標準人格測驗，父母、老師、配偶及同儕的看法與評語，或是實驗者自己的觀察。客觀的測量就更容易收集，例如有沒有離過婚或犯過罪。這些方法有一個共同點，即資料的一致性很高。偶爾的確會有異軍突起，就像有人發現家庭環境有顯著的效應。但是就像殺妻案中不符合辛浦森手掌大小的那隻手套，異常的結果偶爾會在各個領域中出現。我們必須去看證據的整體型態，而不是單一的發現；由不同的研究、不同的受試者、不同的測量方法、个同的測量項目，所得到的行為遺傳學結果卻是非常一致，這在心理學中是個罕見的現象。

不能解釋的變異性

「該死的長方形」通常是不了解行為遺傳學的人才會提出的批評。那些對這領域有點了解的人，他們的批評比較有道理；他們認為，行為的變異或人格差異可以像切派一樣，把基因和環境切開來單獨看，是件很詭譎的事。不過，行為遺傳學家並不是真的這樣做。事實上，他們的做法跟心理學其他領域的人

很相似；他們從資料中尋找相關，用這相關來解釋測量結果的變異性。

　　傳統的發展心理學家如果發現，他們有興趣的變項與所測量的環境變項兩者之間有相關，便認為研究是成功的。假如他們發現兒童的攻擊性與挨打頻率之間有 0.30 的相關，就認為他們找到了一個可以解釋攻擊性的變項。（不過，我前面說過，相關不是因果，並不能證明打孩子會引起攻擊性）。0.30 的相關大約可以解釋 9% 的變異性——相關係數的平方，就是它可以解釋的比例。

　　行為遺傳學家所用的相關有一點不同，但是原則是相同的。他們觀察不同基因或相同環境的「受試者對」（pairs of subjects），用變異性來解釋研究結果的變異度。基因愈相近的受試者，他們的攻擊性也愈相似。受試者有著愈相似的環境，他們的攻擊性也愈相似。行為遺傳學家是去看相似的程度，而不是一個環境變項（例如打小孩），來解釋變異性。他們是用基因和環境上的相似性來解釋。

　　不過，行為遺傳學家切派的觀念，其實跟發展心理學家長久以來所做的沒有差別：他們把相關係數可以解釋的那個部分的變異性切割出來。兩者的主要差別是行為遺傳學家切得比較大塊，也因為如此，自然引起比較大的反感。發展心理學家長久以來習慣了那一小塊的派：對他們來說，能夠解釋 9% 的變異性就已經很高興了。但是行為遺傳學者要 45% 的變異性；這是幾乎可以歸因到相似基因的比例。假如有沒有在同一家庭長大的效應有達顯著性（在大多數的情況是沒有），那他們又可以

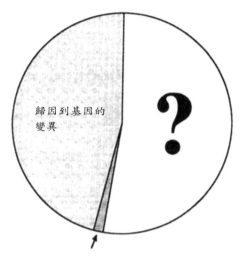

歸因到基因的
變異

?

歸因到共享環境的變異

多切一塊。

　　但是他們沒有辦法拿走整塊的派。在行為遺傳學家拿了他們所有能夠拿的之後，這塊派還剩一半以上。在過去發表的論文中，他們把這部分歸因到「未分享的環境因素」（nonshared environment）。我想他們如果直接承認他們不知道那是什麼，把這個吃不下的派留在盤子裡，他們可能會少得罪一些人。

　　行為遺傳學家無法也不知如何解釋那55%的人格或行為變異性。這個變異性與基因無關，所以他們就稱它為環境的因素。其實比較正確的說法應該是「不能解釋的變異性」（unexplained variance），而這也是我會選用的名詞。這不能解釋的變異性是在所有的相關（兄弟姊妹間所有測量到的相似

性）都拿掉了以後所剩下的東西，它包括所謂的「測量錯誤」（measurement error），就是測量變項時的誤差。但是它其實是參加這個研究的受試者人格的真正差異。它不僅是兄弟姊妹間的差異，也是所有受試者間的差異。這些差異是所有不能被受試者不同的基因或不同的成長環境所解釋的。

我不希望你覺得這個不能解釋的變異性是抽象的數學。相反地，它是肉眼看得見的。最顯著、最常看見的不能解釋的變異性，就是一起長大的同卵雙胞胎：兩個人有著相同的基因，又在相同的環境長大，卻有不同的人格。即使像拉列與拉丹那樣的連體雙胞胎，或是著名的「暹羅連體雙胞胎」（Siamese twins）張與英（Chang and Eng），都有不同的人格。

行為遺傳學的環境假設

行為遺傳學的研究方法還遭到另一項批評，是我必須要處理的，即認為雙胞胎的研究是基於一個「相同環境假設」（equal-environments assumption），所以研究無效。但是，行為遺傳學家並沒有假設同一家庭長大的雙胞胎有相同的環境，所以應該稱為「同樣相似的環境假設」（equally-similar environments assumption）。這是假設在一起長大的異卵雙胞胎，他們的家庭環境跟一起長大的同卵雙胞胎是一樣相似的。批評者說，這個假設是錯誤的，因為父母親對同卵雙胞胎的態度會比對異卵雙胞胎還相似。假如同卵雙胞胎真的有更相似的環境，那麼，比較大的環境相似性應該可以解釋為什麼同卵雙胞胎的人格比異卵雙胞胎的更相似。這些人高估了人格的遺傳性，他們把環境

的效應當作基因的效應了。

行為遺傳學家的確有「同樣相似的環境假設」，這是有歷史原因的：他們的方法原先是用來回答為什麼孩子的智商會和他們的父母相似。研究者想知道，有多少的相似性是來自父母所提供優渥的智慧環境，有多少是來自遺傳的基因呢？這是先天和後天爭辯的根源，也是為什麼雙方爭辯得這麼厲害；因為它捲入了智慧遺傳性的政治色彩。在 1970 年代，有些人非常希望智慧的遺傳率是 0。後來就變成在為它是 0.60 還是 0.30 爭吵。

當研究的變項是智慧時，假設同卵雙胞胎和異卵雙胞胎有相同的環境是合理的，父母親不會給一個孩子智慧優渥的環境，而給另一個孩子智慧貧乏的環境，尤其是兩個孩子同年齡的話。家庭的特色是，我們假設家庭對心智能力的發展扮演了某種角色，好比說父母親的教育程度、他們對學業成就的看法、他們談話時所用的詞彙、家裡有沒有字典或電腦、常不常帶孩子去博物館或球場。這些條件對同一家庭長大的兄弟姊妹來說，很可能是相同的，不論他們是不是同卵雙胞胎。

但是這個「同樣相似的環境假設」，在人格上就比較行不通了。事實上，父母對同卵雙胞胎的態度與對異卵雙胞胎有所不同，對親生子女又跟對養子女或繼子女不同。父母對子女的行為有部分是對於孩子行為的反應；親子關係像兩個人的對話，雙方都要說話才行。這就是我在《教養的迷思》中所提到的，現在被我引用到本章開頭有關我孩子是收養的那一段。假如兩個孩子的行為不一樣，你就不可能以相同的方式對待他們。

兩個基因相似的小孩，他們的行為比較可能相似，正如

行為遺傳學家所示。因此，他們比較可能被父母一視同仁。所以，假如你相信父母對待孩子的方法對孩子的人格有長期的效應，也相信父母對孩子的同樣待遇會使孩子更相像，那麼你就會下結論說，比較一起長大的同卵雙胞胎與一起長大的異卵雙胞胎的研究，會擴大了遺傳的影響。

幸好，行為遺傳學家不是仰賴單一方法來計算遺傳性；我先前說過，他們通常用兩種以上的方式以求殊途同歸。因為每種方法都有它的強處和弱點，批評者只好想出不同的馬後炮來批評。假設他們的論點是對的：雙胞胎的研究的確高估了遺傳性。這究竟是什麼意思？我又為什麼要在乎？

答案是，我不在乎。我並不是要解釋為什麼同卵雙胞胎這麼相似，我是要解釋為什麼他們那麼不同。遺傳性占 30% 或 60% 的變異性，和我一點關係都沒有。我有興趣的是與基因無關的人格變異性，也就是「不能解釋的變異性」。假如父母對同卵雙胞胎的管教方式非常相似，為什麼他們沒有更相像？為什麼有相當大比例的變異性無法被他們所共有的基因及父母的相同待遇來解釋？

不論行為遺傳學家有沒有高估遺傳性，他們提供了一個非常有價值的訊息。他們的證據排除了在同一家庭長大的兄弟姊妹確實共享的所有環境效應，不論他們是不是雙胞胎。所有兄弟姊妹所共享的條件都被證明是無效應的；這些環境因素最多只能為一些無關緊要的人格變異性提供解釋。但是，對兩個一起長大的兄弟姊妹來說，任何不同的環境條件，包括父母對待他們的態度，仍然還活躍在理論上。

　　另一個仍然還活躍的是以下這個可能性，即家庭環境對兄弟姊妹可能是相同的，然而他們對相同的環境卻有不同的反應。例如父母總是吵架，一個孩子變得很孤僻、內向，而另一個卻顯得外向，跟任何人都很親密，他們的不同反應會歸因於不能解釋的變異性。這就是我想要解釋的人格變異性。

　　行為遺傳學家並沒有忽視這些兄弟姊妹間的差異的可能來源。我也不打算把它們掃到地毯下，眼不見為淨。我在下面兩章會再回頭來談。

45% 的人格遺傳性

　　打破「同樣相似的環境假設」，表示同卵雙胞胎的家庭環境相似性確實比異卵雙胞胎更高。因為他們的基因是相同的，人們也會預期他們對相同環境的反應更相似，例如父母吵架。然而，他們之間這個不能解釋的差異，就與其他兄弟姊妹間不能解釋的差異一樣大，也與兩個不相干的陌生人之間的一樣大。這就是我前面提到的重要線索，為什麼同卵雙胞胎這麼相似？

　　這不是錯覺，同卵雙胞胎的人格的確比任何類型的兄弟姊妹更相似，雖然並不是百分之百一樣。不論他們是否一起長大，他們在人格測驗的得分相關大約是 0.45 或 0.50。異卵雙胞胎以及兄弟姊妹之間的相關就低很多，而一起長大的養兄弟姊妹間的相關則趨近於 0。遺傳性，也就是基因的效應，解釋了親兄弟姊妹間所有的相似性（假如同卵雙胞胎的環境相似性有任何效應的話，也會被納入遺傳性的估計中）。

　　人們感到困惑的是，他們預期遺傳上的變異性等於相關係

71

數，但是在絕大多數的研究中這並不相等。原因是相關只代表兄弟姊妹之間的相似性，而基因還包括相異性。有些非雙胞胎的手足之間的差異，是來自他們不同的基因。例如，有些異卵雙胞胎的眼珠顏色不同，而這個差異完全是由於他們遺傳到不同眼色的基因。在一群人中，異卵雙胞胎眼睛顏色的相關可能只有0.75，然而基因所解釋的變異性仍舊是1.00。不論是同卵還是異卵雙胞胎，眼睛的顏色完全是由基因決定的（這就是遺傳性1.00的意思），只是控制他們眼睛顏色的基因可能不一樣。

　　人格並不完全是由基因決定；只有一半的差異性可以歸因到基因。但是影響人格的基因有很多種，在異卵雙胞胎和一般手足之間可能不同。只有同卵雙胞胎的遺傳性大約等於相關。基因無法造成同卵雙胞胎之間的差異，因為他們的基因完全相同。

　　為什麼同卵、異卵、兄弟姊妹之間的人格遺傳性都是0.45？對同卵雙胞胎來說，遺傳的基因決定了所有的相似性，完全不能解釋他們之間的相異性。對異卵雙胞胎來說，基因解釋了部分的相似性與部分的相異性。對收養家庭來說，基因不能解釋兄弟姐妹之間的任何相似性（他們並無任何相同的基因），但可以解釋一半的相異性。重點是，在每個例子中，不能被基因解釋的變異性幾乎相同，都是0.55。在最近一項大型的研究中，以相同的人格測驗去評估五種不同類型的兄弟姊妹配對（一起長大的同卵雙胞胎、異卵雙胞胎、親兄弟姊妹、同父異母或同母異父的兄弟姊妹，以及沒有血緣關係的繼兄弟姊妹），最後的結論就跟先前提到的一樣：在這些手足配對之中，

無法被解釋的變異性的比例沒有明顯不同。

這項發現與我們直覺認為的相反，其中隱含一個重要的意義，就是不論是什麼原因使一起長大的同卵雙胞胎的人格不同，它同時也是一般手足與沒有血緣關係的手足有不同人格的原因。

所以，我要找的不是遺傳性，也不是父母提供的環境。這無關於你遺傳到誰的基因，也無關於你小時候住在哪裡。我在找的是那個使同卵雙胞胎以及兄弟姊妹之間有人格差異的東西。它使得在相同家庭長大的兩個人出現了非遺傳性的差異，而這個差異就跟在街上隨便找來的兩個人差異一樣大。

發展的雜音

符合上述條件的一個嫌犯就是機率。但我根本沒有把機率納入我的紅鯡魚假線索之中，因為如果答案是機率的話，那這個謎就無解了。這就會像那種偵探小說，追了半天，結果被害人是死於心臟病等自然原因，或是假裝死亡，然後與情婦在百慕達的小島上共度餘生一樣無趣。

人格的差異有可能全都是在成長過程中隨機發生的嗎？一個神經元走向東而不是走向西，你就屬於衝動型而不是謹慎型了嗎？四年級時，學校裡的小霸王揍了你，你就變得害羞而不外向了嗎？

假如這是真的，那我就不必去找答案了。在心理學上，還沒有可以研究隨機事件的好方法，因為你無法從所有受試者的資料中找出一致性。假如每位受試者的行為都是出於特定原

因，就不會有整體的一致性。這個人衝動的原因，不論是什麼，都跟另一個人衝動的原因不同。你看見的只是一棵棵的樹，不是一片森林。

要找出支持這種無解的結論的證據並不難。在所有的人類性格中，一定有某些程度的隨機性。人類的基因體雖然已經解碼，但還未做到確定每個大腦突觸的作用。因此，一些細節還在摸著石頭過河的階段，也增加了結果的變異性，即生物學家所謂「發展的雜音」（developmental noise）。這個結果就是同卵雙胞胎在外型上不是完全相似，他們的身高體重可能會有些差異，而他們的家人和朋友可以區辨得出來。核磁共振的結果也能顯示出他們的大腦有些微的不同。

我在前一章中提到，同卵雙胞胎之一患有精神分裂症，另一個也有的機率是48%。同樣地，同卵雙胞胎之一有第一型的糖尿病（童年期就發作的），另一個也有的機率是40%。而在童年期得到中耳炎的遺傳機率是73%；其餘的則為不能解釋的變異性。就醫生來說，這是隨機發生的。同住在一個屋簷下，並不會使這個孩子比較容易或不容易得中耳炎，也不會使他們更有攻擊性或更能自我反省。

同卵雙胞胎在生理上的差異，是在出生前後一些無法預期的因素造成的。例如一個神經元走歪了、在子宮裡搶到比較好的位置、一個雙胞胎從樓梯上跌下來或感染到病毒。有人認為暴露在病原（任何致病因素及微生物）中是罹患精神分裂症和第一型糖尿病的一種可能原因。同卵雙胞胎之一得到精神分裂症，不是他的生活比較有壓力，而是他在不對的時間接觸到了

不對的東西（病毒）。

　　前面我曾提過人格的遺傳性可能被高估，因為這違反了「同樣相似的環境假設」。那些歸因到基因的變異，很可能應該歸因到環境。但是現在發現，那些不屬於基因的變異，也不屬於環境；而是生物上的。有一些甚至可能與基因有關。最近醫學上有個病例，同卵雙胞胎中有一個是兔唇，另一個正常，後來發現這個先天缺陷是由於基因突變，而另一個雙胞胎的基因正常的。這個突變一定是發生在受精卵分裂為兩個獨立的胚胎之後。

　　這種生物學上的突變也會影響非雙胞胎。一個病毒或突變，或神經元的走失，都同樣容易發生在一般人身上。所以這個生物上的隨機事件，或說「發展的雜音」，可以解釋一些人格上不能解釋的變異性。

　　但基因的影響和發展的噪音並不能解釋全部，不然這就表示所有人格的差異都來自先天；也表示環境沒有任何持久的效應——年輕人無法藉由經驗來對自己的行為進行長期修正。這點在理論上與實際上都不對。我在本書中所提到的證據，絕大部分跟孩子因應經驗修正自己的行為有關。

　　那麼，那些非關生物的隨機因素又如何呢？環境裡不是也有隨機事件嗎？雙胞胎之一在學校裡被霸凌推倒，另一個沒有；一個睡在雙層床的上鋪，另一個睡下鋪；某天，一個生病在家，另一個去上學。這些都可能會造成不同。

　　我必須再次承認，這種機率不是沒有；無疑地，它說明了部分不能解釋的變異性。人在一生中會遇到許多隨機事件，

有時的確也會導致戲劇化的長期後果。不論在小說或真實生活中，類似的故事都屢見不鮮。下面是英國小說家狄更斯（Charles Dickens）的《孤星血淚》（*Great Expectations*）中，主角皮普（Pip）描述他第一次去拜訪郝薇珊小姐（Miss Havisham）家的情形：

> 對我來說，這是一個難以忘記的日子，因為它對我產生了巨大的影響。然而，那天對任何人都是一樣的。想像某天可以怎樣地不一樣。讀者請停下來想一想，那一連串好運或壞運的第一環節，如果不是在那不可忘懷的那一天降臨到你身上，後面的結果都會不一樣。

　　對我來說，改變我的人生道路，使我去寫心理學書籍和論文的隨機事件，就沒這麼讓人難忘了。我有個朋友急需替她的狗找新主人，於是我幫她在當地報紙的分類廣告欄寫了一則啟事。幾個月後，她需要有人幫她重寫一篇被心理學期刊退稿的文章；我這位朋友是紐澤西州州立的羅格斯大學（Rutgers University）心理系的助理教授。於是她想到了我。「你對文字很有一套，」她說。她會這麼認為，只是因為我曾幫她寫過一則有關狗的啟事，而這件小事開啟了我的寫作生涯，使我今天能夠坐在這裡寫這本書。

　　不過，再仔細想一想，我想我本來就會變成作家。寫分類廣告只是一個環節，一個可能是隨機也可能不是隨機的一連串好運或壞運中的一個環節。假如我小時候沒有被同學排斥，我

可能不會成為作家；那四年被人排斥的日子使我變成一個內向的人。在那之前，我是很開朗外向的。假如我父母親沒有決定在某個社區買房子，或許我不會碰到排斥我的同學。四年後，當我們搬家到別州去時，我就不再是被團體所摒棄之人。但是，到那個時候，我的環節已經形成；我的人格已經改變了。

很多實驗都證實人格是可以改變的；假如環境改變的話，即使成年後，人格也會有些改變。只不過人格在童年期的可塑性比較大、較有彈性。孩子的適應力很強，他們適應了社會，也適應了文化——他們社會化了。他們也適應了自己的個別情境，就像我適應成為一個被班上同學排擠的人。

我們演化出一個很大、很複雜的大腦以及很長的成熟期——好讓教育發揮作用。天擇偏向保留有助於物種成功繁衍的特質。那些代價很高的特質比較不可能被演化留下，例如因經驗而改變的特質是一個代價很高的特質。假如它因隨機經驗而修改，就不會被演化所青睞，因為隨機修改會有隨機後果，對個體的生存及繁衍不見得有利。從演化的觀點來看，人格因此很有彈性，但卻任由機率去塑造，被不可預測的事件來左右；這真是不可思議。天擇會選擇任何產生非隨機效果的行為。

這句話只是個假設，我並沒有證據。我是從達爾文主義的推論中得出的。我假設演化使人格很有彈性，孩子才能從自己的經驗中獲益，使他學到對他未來有利的行為。我現在假設的這個適應能力，是在生存和生殖上能夠賦予孩子優勢或改善劣勢的能力。這個假設必須有證據來支持，而我在本書中會盡力提供。

　　我已經給了隨機性一隻手和一條腿了：我已經承認有些不能解釋的人格變異性是來自生物上和環境上的雜音。現在它像《小飛俠》中那隻鱷魚跟隨虎克船長一樣地跟隨著我，想要解決所有不能解釋的變異性。但是我沒有那麼容易投降。在所有的嘗試都失敗後，隨機性是科學家最後的說詞；就好像聳聳肩，然後承認失敗。

　　讓我們試試看，能不能為這個人格之謎，找到一個可以令人滿意的真正答案。

第三章

那是猴子的實驗

我會變成大學教科書的作者，最主要是因為這是我可以在家中做的事情。我放棄寫教科書，是因為有一天我突然發現我告訴學生的那些話是錯的。當我發現錯誤之後所做的第一件事，就是決定不再寫其他種類的書。我寫了一篇論文，把我所能找到對先前兒童發展理論不符的證據統統列出來，並投稿到《心理學評論》（*Psychological Review*）❶。雖然我沒有一般投稿人的資歷——我沒有博士學位，也沒有在大學教書——這個期刊還是接受了我的文章，把它刊登了出來。

這篇文章對於發展心理學的教授，也就是那些使用我所寫的教科書的人，沒什麼作用。但是對其他的人卻有。事實上，美國心理學會（American Psychological Association; APA）❷給了我一個「喬治・米勒獎」（George A. Miller Award）；這個獎是為了紀念哈佛大學傑出的認知心理學家米勒教授，每年都會頒發給心理學領域中傑出論文的作者。獎賞有五百美元和一面銅牌（現在掛在我辦公室的牆上），並可以在那一年於舊金山召開的年會，對 APA 會員進行五十分鐘的演講。

那年是 1998 年，雖然我當時的身體狀況還沒有糟到不能旅行的地步，但是加州距離紐澤西州是一段漫長的距離，對我來說是有些冒險的。而且我沒有公開演講的經驗。不過，我還是接受了這項邀請。我提到一天半抵達舊金山，在旅館中好好地休息。

演講一開始，我唸了一封三十八年前哈佛大學心理系給我

❶ 譯註：這是心理學領域中最權威的一個期刊。
❷ 譯註：這是心理學領域中最大的一個組織。

的一封信作為開頭。這封信說明心理系認為我不適合念博士，因為我沒有原創性及獨立研究的能力，不符合哈佛大學的標準。最妙的是，這封信的簽署人是哈佛大學當時的心理系代主任喬治‧米勒博士。

聽眾頓時哄堂大笑——我今天上台領的獎，是為了紀念三十幾年前把我踢出心理學界的人。或許這樣的反應化解了一些本來我可能會遭遇的敵意；整場演講中，聽眾都很友善，提問時並未為難我。然而，責難到後來才出現。APA因為頒獎給我而招致許多批評，APA期刊也刊登了很多憤怒的讀者投書。

然而，那些憤怒的讀者投書不是由於我的論文，而是我的書：《教養的迷思》剛好就在我演講之後幾天於舊金山上市。發展心理學家可以忽略我的論文，但是書就沒有辦法這麼容易被忽略了。我越過他們的頭，直接向一般大眾訴求我的理念，他們憤怒了。

沒錯，這本書真的引起他們的注意。凡是我所說的，他們都認為是異說邪教。例如我說父母對孩子的人格塑造沒有什麼影響力，他們聽來格外刺耳。許多學者一生都投注在設計實驗顯示父母如何塑造孩子的人格；而且是教父母「如何」去塑造孩子的人格。發展心理學家一直認為，父母有這種權力和能力去影響孩子的人格。這也是為什麼我把書名取為「後天教養的假設」（the nurture assumption）❸。

自從這本書問市之後，我的生活立即改變了。多少年來，

❸ 譯註：台灣的中文版譯名為《教養的迷思》，商周出版。

我安靜地在家工作，除了家人以外，很少見到任何外人。突然之間，記者的專訪邀約不斷，電視台也詢問是否可以前來我家採訪拍攝。雖然我無法為這本書進行全國性的巡迴宣傳演講，也無法參加叩應節目，但是有關這本書的評論卻在全國各大報章雜誌頻頻出現。

有一天，我接到美國兒童健康與人類發展研究院（National Institute of Child Health and Human Development; NICHD） 瑪莉‧鮑爾（Marie Bristol-Power）的電話。她正在籌備一場關於如何教養孩子的研討會，地點是 NICHD 位於馬里蘭州百西斯達（Bethesda）的院所，會議目的是討論我在《教養的迷思》中所提出的問題。她邀請我去擔任演講人。我答應了。

直到後來，我才聽說這件事所引起的爭議。「你為什麼要邀請她？」瑪莉的同事如此質問她，「難道她在媒體曝光得還不夠嗎？」有一位發展心理學的「大師」甚至揚言，假如我出席，她就不參加。瑪莉沒有因此動搖：「什麼？你會怕一個從紐澤西州來的小婦人嗎？」這位大師說：「但是她說的都沒有證據。」「那好，你去告訴聽眾。」瑪莉如此回答。

「我必須抗爭才能召開這場研討會，」瑪莉告訴我，「我必須抗爭才能把你請來研討會。」瑪莉贏了這場戰爭；會議如期舉行，我也上台去演講。但是她還是得做一些讓步。參加這場會議的都是反對我的人，本來只有我一人演講，但現在增加了另一位，而且排名在我上頭。她是史丹佛大學退休的教授伊蓮諾‧馬科比（Eleanor Maccoby），在發展心理學界非常有名，雖然退休但仍相當活躍，心智非常清楚。

　　身為一個業餘的演講者，我非常緊張。在這場 NICHD 的會議上，我要面對的是一群對我已有敵意的聽眾；我的朋友中，只有亞利桑納大學的行為遺傳學家大衛・洛（David Rowe）教授一人受邀出席。馬科比是身經百戰的演講高手，而我的演講緊接著她之後，焉能不緊張？

　　出乎我意料之外，馬科比步上講台之後，拿出一疊稿紙，開始唸了起來。這是馬科比演講的方式，她低頭猛唸，唸得又快又單調，幾乎沒有抬頭來看她的聽眾。她說我錯了，但是她所舉的證據我並不擔心，她枯燥的演講方式也給了我勇氣。不過，聽眾依然對她友善，對我不友善。在我演講時，他們坐在那裡，面無表情，我穿插的笑話也沒有引起什麼反應，只有稀疏的碎笑。

　　演講結束後是聽眾的提問時間。所有的問題都針對我，而且大部分都充滿敵意。其中最不友善的，我記得最清楚的是坐在後面的一位體重重量級的先生，他站起來責罵我忽略了交互作用。行為遺傳學家當然沒有找到任何環境的作用，因為他們根本忘記了交互作用。先天和後天並不是單獨作用，它們是交互影響的。

　　我後來才知道，這位胖先生是 NICHD 比較生態學實驗室（Laboratory of Comparative Ethology）的史帝芬・蘇歐米（Stephen Suomi）教授，他做的是恆河猴的實驗，並不是人類兒童。他的問題（其實不算是問題，只是他的意見。因為很明顯地他並不期待我的回答）是有關基因與環境之間的交互作用。基因和環境之間的交互作用，是我的第三條紅鯡魚。

蘇歐米教授並不怕我這個從紐澤西州來的小婦人。但或許他應該要怕。

第三條紅鯡魚：基因和環境的交互作用

假如你大學時曾經修過生物學，你就會看過跟下面這張很相似的圖。頭一排的七株植物跟下面同樣位置的七株各自成對，都是「同卵雙胞胎」，是從同一母株剪下來插枝而活的；這表示它們的基因相同。所以在這裡我們有七對在基因上完全相同的植物；不過成長環境不相同。假設上面一排生長在海平

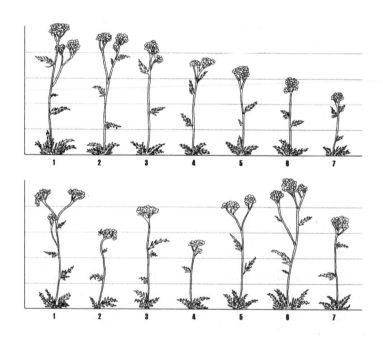

面，下面一排是在高山，我們就看到有些基因型適合高山，植物長得高，有些則否。假如你能重複得到這個結果，即有些植物在高山的環境長得好，有些植物在平地環境長得好，我們便得到基因和環境之間交互作用的證據。

　　但是有件事情很奇怪：我們沒有看到統計上的「主要效應」（main effect）。遺傳型（genotype）的主要效應是指，有些遺傳型在任何環境都長得比較高；而環境的主要效應是指，某些環境對於植物的生長優於其他環境。第二張圖顯現基因和環境的主要效應，真實性比第一張圖來得高。在自然界中，基因和環

境的主要效應是很常見的。當交互作用產生時，它通常會加在主要效應上面。用我們的肉眼時常看不出來，要用統計的方法才會顯現。

在 NICHD 的會議裡，這些發展心理學界的先驅受到行為遺傳學資料的震撼，並開始重新分組。這裡面最有名、最有學問的，包括馬科比及蘇歐米在內，都放棄了尋找家庭環境的主要效應，而把希望寄託在基因和環境的交互作用上。

一般來說，「交互作用」（interaction）是指兩個東西相互有關係，就好比金姐‧羅傑斯（Ginger Rogers）和佛雷‧亞斯坦（Fred Astaire）的交往 ❶。不過 NICHD 的與會者指的是技術上、統計上的關係。下面是馬科比的用法：

> 最近，父母教養子女的型態和基因的特質之間的交互作用，是發展心理學家主要的興趣……有一組研究者發現，某個特定教養方式對大膽、愛冒險的孩子與膽怯害羞的孩子有不同的效果。假如我們把這兩組孩子的資料放在一起看，父母教養方式的效應就會被沖淡不見了。

發展心理學家把他們的希望寄託在交互作用上是有原因的：行為遺傳學的資料並沒有把它們排除。任何基因和環境的交互作用，都會歸因到人格不能解釋的變異性，而不會歸因到家庭

---

❶ 譯註：金姐與亞斯坦為美國 40、50 年代的跳舞紅星，也是著名的銀幕情侶。亞斯坦有舞王之稱。

環境或遺傳性。所以，發展心理學家會點頭同意行為遺傳學的
證據，同時又維持他們對家庭環境重要性的信心。家庭環境當
然重要，但是它不會使孩子更相像。下面我再引用馬科比的一
段話：

　　假如某種家庭或某種教養孩子的型態，對天性不同的孩子
　有不同的效應，這表示父母的教養方式常常使同一家庭中的孩
　子不同，而不是使他們更相同。

　　這是馬科比對於十幾年前行為遺傳學家波洛明（Robert
Plomin）和丹尼爾（Denise Daniels）提出的「為什麼同一家庭
長大的孩子這麼不同？」這個問題的回答。馬科比把「同一家
庭的孩子」解釋為手足、一般的兄弟姊妹。但是一般的兄弟姊
妹基因不完全相同（只有一半），所以他們很可能對相同的環
境有不同的反應。但是波洛明和丹尼爾的問題不只是一般的兄
弟姊妹；他們那篇開創新領域的論文裡面所回顧的文獻，大部
分是雙胞胎的研究。同卵雙胞胎在基因上是相同的，基因和環
境的交互作用並不能解釋為什麼基因完全相同的人，又在相同
的家庭長大，卻會有不同的人格。基因相同的人有著相同的天
性，所以對某一個家庭環境或某一種教養型態的反應，應該是
相同的。
　　發展心理學家從沒想到會被要求解釋同卵雙胞胎之間的人
格差異，或許是因為很少人談到這些差異。相反地，人們一直
在說雙胞胎是多麼地相似。我相信你一定聽說過這個故事：一

對雙胞胎從小被分開，在兩個不同的環境長大，到成年才相
逢。其中有的雙胞胎都喜歡在電梯裡打噴嚏捉弄人；有的在海
灘上不敢迎向海浪，都是倒退著下海；也有的雙胞胎娶的太太
都叫做桃樂賽。好吧，最後一個是我自己編的，但也只比那些
被報告出來的更無稽一點而已。

　　同卵雙胞胎之間的人格相似度高得驚人，這點是沒有爭議
的。然而，這個相似性完全是由於他們的基因一模一樣。我在
前面的章節中有談到，一旦你把他們基因上的相似性考慮進去
後，同卵雙胞胎之間的差異（非基因上的差異）就跟手足間非
基因上的差異一樣大。因此，一個可以解釋一般兄弟姊妹之間
差異性的環境機制，卻不能解釋同卵雙胞胎之間的差異，這不
是發展心理學家所期待的答案。它也不是我所尋找的犯人。

　　但是，讓我暫時把同卵雙胞胎的問題放——邊（在本章中，
我還有別的重點要探究），先來看基因和環境的交互作用可否解
釋一般手足之間的差異。

　　行為遺傳學的數據顯示，家庭環境沒有主要效應。一般
來說，生長在一個環境的植物與生長在另一個環境的植物一樣
高，家庭環境的淨作用基本上是零。那麼，基因和環境的交互
作用能解釋為什麼環境的作用可以是零，或趨近於零嗎？可
以，假如它是如第一張植物圖所示的交錯型或相交型的交互作
用；有些基因型（植物或兒童）在某個環境的表現較好，另一
些在另外的環境表現較好。父母親每天吵架，或許會使有些孩
子變得外向（家裡待不住）、比較不附和別人、自我要求比較不
高，而其他的孩子可能變得不外向（怕朋友知道家裡情形）、比

較附和別人（對自己沒信心）、比較會檢討自己的過失。

　　不過，在自然界中，交叉型的交互作用很少見，生物學教科書的作者必須上窮碧落下黃泉去搜集例子。果蠅的眼睛就是一個例子。在攝氏 25 度的室溫下，正常果蠅的眼睛長得比較小；但是在高溫下，突變種「亞棒眼」（Infra-bar）的眼睛長得比較大。所以，假如你有相同數量的正常及亞棒眼果蠅，而你卻不知道你有兩個不同的種時，你可能會認為，在高溫下孵育牠們，對眼睛的大小沒有效應。

　　在自然界中常見的交互作用不是交叉型，而是所謂「敏感度」（sensitivity）。有些基因型對環境條件起正向或負向反應，而同樣環境條件對別種基因型根本沒有作用，或只有很少的反應。假如個體暴露在一個不利的環境中，敏感的基因型可能不會正常發展；另一方面，敏感的基因型可能可以從一個對不敏感型來說沒有優勢的環境中得利。

　　在真實生活中，我們很容易找到不敏感型交互作用的例子，而不必動用到果蠅。把一個天生有音樂細胞的孩子放到一個音樂環境中，你可能會培養出另一個莫札特；但是把一個沒有音感的孩子放在音樂環境中，他長大後還是一個音癡。把一個先天有憂鬱傾向的孩子放到一個緊張、充滿壓力的環境中，他會變成一個沮喪、罹患憂鬱症的大人；把一個沒有憂鬱傾向的孩子放到同樣的壞環境中，他會不高興，但不會沮喪。你的結果會不同，因為種瓜得瓜，種豆得豆；你的結果跟你的開始有關。

　　敏感度的交互作用不像交叉型的交互作用，它平均起來不

會趨向零。假如一些基因型對某些環境起反應而另一些不會，那麼你平均後所得到的就是一個弱的反應——你有主要效應，不過不強，很少而已。

馬科比在她的演講中用了支持敏感度交互作用的證據。她的證據主要與 IQ 有關。她也提到犯罪行為和精神分裂症。一個生父是罪犯的孩子，如果收養他的家庭也不好，成長環境犯罪事件頻傳，那麼他長大後犯罪的機率會增高；一個生父奉公守法的孩子，縱然收養他的家庭不好，他也比較不會成為罪犯。精神分裂症患者生下的孩子，假如他的養父母本身精神也有問題，那麼他就比較可能發展出精神疾病。

統計上的交互作用常是短暫不長久的；一項研究結果所得到的交互作用，通常在下一項研究中就不存在了。但是馬科比提到的三個領域——IQ、犯罪行為和心智疾病——都有穩定的交互作用。不過，如果沒有主要效應，這些交互作用都不會出現。上述三個領域中都有基因的主要效應：父母親聰明、患有精神分裂症，或犯罪；不論他們的孩子在哪裡長大，也會較聰明、較可能發展出精神疾病，或較可能犯罪。這三個領域也有環境的主要效應；社會經濟條件會影響 IQ，犯罪行為和精神分裂症都在擁擠的都市中比較常見。就精神分裂症來說，這項發現符合病毒感染的假說；體質上有這種傾向的人感染到病毒，容易激發出精神分裂症。就犯罪行為來說，社區環境比家庭更能決定這個孩子會不會犯罪。某些社區的犯罪率較其他社區高，這是大家都知道的事。

事實上，馬科比所講的每一件事，對我來說是都不是新

聞。她在 NICHD 研討會所提出的證據，沒有一項足以支持「父母的教養方式會影響孩子的人格」的說法。會議上最具說服力的證據，不是關於人類親子的研究，而是恆河猴的研究。提出鐵證顯示「教養方式對子女的效應」的是蘇歐米教授，只不過他談的是猴子。

蘇歐米的猴子實驗

蘇歐米一開始就先比較與同儕一起長大（peer-reared）的猴子，以及跟母親一起長大的猴子（這些猴子都是在實驗室出生、長大）。與同儕一起長大的猴子一出生便與母親隔離，實驗者用奶瓶餵奶，牠們從很小就與三或四隻同年齡的猴子關在一起。這些猴子會在同伴身上發展出很強的依附作用，牠們害怕時會互相擁抱。雖然被隔離撫養的猴子長大後在社交上會變得比較不正常，然而這些跟同儕一起長大的猴子基本上還相當正常。但是跟有媽媽陪伴的猴子比起來，許多差異都達到統計上的顯著性。

假如我說我本來就期待有差異，你會感到驚訝嗎？《教養的迷思》剛問市時，許多報章雜誌的標題都是斗大的「父母有關係嗎？」，以致於許多讀者都認為我的回答是「沒有關係」。但我從來沒說過父母是沒有關係的；他們當然有關係！這是為什麼演化提供父母要照顧孩子的動機。而且不只是使孩子活命不死而已：母親（或母親的替代者）對於孩子大腦的發展來說是必要的，且最重要的是與社會行為有關的那部分大腦。我在《教養的迷思》中寫道：「大腦要完成發展需要環境的輸入。你

可以說，一個發展中的大腦預期子宮外面的世界會給它某些刺激，它仰賴這些刺激來製造出最後的成品。」

因為哺乳類的嬰兒沒有母親就無法在自然界中生存，所以正在發展中的大腦就會預期外面有個母親存在。跟同儕一起長大的猴子幾乎是正常的，這就證明了靈長類的大腦是很有適應性的。而與同儕或與母親一起長大的猴子之間有統計上的差異性，也是我所預期的。

蘇歐米接著描述他的第二個恆河猴實驗。他將緊張、高反應性的小猴子交給好或壞的養母照顧，另一組則是冷靜、低反應性的小猴子，也是交由好或壞的養母照顧。結果發現，不論養母的好壞，冷靜型的小猴長大後是正常的；但是緊張、高反應性的猴子就對養母的照顧方式很敏感。由不好的養母照顧的高反應性猴子，後來變成社會行為失敗的猴子，牠們不能應付壓力。但是好媽媽的效應在小猴子跟養母分離、與同齡的小猴子關在一起後，仍然存在；蘇歐米說，這些猴子的階級地位居高不下，總是做頭稱王。

這個結果顯然與《教養的迷思》中的理論不符。我在那本書中並不是要說父母不重要，而是要回答一個關於教養方式不同的問題：父母教養的方式不同，是否與孩子後來的不同有關係？我的結論是否定的，只要父母親提供的照顧是在正常的範圍之內，都不會對孩子的不同有影響。我指出，就人類而言，這正常範圍其實很廣。照顧嬰兒與教養孩子的方式在各個地方不同，你不需要回溯太久的歷史便可以看到這些例子。在我出生當時的美國，嬰兒是嚴格地按照時刻表餵食；母親太常抱小

孩，就會被警告這樣會寵壞小孩；小孩若犯家規則會被打屁股，而這些家規通常是為了大人的方便而制定的。這僅是六十七年前的事而已。

當然，不同的教養方式會使孩子在父母跟前做出不同的行為。我沒有預期到的是，這些差異竟會持續到成年後，而且在父母不在的場合上仍然可以測量得到。在二十世紀前半期與後半期出生的人，雖然教養孩子的方式已截然不同，親子關係也經歷過一番徹底革命，他們在人格上並沒有任何系統化的差異。雖然體罰已大大減少，在二十世紀後期出生的成人並未因此減少他們的攻擊性。雖然父母與子女的關係親密了許多（尤其是孩子跟父親之間），他們並沒有比較快樂或比較不神經質。雖然他們接受到比較多的稱讚和比較少的批評，他們並沒有比較自信。

所以我對蘇歐米猴子實驗的結果感到震驚。讓我驚訝的不是跟著好養母的小猴子長大後變得很好，而是一個好媽媽的效應竟然可以持續到與母親隔離後仍然存在。蘇歐米所描述的教養恆河猴的長期效應，是我沒有預期到的。我不能解釋蘇歐米這個實驗的結果，我所能做的僅是聳聳肩說：「那是猴子的實驗，不是人類的。」

不完整的實驗資料

但是，這個實驗沒有這麼容易被掃到地毯下去藏起來。在NICHD 研討會之後六個月，這些猴子又出現了；五位著名的發展心理學家，包括馬科比在內，聯名在最多人閱讀的心理學期

刊《美國心理學家》（*American Psychologist*）中，發表了一篇名為「教養孩子的近代研究：先天和後天的個案」（Contemporary Research on Parenting: The Case for Nature and Nurture）的文章。這是既得利益者針對我在《教養的迷思》中以及大衛‧洛（我在 NICHD 會議中唯一的盟友）在他的書《家庭影響的上限》（*The Limits of Family Influence*）中的指控所做的回答。

雖然文章的題目用的是「近代」，但是裡面的文章卻是舊的，了無新意。有三分之一的內容是引用自 1980 年代或更早以前發表的文章，而 1993 年以後的參考資料占不到一半。我已經說過那些文章的錯誤在哪裡，不過並沒有說明全部的錯誤。在《美國心理學家》的這篇論文中，蘇歐米的猴子研究占了顯著的篇幅。這個實驗很重要，我不能再忽視它了。

我在 NICHD 會議上對蘇歐米的演講所做的筆記並不完整，所以必須仰賴《美國心理學家》所刊載的實驗細節。文章中提到，把高反應性、緊張型的猴子交配產下的高反應型、緊張型的小猴子，交給緊張型或冷靜型的養母照顧，實驗結果如下：

高反應型基因的小猴子在出生後，交由冷靜型的養母照顧六個月，然後放回大的社群中，與同年齡的小猴及沒有血緣的成猴一起生活。結果牠們發展正常，並且爬到團體位階的高層，成為發號施令的猴子……相反地，高反應型基因的小猴交由高反應型的養母照顧，結果六個月後放回大團體中生活時，社交上變得不恰當與不適應，尤其容易受到壓力情境的傷害。

　　這篇文章所引用的參考資料，是蘇歐米 1997 年在《神經發展與成人心理病理學》(*Neurodevelopment and Adult Psychopathology*) 這本書中的一個章節。我需要多了解蘇歐米的實驗程序及結果等細節。我可以到我家附近的圖書館去借這本書，但是通常要等上兩、三週。所以我找上了瓊·菲柏莉 (Joan Friebely)。

打破砂鍋問到底

　　在《時間的女兒》這個故事中，偵探艾倫·格倫雖然受傷躺在醫院裡，他還是解開了理查三世是否謀殺了兩位小王子的謎團；因為他有一位叫做加拉丁 (Brent Carradine) 的年輕研究助理，是個美國人，可以進入大英博物館去借閱歷史文件。而瓊就是我的加拉丁，她可以幫我拿到哈佛大學圖書館裡豐富的資料。

　　在《時間的女兒》中，加拉丁是一位高高的男孩，不戴帽子，額頭有著柔軟的卷髮。我無法告訴你瓊長什麼樣子，因為我們不曾見過面（跟我見過面的朋友很少），但是她有不屈不撓的人格特質和豐富的幽默感。瓊和我是透過電子郵件認識的。1997 年，她讀到我在《心理學評論》中的那篇文章，於是寫信給我說，她的博士論文是根據發展心理學家戴安·鮑姆林 (Diana Baumrind) 的研究，而這個人的研究被我在文章中拆解了（後來在《教養的迷思》中更被徹底批評了一番）。瓊因此對鮑姆林的研究產生了懷疑，也很高興有個人可以談一談，所以我們就這樣變成電子郵件的朋友。

當我需要大學圖書館裡的資料時，瓊是我求援的對象。我會自己到住家附近的圖書館去，如果不急的話，我可以用館內的連線借閱系統向大學圖書館借書。但是有些書是不外借的，我又常常很急著用，而我所需要的參考資料大都是期刊上的論文，不是圖書。這時，瓊幫了我很大的忙。

我透過電子郵件請瓊替我影印蘇歐米在《神經發展與成人心理病理學》的那個章節，就是《美國心理學家》那篇論文中所引用的猴子實驗的參考資料。當我迫不及待地讀了瓊寄給我的資料後，我很困惑；這篇文章完全沒有談到交替扶養的猴子——連提都沒提到。這篇文章是關於由母親或同儕扶養的小猴子之間的差異。

《美國心理學家》這篇論文的第一作者為明尼蘇達大學的發展心理學家考林斯（Andrew Collins）。在 2000 年的情人節，我寫信給考林斯說，他所引用的蘇歐米研究並沒有包含在他列出的參考書目中。「您可以給我您所引用的蘇歐米研究的正確出處嗎？」我問道。

考林斯在幾天之內就回信了，他說那部分的作者是馬科比。接到我的電子郵件後，他就問馬科比有關蘇歐米的實驗。馬科比說那是蘇歐米在電話中與她談到的一個尚未發表的實驗結果。不過考林斯顧慮到，書裡的章節只有提到實驗的簡短總結，並沒有數據資料。「我們建議你直接問蘇歐米要資料，」考林斯說，「他發表實驗資料比我們一般人慢，你說不定可以催他快一點。」最後，他謝謝我讓他知道參考書目有錯誤。

我所期待的是一篇達細描述蘇歐米交替扶養實驗的期刊論

文，而書中的那個章節並沒有什麼用處。因為書裡的章節並不像期刊論文那樣，需要經過嚴謹的同儕審核就能刊登。要通過審核，作者必須提供詳細的實驗程序，像是有多少受試者參與了這項實驗，以及受試者的相關資料，如性別。實驗的結果必須描述得非常明確；也就是指必須以數字呈現，而不僅是文字描述。統計的顯著與否也必須報告出來。

這些才是我所需要的交替養育實驗資料。所以我聽從考林斯的建議，直接與蘇歐米聯絡。「您可以告訴我交替養育的實驗是發表在哪一份期刊上嗎？假如尚未發表，您可以告訴我詳細的實驗程序和結果嗎？例如，有多少高反應性的猴子和低反應性的猴子？有多少母親在這兩種類別中？」

蘇歐米回了我一封很長、很詳盡的信。他解釋交替養育是個難度很高的實驗程序，因為兩隻母猴必須在相近的時間生產，才能夠交換牠們的嬰兒。他花了四年時間才做完這個實驗。「總而言之，」他說，「有三十六隻小猴（十八隻高反應型與十八隻低反應型）被交替養育，其中兩隻在第一年內死亡。各有一半的高反應型和低反應型小猴是由『愛心媽媽』代養的。」

我把蘇歐米的信看了兩次才發現，他說了很多的實驗細節，卻沒有談到實驗結果。考林斯叫我直接向蘇歐米要數據資料，但是蘇歐米的信卻沒有任何數據資料。不過，他提到有三篇論文中有關於交替養育的實驗。他同時也說，他目前正在著手寫一部「會仔細描述實驗結果」的專題著作，預計 2000 年就會完成。「屆時我會送你一本，假如你想要的話。」「有勞了，

多謝！」我說。

在這同時，我還有很多資料可以讀。瓊寄給我很多有關蘇歐米及他同事的論文，她找到了三十幾本書和期刊，其中包括蘇歐米推薦給我的那三篇有關恆河猴成長環境的效應的論文。對猴子的研究者來說，他們好像不會有無法下筆的困擾。

瓊跟我在一本編輯著作中發現，交替養育最早出現在 1987 年的章節中；那一章提到一個大型的恆河猴嬰兒交替養育長期研究的初步結果。這個長期研究包含了多少隻猴子？書中沒有交代（你就明白為什麼我想要的是期刊論文了），不過文章中各種零碎線索讓我覺得總數少於八。實驗中的養母有兩種：高反應型或低反應型、有愛心的或愛打人的。在這篇文章中，蘇歐米承認他沒有足夠的嬰兒及養母來填滿 2×2×2（嬰兒反應性 × 養母反應性 × 養母母性）的所有空格。

要填滿 2×2×2 的實驗設計，至少需要八名嬰兒，而其中四個必須是高反應型，且會被四種不同類型的養母照顧。我發現蘇歐米在這篇文章中所談到的結果都是基於個別資料，例如「一隻高反應型的猴子同時有一個愛打人、高反應型的養母，而且在族群位階中地位最低」。

很多因素都會影響到猴子在團體中的地位，例如體型的大小。較大、較重的動物會欺負弱小。愛打人的母猴會把小猴推開，不讓牠們盡情吃奶。那麼，由有愛心的母猴照顧的那些小猴，體重有比較重嗎？而體型與牠們的位階高低有關嗎？像這麼小型的研究，是不可能去控制猴子的體重的。

好，蘇歐米在電子郵件中說，他花了四年的工夫才做完三

十六隻小猴子的研究，所以我去找他四年後，即 1991 年所發表的論文。我在一本編輯著作中找到另一篇有關交替養育實驗的摘要，書上描述是「最近完成的」。但是我依然沒有看到新數據，文章中也沒有提到猴子的數目。不過這次有四張圖表，顯示這些交替養育的猴子在與養母分離前，頭幾個月生活的行為測量。但是它們與 1987 年所發表的圖表一模一樣。蘇歐米有四年的時間去更新他的圖表，他為什麼沒有去做？在 1987 年，他好像很抱歉地說沒有足夠的受試者去完成 2×2×2 的實驗設計，但是假如 1991 年的受試者數增加了，他為什麼不說？

瓊和我花了幾個禮拜的時間，去搜尋蘇歐米和他同事有關交替養育的猴子的實驗。有些期刊論文的確有列出受試者總數，但並不是有關由冷靜型或有愛心的養母養大的高反應猴子的社會行為或位階。我們沒有找到任何有關參與交替養育實驗的猴子總數。每次提到這個實驗時，都是列出 1987 或 1991 年的章節作為參考資料。

在蘇歐米發表的所有論文中，瓊和我找不到任何證據顯示交替養育的實驗在那次報告初步結果之後有任何進展。如果三十六隻猴子的確被交替養育了，我懷疑從較多猴子的實驗中得到的結果，不符合 1987 年的發現。任何做過實驗的人都知道，對於初步實驗的結果感到興奮是危險的。一種對五十個病人很有效的藥，不見得對五百個病人也有效；這就是「小數法則」（law of small numbers），它告訴你不可以因為最初實驗的結果很好便下賭注，要等到實驗做完。

2000 年 7 月，我正式通知馬科比和考林斯我與瓊的調查結果。我說，他們在《美國心理學家》期刊上宣稱，被冷靜型養母養大的高反應性猴子「後來發展正常，並且爬到族群位階的最高層」，是基於一項少於八隻猴子的實驗，而且這個結果是發表在不需同儕審核的著作章節中。我同時也指出，他們在《美國心理學家》中所說的，與蘇歐米在他的書中所說的有出入。考林斯和馬科比宣稱，與母親分開後，被冷靜型（calm）養母撫養的高反應性猴子一切良好；但是蘇歐米在 1987 年的論文中是說，被有愛心的（nurturant）養母撫養的猴子一切良好。

考林斯沒有給我任何回應，但是馬科比有。她道歉她把冷靜型養母與有愛心的養母弄混了。她說她是依據蘇歐米的書的那一章下結論的，也就是我所讀的那一章。「的確，」她說，「書只有給我們總結，沒有細節。我們都熱切地盼望蘇歐米新的專題著作快快出來。」

「蒸氣產品」

你知道什麼是「蒸氣產品」（vaporware）嗎？這是形容軟體公司大肆宣揚某產品有多好用，但卻遲遲不上市，或許永遠不上市，而這個吹捧過頭的產品就像水蒸氣一樣蒸發掉了。蘇歐米的專題著作就是蒸氣產品，始終沒有問市。我們一次又一次地搜尋，但是始終不曾見到符合期刊刊登的實驗細節。

不過，有兩件有關的事確實印成白紙黑字公諸於世。一是根據 NICHD 研討會、於 2002 年出版的《父母教養和孩子的世界》（*Parenting and Child's World*），其中有一章是與會人士的

演講內容；我當然很好奇蘇歐米會怎麼說。當他準備為他的文章定稿時，他一定已經知道我在他的研究中發現了什麼，也知道我告訴了別人。他會如何應變？他會重複他在研討會上所說的話嗎？不，他收回那些話了。他之前所說的那些被好媽媽扶養、爬上權力高階的猴子，沒有出現在他的章節中；牠們被留在剪接室的地板上了。

　　二是芝加哥大學的靈長類動物學家馬斯崔皮利（Dario Maestripieri）在 2003 年的《發展心理學》期刊（Developmental Psychology）發表的一篇文章。他的研究方法與研究對象都與蘇歐米很相似——恆河猴交替養育。差別只在於他追蹤了三年的時間（在 1989 年蘇歐米的報告中，他追蹤猴子僅十五個月）。馬斯崔皮利的發現與蘇歐米的很不相同；事實上完全相反。他量化這些猴子的社會行為，發現「養子女與養母之間沒有任何行為的相似性」，養子女的社會行為「跟親生母親的比較相似」。

　　但是真正重要的是馬斯崔皮利對於「受試者數」（N, number of subjects）所說的話。他當然得說明 N 有多大，因為這是一篇期刊論文。他的實驗裡只有十隻小猴子。為什麼不能更多？他解釋說：「交替養育是個難度很高的實驗，因為母猴只有在很特殊的情況下才會去扶養別人的小孩，所以很少實驗會用這種方法來看世代間行為的傳遞，因此這種實驗的樣本群通常都很小。」在這裡，他引用了蘇歐米 1987 年的那個章節；這也是他引用自蘇歐米的唯一一篇。

　　研究恆河猴的靈長類動物學家通常都很清楚彼此的研究。

假如蘇歐米在他的研究中真的用了三十六隻小猴子，我相信馬斯崔皮利一定會知道。馬斯崔皮利的那段話暗示說，他的十隻猴子雖然很少，但是比蘇歐米的多。

遍尋不著的研究證據

或許你會納悶，為什麼我緊咬著這些猴子不放？畢竟牠們不是人類，甚至連猿猴類都不是，我為什麼要在意那些養母是冷靜型還是愛心媽媽？

我告訴你為什麼。蘇歐米在他 1987 年報告中所描述的愛心媽媽，很像我們人類過度保護型（overprotective）的媽媽。有愛心的猴子媽媽和人類過度保護型的媽媽，都會花很多時間抱她們的小孩，也都比較能容忍孩子不服從、不聽話。這種被蘇歐米認為對高反應性猴子有正面影響的媽媽，卻被發展心理學家凱根（Jerome Kagan）指為會對高反應性的人類嬰兒有不好的影響。而這個相抵觸的結果，都被用來證明我是錯的。他們說，母親的教養方式確實對孩子以後的行為有重大影響，但是只有在交互作用中才會出現──只出現在高反應性的嬰兒身上。

高反應性（又稱為膽怯、害怕、壓抑或害羞）的嬰兒，曾經成為《新聞週刊》在報導《教養的迷思》時的封面故事。在那篇文章中，我被指控「忽略那些不符合我理論的研究」，而凱根的研究就是第一個被用來做證據的。下面是他們怎麼說我的：

第一個證據：哈佛大學凱根教授的研究。他的研究顯示，

不同的教養方式會塑造膽怯、害羞的孩子，他們把外界當作威脅。凱根測量四個月大的嬰兒，然後等到他們上小學時再次測量。這些受到父母過度保護的膽怯、害怕的孩子，仍然是膽怯、害怕的。這些孩子被父母強迫去嘗試新事物——去沙坑中跟別的孩子一起玩，快去！——會慢慢變得不害羞，他們基因上的害羞天性會被父母的行為塑造。凱根說：「這些孩子變得非常不怕生了。」

這個證據的確令人折服。這些結論不是短期觀察的結果；根據《新聞週刊》說，這些孩子一路被追蹤到小學。原本害羞、害怕的孩子，因為父母不再過度保護，讓他們上小學後失去原有的膽怯。

現在你的問題應該是：這些結果有發表在必須經過同儕審定的期刊嗎？很奇怪你會這樣問；不過答案是沒有。瓊跟我找不到關於《新聞週刊》所描述的這項研究的任何證據；它根本就沒有被發表過。

唯一有發表的是一篇出現在 1994 年凱根的書《蓋倫的先知》（*Galen's Prophecy*）中的初步報告。凱根提到他的學生朵琳‧阿可式（Doreen Arcus）1991 年的博士論文。阿可式研究了二十四名被判斷為高反應性的嬰兒；這是基於他們在四個月大時所接受的一項測驗。另外還有二十六名低反應性的嬰兒。她觀察到，如果母親比較溺愛（例如寶寶一哭就立刻把他們抱起來、孩子開始會爬時會限制他們的行動），高反應性的嬰兒在十四個月大時比較膽小。到了二十一個月大時，根據媽媽的說法，這

些仍然膽小的高反應性孩子不是很聽話。而那些低反應性的孩子，不論母親教養的方式和理念為何，他們在十四個月大或二十一個月大時都不膽小。

《蓋倫的先知》總結了十五年的嬰兒實驗，包括凱根跟他學生對害羞、膽怯孩子的實驗。阿可式這篇未發表的博士論文，是凱根在書中用來支持自己的理論的唯一證據。

這裡的問題不在於受試者的數目，而是二十一個月大的嬰兒並非學齡兒童。但是《新聞週刊》的報導上明明說孩子是在「四個月大及上小學時」測量的。

2001 年，也就是《新聞週刊》報導的三年後，阿可式有一篇論文出現在某本書的章節中。這篇文章是有關生物和社會對脾氣的影響以及脾氣的穩定性。在這篇文章中，阿可式提到一項包含九十八名嬰兒的長期追蹤研究，並說明這些受試者在四個月及四歲半時的脾氣穩定性。這些在四個月時被判斷為高反應性的嬰兒，到四歲半時，平均來說比較不愛說話、不喜歡找人玩、不外向。顯然這些孩子一路被追蹤到四歲半。但是當阿可式在描述母親的教養方式與孩子的膽怯之間的關係時，她只談到十四個月大時的結果。

許多看起來很有希望的初步報告，當加入更多的受試者後，結果常常都不是如此。這種情形也會發生在長期追蹤受試者的研究上。

教養方式有關係嗎？

假設《新聞週刊》的凱根跟他學生的研究是正確的——母

親教養孩子的方式與孩子的害怕膽怯的相關，到了學齡都還能看到——他們為什麼不公布出來？在《蓋倫的先知》一書中，在十四個月大和二十一個月大的嬰兒身上所得到的發現，被當成是基因和環境交互作用的證據，也就是嬰兒的某種脾氣（假設是天生的）跟某種帶小孩的方式（這是後天環境的）之間的交互作用。凱根認為，先天害羞的孩子可以避開害羞的命運，如果他們在正確的環境中長大的話。

　　凱根跟他的學生用一項測驗來判斷孩子是高還是低反應性。這是發展心理學家常用的一個方法；他們用前測（pretest）來控制基因上的先天關係，使他們不必觀察同卵雙胞胎或收養的孩子。他們觀察某個年齡的孩子，等孩子長大一點後再次觀察，然後假設第一次和第二次所觀察到的差異一定是來自環境因素。他們假設基因的效果很早就會出現，好比繼承到一筆遺產；而環境的效應後來才會出現，就像銀行存款的複利。

　　然而，基因的效應可以在任何年紀出現。有的基因很早就產生影響，有的基因在等待時機。這就是為什麼你愈老愈像你的父母。那些決定女性會不會有大胸脯的基因，一直要等到生物時鐘敲了十二下才會啟動。決定男性是否禿頭的基因更晚才會作用；你無法預知一個嬰兒到了中年時會有多少頭髮。現在去數嬰兒頭上有幾根頭髮，並不是檢驗他四十歲時基因對他髮量的影響的好方法。

　　環境方面的交互作用也一樣麻煩。首先就是母親照顧孩子的態度，有部分是出於對孩子行為的反應。一個天性害羞的孩子所送出的訊息，凱根在他四個月大時的測驗中沒有捕捉到，

105

但是他的母親有，所以可能因而更加保護他。

其次，母親照顧孩子的方式是種函數，不只受嬰兒個性的影響，也受她自己個性的影響。常常抱孩子的母親，特別是孩子一哭就抱起來、不讓孩子到處亂爬、要孩子守規矩的母親，在我看來是個焦慮的母親。焦慮的母親可能有膽怯的孩子，膽怯的孩子可能有焦慮的母親，這有基因上的關係；人格的遺傳性有 45%。一個焦慮或膽怯的孩子，可能遺傳自他的父親或母親，或者雙親。

這是一件很奇怪的事情。雖然許多發展心理學家現在願意承認嬰兒一出生就不一樣，而這些不同大部分來自遺傳，但他們還是不認為嬰兒的基因來自他們的父母。他們還不知道該如何去面對嬰兒與父母的人格相似完全是因為基因的關係這項事實。所以他們避免使用「遺傳性」（heredity）這個詞，而偏好使用「基因的」（genetic）、「天生的」（nature）；這些用詞表示孩子有基因，但沒有說明他們的基因是從哪裡得到的。

行為遺傳學家很想知道孩子從何處得到他們的基因，因此他們從收養的孩子身上找答案。被收養的孩子從親生父母身上得到基因，並從養父母那裡得到家庭環境。蘇歐米的交替養育猴子實驗是個收養的實驗，因為你可以對猴子做出你不能對人類做的實驗。然而，即使高反應性的孩子不是系統化地交由冷靜型或緊張型的養母照顧，或是託付給很有愛心的或很愛打人的養母，我們現有足夠的人類收養數據，可以知道養母的人格和她教養孩子的方式，對養子的人格並不會有長期的效應。養子的人格和養父母之間的相關幾乎是零，這表示即使被緊張型

的養母扶養，這些孩子也不會比被冷靜型養母照顧來得更膽怯
或更焦慮。

誤傳的猴子神話

　　凱根的膽怯猴子以及蘇歐米的焦慮猴子，這兩份研究報告
傳出了學術界，進入了一般老百姓的科普書世界。舉例來說，
蘇歐米的交替養育實驗最近出現在神經科學家奎茲（Steven
Quartz）和索諾斯基（Terrence Sejnowski）的新書《騙子？情人？
英雄？》（*Liars, Lovers, and Heroes*）中。下面是這兩位作者對
這個實驗的描述：

　　蘇歐米是美國 NICHD 的靈長類動物學家，他選擇性地培育
出膽小和勇敢這兩種脾氣的小猴子，然後重新安排牠們成長的
環境，以觀察環境因素和脾氣的交互作用，同時追蹤牠們體內
神經傳導物質的濃度。在蘇歐米的實驗中，一隻膽怯的小猴子
在一個開朗、有愛心的養母照顧之下……這隻小猴子變得比較
不膽怯，牠血液中正腎上腺素的濃度下降。蘇歐米說：「我們的
研究顯示，你可以相當戲劇性地改變牠們先天的傾向，假如你
給牠們某種早期經驗的話。」

　　因為這兩位作者引用完上面這段話之後，並未照例附上資
料來源，所以我寫信向他們請教。索諾斯基回覆我說，他對實
驗細節及結果的描述，來自幾年前蘇歐米在他工作的沙克研究
所的一場演講，而引用的那段話來自 1997 年《發現》（*Discover*）

雜誌中的一篇文章。

我去查了這篇文章。蘇歐米對《發現》的記者說：「你可以相當戲劇性地改變牠們先天的傾向，假如你給牠們某種早期經驗的話。」但是他說的不是索諾斯基和奎茲在他們書中所寫的交替養育實驗；蘇歐米說的是由同儕陪伴長大以及由自己的母親陪伴長大的猴子之間的對比。不過在訪談的後段，《發現》的記者的確有提到交替養育的實驗：

　　蘇歐米……表示，即使天生焦慮和壓抑的小猴子，也可以克服牠們先天的障礙，甚至爬到族群位階的上層——假如牠被一個特別有愛心的超級養母扶養的話。凱根的實驗證實，母親的教養方式可以改變一個膽怯、害羞的孩子發展的方向。

《發現》雜誌的記者並沒有指出，特別有愛心的超級養母對於膽怯型猴子和膽怯型孩子的發展，所造成的改變是反方向的；也沒有說明這兩個實驗結果都是來自很小的樣本群、追蹤的時間不夠長，而且兩篇都不是在同儕審定的期刊中發表的。雖然當初宣稱是初步結果，然而許多年過去了，仍不曾見到正式的報告出爐。

一個好故事，尤其是符合人們信念的好故事，自己會長腳到處流傳。它自己會有生命，愈傳愈完整。一旦變成民間故事後，你就沒有辦法反證它。我現在告訴你這個神話是怎麼形成的：蘇歐米演講時提到交替養育的猴子，而凱根把關於被母親過度保護的孩子的故事告訴記者。這個故事可能經過記者稍微

加工，然後就傳入大眾媒體（例如《發現》雜誌的報導和《新聞週刊》的封面故事），接著被一再地修飾轉述。當你不記得在哪裡看過或聽過某件事，你就不太可能會去追問它的真確性，於是它便成了一件你所知道的事情了。

1951 年，當《時間的女兒》剛出版時，英國的每一個學童都會告訴你，理查三世是個冷血無情的壞蛋。作者花了三分之二的篇幅來說服讀者，他們過去的知識是不對的；理查三世的歷史是由那些藉由抹黑他而得利的人所寫的。因為理查三世統治的時間很短，那些人後來投靠他的敵人去了，而莎士比亞又根據這些不對的歷史寫了他的戲劇。

作者第一步是告訴讀者，小王子被弒的懸案已經破案了——每個人過去所深信不移的答案其實是錯的。這也是我首先要做的，雖然我不會花到三分之二的篇幅。但是我要打的仗一樣艱鉅。人們通常只看到自己願意看到的東西，模稜兩可的結果就像模稜兩可的圖片一樣，會依既有的看法來解釋。《英國的國王和皇后》的作者喬治·貝婁爵士在看理查三世的畫像時，就覺得他的臉清楚展現出他邪惡的本質。

在我告訴考林斯及馬科比他們在《美國心理學家》那篇文章的錯誤之後七個月，這份期刊登載了一封給編輯的信，內容是對這篇文章的批評，同時也登載了作者的回覆。這本來提供了作者一個更正錯誤的機會，至少改正他們對蘇歐米研究所錯誤引用的參考資料，還有把「冷靜型」和「有愛心的」養母弄錯的事。但是他們完全不認錯。

更糟的是，考林斯顯然仍繼續在明尼蘇達大學普通心理

學的講台上提到蘇歐米的交替養育實驗，因為在這門課的網頁
上，「學習主題」的項目列有：

描述考林斯博士告訴我們的有關蘇歐米實驗的結果。這是
先天與後天爭議的一個好證據：當一個高反應性的小猴子被冷
靜型或高反應性的養母扶養時，牠會怎麼樣？

是的，考林斯博士，請告訴我們，會怎麼樣？

教養方式與孩子的天性

考林斯、馬科比及《美國心理學家》那篇文章的三位作者，
都對這個問題的結論如下：

父母教養方式的新證據，更加深許多學者的信念，即在行
為和人格的研究上，不會看到大的、一般性的基因和環境的主
要效應。統計上的交互作用及微小的效應是常態，而非例外。

不可能有主要效應，而交互作用是常態；馬科比在 NICHD
的會議上就是這麼說的：

假如某種家庭或是某種教養孩子的方式，對不同天性的孩
子有不同的效應，這表示教養方式通常是使同一家庭的孩子不
同，而非相同。

　　他們說了半天就是一句話：一種特定的教養方式沒有可預期的效應。同樣的教養方式會使一個孩子比較快樂而使另一個比較沮喪，或是使一個比較誠實而另一個比較會說謊。假如，以平均來說，一種特定的教養方式有可預期的效應，例如某種教養方式比較容易得到快樂或誠實的孩子，那麼我們就會看到教養的主要效應。根據發展心理學家，教養的效應決定於孩子的天性。所以，除非你有什麼絕招可以得知孩子的先天傾向，不然，沒有人可以給你如何教養孩子的忠告，不是嗎？

　　在 NICHD 會議之後幾個月，我接到 NICHD 院長的來信。所有的與會者都被邀請對一般大眾提供一些教養孩子的忠告，並將集結成冊出版。信上說：「如果請你從你的研究中提供一些忠告給父母親，你會怎麼說？」

　　我的忠告是：假如你看到有人要給你忠告，就趕快轉身逃跑。但我想這不是院長想要的答案，所以我沒有回信。這本叫做《教養孩子歷險記》（*Adventures in Parenting*）的小冊子在 2001 年出版了。下面是兩則例子：

　　大多數孩子亂發脾氣，是因為他們不知道如何處理自己的情緒。感覺很強烈的時候，一般的情緒表達方式並沒有用。或者，因為憤怒或悲傷的感覺通常被當成壞的情緒，所以孩子不敢公開展現出來。鼓勵你的孩子用健康、正向的方法表達情緒。

　　因為你無法二十四小時都跟孩子在一起，當你不在時，你要知道你的孩子跟誰在一起。從學齡前直到成年期，朋友對你

的孩子都有很大的影響力。大多數時候，朋友的影響是正面的；但並非總是如此。只要花一點心力，你的孩子就會交到增加他價值、興趣及改善他行為的益友。

　　根據書上的謝辭，1999 年的 NICHD 會議為這本冊子提供了主要內容。但是這個會議的主題是「父母的教養方式沒有任何主要效應」，只有基因和環境的交互作用。假如教養方式沒有任何主要效應，這表示你鼓勵孩子健康、正向地表達情緒，可能有好的效果，但也可能有不好的。假如你花了一些力氣去看看你孩子交的是什麼朋友，你的努力可能會帶來回饋，但也可能引起孩子的反彈。你得到的結果會不一致，因為這取決於你孩子的天性。而這本小冊子的作者完全不知道你孩子的天性是什麼。

　　發展心理學家在講兩面話。在《美國心理學家》的文章中，五位美國最有名的發展心理學家說，「在行為和人格的研究上，不可能看到大的、一般性的基因和環境的主要效應」。但他們真正要否認的是大的、一般性的基因的主要效應，而不是大的、一般性的家庭環境的主要效應。假如發展心理學家放棄家庭環境有大的、一般性主要效應的信念，他們就必須承認他們給父母親的忠告一點用也沒有。

　　在真實的情況上，這比一點用都沒有還要更糟。給人忠告牽涉到道德的問題。如果有好的父母，那就一定有壞的父母。如果好的教養方式教出好孩子，那麼壞孩子一定是來自壞的教養方式。假如你的孩子很害羞、膽怯，一定是你過度保護他，

或是沒有給他足夠的愛。假如你的孩子亂發脾氣或是把情緒悶在心裡不開口，那是因為你沒有鼓勵他健康地表達自己的情緒。即使沒有主要效應，只有交互作用，你還是脫不了關係；你可以防止高反應性的嬰兒變成膽怯、害羞的孩子，只要你不過度保護他的話。

在《時間的女兒》中，偵探面對的是四百年來的偏見——理查三世是有罪的。而我只需面對五十年來深信不移的信念。六十七年前，當我出生時，孩子不乖，沒有人會怪罪父母。那時一般人認為壞孩子是天生就壞。就像愛麗思・詹姆士把她的憂鬱症歸因到她的遺傳，而不是她父母的教養方式。

主觀信念的影響

這個對教養方式深信不移的信念影響了研究結果的報告，造成系統化的偏見。除了將模稜兩可的證據解釋為支持的證據，同時還抑制了不支持這個信念的證據。我在《教養的迷思》中提到一個例子：1950 年代有一項教養孩子的研究，其結果沒有支持假設，因此一直沒有發表。直到三十五年後，這個研究的實驗者之一馬科比才在文章中提到它。

凱根第一本值得注意的書是他在 1962 年出版的《從出生到成年》（*From Birth to Maturity*）。這是一項大型研究計畫的結果報告，它追蹤了近百名受試者從嬰兒直到青年的時期，定期評估他們的表現以及他們母親的教養方式。在教養方式和孩子表現的各種相關中，只有 6% 有達到統計上的顯著性；這幾乎是碰運氣的機率。但是只有仔細檢視書後附錄的讀者，才會發現

這項研究並沒有得到有意義的結果；因為只有附錄才有列出相關係數。事實上，也只有仔細閱讀第一版書的讀者才會發現，因為 1983 年再版時，這個附錄像切盲腸一樣被割掉了。

好幾年前，我跟一位發展心理學家以電子郵件短暫地聯絡了一陣子。她告訴我，在 1970 年代，她有位同事（一位年高德劭的著名學者）做了一項大型的「介入研究」（intervention study）；介入研究是訓練父母用比較好的教養方式來改進孩子的未來，我稍後會談到。「這個研究『完全』沒有效果，」我這位朋友說，「很不幸地，這個研究從來沒有被發表出來。」

醫學研究人員在測試任何新藥時，必須要說明他跟這種藥的製造商有無任何合作關係。然而，發展心理學的研究一直都有利益衝突，卻沒有人在乎。研究者和提供研究經費的機構，例如 NICHD，兩者都對「父母的教養方式有效果」深具信心。

有一位醫生在《美國醫學期刊》（*Journal of the American Medical Association*）上說：「假如可以的話，一項研究的效應最好由沒有利害關係的人來決定。」這句良心話最主要的意思就是，一項研究的效應不應該由那些假如實驗不成功就會損失慘重的人來決定。

這裡有個老故事。當兩位維多利亞女王時代的英國婦女剛剛聽說進化論時，其中一位大叫說：「根據達爾文先生的說法，我們的祖先是猿猴！」另一位則說：「這怎麼可能！但是萬一是真的，讓我們禱告其他人不會知道。」

發展心理學家真心地相信教養的效應，但是假如最好的教養方式跟安慰劑的效果一樣的話，他們祈禱一般人不要知道。

這個祈禱不見得全是由自我利益在背後驅動。在《新聞週刊》的文章中，天普大學（Temple University）的心理學家法利（Frank Farley）說：

> 哈里斯的理論一看就曉得是無稽之談。試想如果父母相信她的話會怎麼樣？我們可以隨便虐待孩子了嗎？反正你怎麼做都沒有關係，不是嗎？她是否告訴父母，在忙了一天之後，不必花時間在孩子身上，反正「怎麼做都沒有關係」，不是嗎？

法利的話才是「一看就曉得是無稽之談」。幾千世代的類人猿類妥善地照顧自己的孩子（你能想像在那個時候要養活一個孩子有多困難嗎？原始人居無定所，沒有嬰兒推車，沒有一罐罐的嬰兒食物，也沒有免洗尿布），即使這些父母從來沒有想過自己的所作所為會對孩子的人格有長期效應，仍然好好地照顧子女。法利的這些話使我不快的原因，不只是他對演化心理學的無知，他似乎認為他有權力決定美國父母應不應該被告知教養的效果——他有權利收回、保留或抑制這種訊息。在他們的眼裡，讓一般大眾知道並不是好主意。

相關不等於因果

過去，研究者在尋找基因和環境的交互作用時，通常仰賴不精確的方式來估算基因的貢獻。根據嬰兒時期的前測，他們假設受試者先天就有害羞或易怒的遺傳傾向。

未來，實驗者可以用解開受試者基因密碼的方式，來尋找

基因和環境的交互作用。最近有好幾項這種研究被發表出來，
有一個是顯示生活中的壓力事件與跟焦慮和沮喪有關的基因之
間的交互作用。有這種基因的人是憂鬱症的高危險群，但一般
只有在經歷失業或失戀之類的壓力事件時，才會發作。沒有這
種基因的人，即使失業或失戀也不會得憂鬱症。這是基因和環
境交互作用的敏感型態：基因使它的主人容易受到不幸事件的
打擊。

　　這種研究有個似是而非的問題：它聽起來非常有科學性，
讀者就忘了仔細檢驗結果，而接受作者的結論。但是要小心：
基因和環境交互作用的基因成分雖然是科學化的，但它可能夾
帶老的環境部件。我心中想到的實驗是，研究者發現一個跟暴
力有關的基因，它跟 MAOA 酶的製造有關，會大量增加成鼠的
反社會行為，但是只有童年曾遭受不好待遇的成鼠才會如此。
低 MAOA 的基因變異會增加孩子對「不良環境」（maltreatment）
的敏感度，但是新聞報導卻說成了「受虐」（abuse）。

　　研究者宣稱，們的研究結果可以對「童年受到不良待遇的
孩子長大變成罪犯」這句話提供一些解釋，但不是全部。這個
結論可能是真的，但並沒有完全獲得實驗數據的支持。我們都
知道童年受虐與長大後行為不良有相關，但是相關並不等於因
果。這個低 MAOA 基因的研究，只是一個控制單一基因的相關
研究。不良環境（實驗者的定義為任何不好的經驗，例如改換
主要照顧者一次以上，或三歲時外表很髒）在統計上跟好幾個
環境的因素有關。一個複雜的結果，如反社會行為，是不太可
能只受到一個基因的影響，它通常需要好幾個基因一起作用。

我可以想到好幾個其他可能的解釋，來說明這個實驗結果。

例如，這個低 MAOA 基因只有在與另一個尚未知曉的基因一起作用時，才會導致反社會行為。高反應性的孩子折磨父母的耐心，比較容易受到嚴厲的對待。所以不良的待遇可能是由於有高反應性基因的結果。這是基因和基因的交互作用，而不是基因和環境的交互作用。另一個可能是，這是基因和環境的交互作用，但是由父母的不良待遇以外的環境因素造成的。研究者所定義的不良經驗比較常在低社經地位的家庭中發生，這些家庭比較可能處在充斥著犯罪、暴力和反社會行為的社區之中。我前面提過，社區跟反社會行為之間有很大的關係。

虐待兒童是殘忍、不道德的，這點沒有人會懷疑。但是，與大家深信的信念一致的證據，應該與不符合大家信念的證據一樣，也要拿出來接受仔細的檢視。

找出真正的凶手

「紅鯡魚」這個詞起源於獵狐狸的活動。紅鯡魚是一種煙薰過的魚（所以顏色變紅了），人們把它拖過獵場，以混淆獵犬的嗅覺。在進行訓練時，人們給獵犬聞紅鯡魚的目的是要教導獵犬牠的目標是狐狸，不要被不相干的味道分心去了。

我的目標是要找出人類人格差異的原因。這一章是在講有關基因和環境的交互作用，而現在已經知道它是條錯誤的線索；這是第三條紅鯡魚了。請注意，我並沒有說基因和環境的交互作用不存在，只是它不是我們要尋找的壞人而已；它們是魚，不是狐狸。

　　基因和環境的交互作用存在，但是每次被拿出來展示的都是同一種：某些基因型態對某些環境條件比較敏感。這種交互作用不會產生零效果，它不能解釋為什麼行為遺傳學家發現家庭環境的差異，對於成人的人格只有很少或是沒有效果。

　　回到我在本章一開始時所說的，它也不能解釋同卵雙胞胎在同一家庭長大的人格差異。你可以想像一下，凱根的高反應性嬰兒如果是同卵雙胞胎，有著完全相同的基因型態，假如他們在四個月大時所接受的測驗是個有效的先天脾氣測量的測驗，那麼他們兩人都應該被判斷為高反應型。你認為他們的母親有可能對一個孩子很嚴厲而對另一個很放任嗎？她會告訴一個雙胞胎：「去沙坑跟別的孩子玩，快去！」然後跟另一個說：「你最好乖乖坐在我旁邊別動！」這當然有可能（我在下一章會檢驗這種可能性）。但是就像行為遺傳學的批評者不斷指出的，「不太可能」——她會對待兩個孩子一樣。所以我們可以把他們長大後人格的差異，歸因到「某種教養方式會對不同天性的孩子有不同的效果」嗎？當然不行，因為同卵雙胞胎有著相同的基因。基因和環境的交互作用，只會對兩個不同基因型態的人產生差異。既然同卵雙胞胎的基因型態相同，基因和環境的交互作用不會造成他們之間的差異。他們的差異是來自環境的主要效應，不是交互作用。

　　行為遺傳學家沒有找到任何環境對於害羞的人格特質的主要效應（或任何可被忽略、不顯著的效應）。然而，同一家庭長大的同卵雙胞胎中，通常有一個比較外向、比較開朗，另一個比較不會。為什麼呢？

　　我已經放走了三條紅鯡魚。剩下兩條，還有待努力。

第四章　出生別及其他家庭中的環境差異

在學術界，也就是所謂的「象牙塔」，跟外面世界一樣充滿了鉤心鬥角、爾虞我詐，這已經不是新聞或祕密了。這些爭取地位、研究經費、理想伴侶所結下的樑子，就是學術謀殺懸案故事的來源。在這些故事中，凶手都是為了升遷競爭、遭到杯葛，或是研究成果被忽略及對手把功勞搶去而報復。

此外，學術界的鬥爭通常是學派的鬥爭，而不是個人的。但是你在本章後面會看到，有時這些鬥爭也會波及到個人。雖然我還不曾聽說這會導致謀殺，但這些鬥爭也是非常激烈的。我現在要說的是有關出生別的不同意見──有人確信出生別對人格的成長有深遠的效應，另一人確信前一個人是錯的，而第三人則是冒著失去事業的危險來確保前兩人的聲音都可以被聽到。

然而，這個題目會引起有些人的強烈反應，並不是我為什麼要用幾乎一整章的篇幅來說明它的原因。我認為出生別很重要，原因有兩個：首先，從出生別來看人格，是一個可以很有效地驗證人格假設的方式，包括一些很難用其他方法驗證的假設。其次，出生別至少看起來很容易研究，所以有一大堆資料可供我們討論。

雖然發展心理學家和行為遺傳學家可以作為學術界中不同學派、不同思想相互鬥爭的範例，他們其實沒有像你想像的那麼不同。行為遺傳學家對他們的信念一樣很執著，他們一樣不願放棄他們對父母影響的信念。他們很多人本身也是父母，他們也跟發展心理學家一樣為自己的孩子感到驕傲。

所以，當行為遺傳學家發現家庭環境的差異不能解釋成人

的人格差異時（也就是在同一家庭長大並不會使兄弟姊妹更相似的另一種說法），他們並沒有立刻向世界宣布：「父母親不重要」。只有行為遺傳學家大衛‧洛暗示有這個可能性；其他人則想辦法使他們的研究結果符合他們的信念。

　　行為遺傳學家幾乎從一開始就明白，基因和環境的交互作用不能挽救家庭環境對人格沒有作用的事實。他們把希望放在家庭中的環境差異。兩個孩子在同一家庭長大，卻可以有很不同的成長經驗。一個可能得到父母的大量關愛，另一個得到的可能是父母的責罵；一個可能被稱為是腦筋很好的「思想者」（the thinker），另一個可能是家中的運動好手。假如他們的年齡不同，一個要忍受年幼的弟妹老是當跟屁蟲，另一個則要忍受發號施令的哥哥或姊姊。

　　家庭中的環境差異的確存在，而且的確有關係。但是家庭中的環境差異是兩個雙胞胎在同一家庭長大卻有不同人格的原因嗎？它們能解釋那些不能歸因到基因上的行為差異嗎？它真的可以化約到「因為媽媽總是偏心」這句話嗎？

超分析和 NEAD 的研究

　　波洛明（Robert Plomin）是世界上最頂尖的行為遺傳學家。他是一個身材很高、額頭很高，蓄著灰色鬍子的學者（我在科學電視節目的訪談中有看過他）。他在美國出生長大，前幾年搬到英國去住，擔任倫敦一所研究中心的主任。

　　他在 1987 年與他的學生丹尼爾（Denise Daniels）一同發表了一篇論文叫做「為什麼同一家庭的孩子這麼不同？」（Why

Are Children in the Same Family So Different from One Another?）他很大膽地把這個問題公開攤在陽光底下。親兄弟姊妹並沒有完全不同，他們在人格和智慧上有相似的地方。但是他們的相似性來自共享的基因。而養兄弟姊妹長大後並不相像。他們說，這項證據並不是說環境的影響不重要，僅表示環境的作用不是如每個人期待的那樣而已。「環境使得同一家庭長大的孩子，跟路上隨便找來的兩個孩子之間的差異一樣大」，所以環境並不是使兄弟姊妹相似，而是使他們不相似。這個神祕的環境因素，就是行為遺傳學研究中那個不能被解釋的變異性。

這是波洛明對心理學界的挑戰：假如你們這麼聰明，讓我看看你們怎麼解釋這個不能解釋的差異。他給了一些提示：每個家庭至少挑兩個小孩來研究，集中心力去研究環境中沒有分享的部分，不要去管相同的部分；相同的部分已知對人格沒有影響。

於是心理學家卯足了力去迎戰，研究計畫案一個個送出去，也一個個得到經費的支持。

2001 年，波洛明在跟另外兩位同事（丹尼爾已離開了學術界）合寫的一篇文章中，更新了這項挑戰：「為什麼同一家庭的孩子這麼不同？十年後非共享的環境」（Why Are Children in the Same Family So Different? Nonshared Environment a Decade Later）。事實上，這已是十四年之後了。時間過得多麼快。

唉，但是時間過去，並未有任何進展，部分原因是發展心理學家忽略他的忠告而去研究同一家庭中一個以上的孩子，他們仍然用過時的方式在做研究。但是並非所有的研究經費都浪

費了。有兩個大型研究提供了有關的資料，可惜都是令人沮喪的結果。

第一個研究是維吉尼亞大學的吐克罕默（Eric Turkheimer）和華德朗（Mary Waldron）所做的。這是一個超分析（meta-analysis）的研究，是用一種統計方法將別人做過的研究數據整合起來，看看有沒有整體的結果。吐克罕默和華德朗發現，有四十三個研究是在談不能解釋變異性的問題。他們把這些資料集中起來看，發現完全不值得這麼辛苦去做。這四十三項研究沒有共享的環境變異性，並不能解釋非共享的變異性。父母親對待孩子的不同只能解釋 2% 的變異。出生別和兄弟姊妹的年齡差異只有 1% 的解釋力。最成功的研究是去尋找家庭以外的變異性，例如與老師和同學的互動；但即使這些，也只占 5% 的變異性。而且這些微小的差異還是來自那些品質不好的研究，例如有的研究做了很多測量，但是研究者只挑那些有達到統計顯著性的公布。

第二個大型計畫並沒有犯任何上述方法學上的錯誤，這不令人驚訝，因為研究者之一便是波洛明。這項研究叫做「NEAD」，是「青少年發展上非共享的環境」（Nonshared Environment in Adolescent Development）的縮寫。我在第三章有提到 NEAD，即一項有五種不同兄弟姊妹配對的研究（一起長大的同卵雙胞胎、異卵雙胞胎、一般的兄弟姊妹、同父異母或同母異父的兄弟姊妹，以及繼兄弟姊妹），他們都接受一連串的各種測驗來測他們之間的相異性。

這個研究很累人（exhaustive），還是能做的全部都做了

（exhausting）？我會用這兩個字，是因為這個研究其實兩者皆是。研究者找來了住在 720 個穩定的雙親家庭的 720 對手足配對；這工作本身就不容易了。每對受試者配對都經過兩次檢驗，中間隔了三年。年齡層是從十歲到十八歲。研究者收集了很多家庭環境的測量資料，包括父母親對各個孩子的態度、父母親對教養孩子的觀念及方式是否一致、父母親跟子女以及子女彼此之間的關係。他們也收集了很多不同觀點，例如父母對子女的態度是溫暖的還是冷漠的。這不但是由父母和子女各自評分，還有由經過訓練的觀察者來評分。另外有許多關於孩子的測量，包括他們的反社會行為、憂鬱症傾向、勤勉、自動自發、學業表現、社交性、受同學歡迎的程度、責任感以及自信心。因為所有的測量都是綜合兩人以上的意見，所以非常可靠。

如我們所預期的，這項研究顯示，不能歸因到基因或家庭環境的差異是很可觀的。同時也顯示，父母確實用不同的方式對待不同的孩子；這也不稀奇。這項研究令人驚奇的是，完全沒有找到任何可以解釋兄弟姊妹差異的因素。這讓研究者相當失望。父母親對孩子的態度的確與孩子基因上的差別有關，但是與他們非基因的差異無關。換句話說，這研究顯示，父母的確有對基因的差異做出反應。但是這是結果，不是引起孩子差異的原因。

如我在前一章所說的，高反應性的孩子容易被嚴格管教。一個天生反骨、不聽話的小孩，他的待遇一定比天生安靜聽話的要來得嚴厲。基因影響孩子的行為，而孩子的行為又影響父母親對他的態度，我把這叫做「孩子對父母的效應」（child-toparent effects）。

　　孩子對父母的效應可以解釋很多發展心理學上的相關。例如，父母嚴格監控青少年的活動時，這些青少年比較不會惹事生非。監控不只是關於父母決定要花多少力氣而已，還包括青少年願意告訴父母多少。假如他想惹麻煩，他是不會告訴你他在做什麼的。所以發展心理學家是對的，這兩者有相關。但這不是假設父母的行為是因，孩子的行為是果；這個因果關係的箭頭指向另一個方向。

　　NEAD 的資料指出，父母親對待同卵雙胞胎的方式確實比對待異卵雙胞胎更相似，而親兄弟姊妹受到的待遇也比繼兄弟姐妹更相似；然而這個差別待遇是來自孩子對父母的效應。NEAD 所尋找的環境因素中，沒有一個可以解釋他們所測量到的行為差異，如反社會行為、憂鬱症傾向、勤勉、自信心等。研究結果由賴斯（David Reiss）做了下面的總結：

　　　我們可以很有信心地說，從收集的資料看來，下面這些家庭化特質無法反應出青少年身上非基因、非共享的影響因素：父母親的婚姻衝突，父母對不同孩子的不同管教方式，兄弟姊妹間不均衡的關係⋯⋯因為我們這項大型的十二年研究主要是想找出非基因、非共享的環境因素，所以這個發現不但令人失望，而且有如觸電般讓人震驚。

　　賴斯在接受記者訪問時說得更坦白：「我很震驚！」他坦承自己是一個精神科醫生、一個佛洛伊德派心理動力學的家庭治

療師。

　　NEAD 不預期家庭中的差異可以解釋所有不能解釋的變異性。無疑地，有一些是由於機率的關係。任何測量上的誤差都會有一些影響，發展上的雜音也會。那些生理發展上的偶發錯誤，也會有不可預期的結果；即使是同卵雙胞胎，他們的大腦也沒有完全一樣。但是研究者真的沒有想到，最後的結果竟是兩手空空。波洛明在他 2001 年的文章中承認，他們只看家庭中的差異，確實太短視了，他們不應該忽視家庭外的環境差異：

　　　　或許一些共享的環境因素仍然可以在 NEAD 中找到……現在回頭去想，如哈里斯在 1998 年所指出的，只去找兄弟姊妹在家庭生活中的差異是很奇怪的，因為他們本來就生活在同一家庭之中。

　　但是 NEAD 只是一項研究，也不一定是最理想的研究。可能受試者的年紀太大了，或是環境的測量太粗糙。父母親的差別待遇可能在孩子小的時候效果比較顯著。或者父母的偏心沒有被 NEAD 測量出來。

　　父母親甚至對同卵雙胞胎的態度都不同，而同卵雙胞胎甚至從嬰兒期起就有人格上的差異。這顯然是發展雜音的關係。卡爾和克萊倫斯（Carl and Clarence Aguirre）是一對十七個月大的頭部相連連體嬰。根據報紙的報導，克萊倫斯活潑、好動，而卡爾安靜、嚴肅。假如這是他們父母對他們的看法，難道你不認為父母很可能對待這兩個孩子不同嗎？事實上，即使

雙胞胎的個性很相似，他們在家中的經驗也會有一些隨機上的差異。例如一個雙胞胎不小心摔倒在母親剛做好的鮭魚慕斯上面，破壞了母親精心設計的晚宴，使母親永遠不原諒他。

大自然的實驗

　　但是有個方法可以回答上面所有的問題：一個設計完善的出生別研究。出生別是一項「大自然的實驗」，很普遍，不像收養兒童或雙胞胎的研究。它是很有價值的研究工具，因為孩子在家庭中的經驗，會因為他的出生別而有系統化的差異。大部分家庭經驗的差異來自基因──媽比較喜歡你是因為你長得比較可愛，或比較聽話，或是其他發展上的雜音，如鮭魚慕斯的事件。出生別所導致的差別經驗，就與基因無關了（就我們所知，一般來說，老大和老么在基因上是相等的），也不是發展上的雜音（神經元會不會走錯路，跟他是老大或老么無關）。所以，檢視在同一家庭中長大的老大和老么的人格差異，讓我們有機會去檢驗單純的環境差異的效應。

　　研究出生別還有另一個好處：它提供一種方法去區分出家庭環境中的差別和家庭外的差別兩者之間的效應。在現代的社會中，老大和老么唯一的差別只有在家中。當孩子去上學時，同學根本不管你在家中排行老幾，也不會知道你上面有幾個兄姊，或是你下面有幾個弟妹。你可能是家中最小的，但卻是學校中最大的。這個家庭和外面環境的不完善相關，正好提供我們一個很好的了解機會。

　　我們無法研究孩子在家中非系統化、非生物上的經驗差

異,因為每個個案都是獨特的,我們不可能有足夠的數據去做統計分析。但是來自出生別的環境差異是可以預測的,我們可以研究它。

出生別的差異從一出生就開始。老大來到這個世界,發現他的父母完全沒有經驗。每一次哭,全家都驚動;每一次笑,照相機都舉起來。孩子是父母生活的中心。

當他的弟妹出生時,他就感受到心理治療師所謂的「被篡位」(dethronement)的痛苦。小說家和自傳作者契佛把自己的憂鬱症及酗酒怪罪到母親對他的忽略(她外出工作);將他哥哥的憂鬱症及酗酒歸因到自己的出生,因為他哥哥覺得被他篡位。他認為自己的出生是他哥哥生命中的轉捩點:

> 他原本是個快樂、開朗、備受寵愛的七歲男孩。直到有一天,有人告訴他,他必須要跟他的弟弟分享他的宇宙、他的世界。當然他是極不願意的……他對我的態度永遠都是凶暴的、模稜兩可的——愛恨交加。在這一切底下,他覺得我在挑戰父母親對他的關愛。

或許契佛描述得太過頭了,也有人認為父母親永遠對老大比較好。有這種信念的人指出,長子繼承制、田產、王位都是老大優先。殺嬰和謀殺的資料也支持了父母偏愛老大的觀點——正確地說,應該是偏愛年紀大的而捨棄年紀小的。在殺嬰仍然存在的傳統社會中,父母通常會因為前一個孩子還未斷奶,而決定捨棄新生兒的生命。當必須選擇犧牲剛出生的或兩

歲大的孩子時，兩歲大的永遠都占優勢。在現代的社會中，嬰兒的謀殺率仍然高於其他年齡的孩子，且謀殺率會隨著孩子年齡的增長而下降。

　　演化心理學家認為，父母偏愛年長的孩子是有演化上的原因的。在遠古時代，一半以上的人活不到結婚生子的年紀，所以犧牲小的、保留大的是比較對的選擇。至少大的已經度過最危險的夭折期，比較接近可以傳宗接代、回報父母的年紀。

　　然而，當父母決定養育新生兒之後，殺嬰的統計數字對於父母的行為就不是很好的指標。嬰兒的生存風險高，正是因為他們需要被照顧，而絕大部分的父母也願意提供照顧。演化心理學的開山始祖崔佛士（Robert Trivers）就指出，父母應該集中注意力在最年幼的孩子身上，因為孩子那時最需要被照顧，而父母那時的付出，回收率最高。假如沒有給予足夠的注意，會對孩子造成最嚴重的傷害：

　　　　通常愈小的孩子愈無助、愈容易受到傷害，所以演化讓父母對於年幼孩子所送出的訊號，做出較強烈的回應。

　　崔佛士的說法與全世界照顧孩子的做法是一致的。在狩獵採集時代的部落社會，人們將嬰兒及年幼的孩子帶在身邊，孩子餓了就隨時哺乳。但是好景不常，當弟妹出生時，較大的孩子不能再賴在母親身邊，只好去找別的孩子玩，母親就不太管他了。這時母親的注意力放在剛出生的嬰兒身上。

　　在工業化的社會中，寵愛幼子的現象較不明顯，但是仍然

看得到。最近有一項研究調查了 3762 個家庭，而這些家庭都有
兩個以上四歲到十一歲的孩子。研究者發現，最小的孩子受到
最多的注意與關愛，而最大的最少。當父母要照顧兩個以上的
孩子時，他們給小的比較多的關愛與照顧。有很多父母甚至願
意承認他們最疼愛老么。在兩項不同的研究中，有兩個小孩的
英國和美國的父母，超過一半都承認自己偏心；大多數（在美
國的研究中，87% 的母親與 85% 的父親）都說自己偏愛小的。

父母的偏愛因家庭而大不同。並不是每個家庭都如此，也
有很多家庭是老大比較吃香。但是整個來說，父母親最疼愛最
年幼的孩子，至少在他們還小、還住在家裡的時候。

所以，老大不但感受到被篡位的痛苦，這個感覺還維持
很長一段時間。母親比較偏愛弟弟或妹妹，這還不是老大和老
么唯一不同的家庭經驗。父母給予老大的責任比較重，對他的
期待比較高，也比較嚴厲。但是這也有階層（hierarchy）的補
償。老大通常長得比較高大，知道得也比較多，可以使喚下面
的弟妹。這個統御階層（dominance hierarchy）又叫做進食次序
（pecking order），在從雞到人的許多社會性動物中都存在。而且
在所有的動物中，統御者一定是最大、最強壯的。位階低的個
體必須學會如何避免激怒「上級」。老么的家庭生活並不見得都
是如牛奶和蜜糖般順遂，當父母轉過頭去沒有看見時，他是要
吃虧的。

蘇洛威的出生別理論

波洛明和丹尼爾的問題——為什麼兄弟姊妹會不同？——傳

到了一個非行為遺傳學家也非發展心理學者的人的耳裡。這個人是科學歷史學家蘇洛威（Frank Sulloway），他自從在哈佛大學拿到博士學位後就待在學術界。但他不是教授，而是訪問學人，偶爾教教書，主要的收入來自寫書（他曾寫過兩本暢銷書）以及申請研究經費。

在他 1996 年的書《生而叛逆》（*Born to Rebel*）中，他提出兄弟姊妹之間的差異來自出生別的理論。我會仔細檢視蘇洛威的理論，有部分原因是這是目前最好的一個（大部分有關出生別的書都是垃圾），有部分是因為他用演化心理學及演化生物學的觀念來解釋。

根據蘇洛威的理論，兄弟姊妹之間非基因上的人格差異來自家庭資源的競爭。「資源的競爭，尤其是爭父母的關愛，造成兄弟鬩牆。」老大因身材比較高大、體格比較強壯，在競爭上占便宜：「他們第一個出生，最早來到家庭中。他們用較具優勢的體型和力量去保衛他們特殊的地位。」所以他說，「老大通常都有統御慾和攻擊性，野心較大、忌妒心較強，也比較保守。」後來出生的弟妹只好各自發展出對策來抵抗老大的發號施令。「雖然老么通常較叛逆，他們也很努力增進自己的社交能力及合作性以利結盟。」簡單地說，老大用影響力競爭，老么用柔性競爭。在這一點上，我要說，我是老大，而蘇洛威是老么。

為什麼競爭會導致人格差異？蘇洛威以達爾文的理論來解釋：「兄弟姊妹之間的不同，跟其他動物長期以來產生變異的理由一樣：在資源匱乏時，相異性會使資源的競爭降至最

低。」雖然親兄弟姊妹是近親——他們的基因都來自同一對父母——但並不表示他們一定會做出對彼此有利的行為。「因為兄弟姊妹只有共享一半的基因，雖然他們會互相幫助，但是手足間的利他行為還是有其限度。兄弟姊妹對資源的分配常有爭執。」每個人都想要最多，剩下的才給其他的手足。我想有兩個以上孩子的父母，都會嘆息並點頭稱是。

雖然蘇洛威所描述的兄弟姊妹關係很令人信服，然而他對於手足間人格差異的解釋，還是有一些理論上的問題。首先，手足並不會因為彼此間或與父母間的互動而變得不同。行為遺傳學家的資料並沒有提供證據。蘇洛威不是第一個被誤導的人；這個錯誤的觀念很普遍。讓我看看能不能把它釐清。

這個混淆的觀念主要是來自人格的不能解釋的變異性。行為遺傳學家把它歸因到「非共享的環境」，而這常常被定義為是使兄弟姊妹不同的環境因素。所以聽起來就好像是家庭環境中的某個東西，製造或擴大手足間的人格差異。但是行為遺傳學上的證據並沒有顯示，在同一家庭長大會使兄弟姊妹不一樣——只有顯示不能使他們更相似。發展心理學理論的普遍，如孩子受到父母的影響而社會化自己的情緒表達方式（外顯的或藏在內心不說的），使得研究者去預期被相同父母養大的手足「應該」更相似。「為什麼手足這麼不相像？」這是一個未被滿足的期待所發出的的悲嘆。行為遺傳學家真正想知道的是：「為什麼手足沒有更相像？」

兄弟姊妹之所以不同，並不是因為一起長大的緣故。假如手足間的差異是因為他們想要使自己變得跟其他手足不同，那

麼，在同一家庭長大的手足就真的會比在不同家庭長大的人不同；但是這點並沒有獲得證據支持。事實上，在一起長大的手足並沒有比較相像，也沒有比那些在不同家庭長大的人更不相像。養子女並沒有比在不同家庭長大的養子女更不像。一出生就分開的同卵雙胞胎，跟在一起長大的一樣相像。所以把「非共享的環境」解釋成使手足不同的環境因素是種誤導。比較正確的定義是「兄弟姊妹間沒有相關的環境影響」，手足間因差異所導致的效應，跟兩個不相關的陌生人之間的差異效應是一樣的。

另一個混淆的觀念來自一篇常被引用的文章：「逐漸長大及逐漸遠離」（Growing Up and Growing Apart）。根據這篇文章的作者，同一家庭長大的雙胞胎在童年和青少年期會變得比較不相像。這聽起來很像手足希望各有各的天空，希望彼此不相像，而故意去發展相異之處——可能就是這篇報導，使得蘇洛威在 1996 年告訴記者：「兄弟姊妹在一起生活的時間愈長，他們愈不相像。」但是再一次地，證據又被誤解了。它真正的意思是共享一個家庭環境在早期會產生短暫的相似性，尤其是IQ。隨著雙胞胎慢慢長大，這些共享的環境效應會逐漸褪去，最後趨向於零。但是這個歸因到共享環境的相似性，並不會降到零以下而變成相異。在同一家庭長大會暫時地使雙胞胎或手足相像，但是不會使他們相異。

那麼「對比效應」（contrast effect）又怎麼說呢？行為遺傳學家的確有用這個名詞，但他們的意思是父母親傾向於認為孩子比他們實際上更不相像。對比效應就像是情人眼裡出西施一

樣，是從旁觀者的角度，而不是孩子本身。認為老大「很難帶」
的父母，常會認為老二很好帶，反之亦然。兩個孩子可能實際
上都比一般孩子難帶或好帶，但是父母注意到的是這個比那個
「更」難帶。在父母的口中，兄弟姊妹間的差異常被放大。

　　有時候，兄弟姊妹的差異會被用來解釋為什麼找不到共享
家庭環境的效應。他們的推理如下：或許被同一對父母養大的
確會造成手足相似性，但是兄弟姊妹彼此的關係或其他家庭環
境的因素，會有相反的作用──會使兄弟姊妹更不相似。或許
這兩個效應彼此抵消掉了，所以最後的結果是零。

　　想得很好，但是沒有證據可以支持這兩種效應。事實上，
假設會增加手足差異的效應無法說明人格上不能解釋的變異性；
這時必須同時假設有一個會令兄弟姊妹更相似的反效應。假如
這兩個假設的效果互相抵消掉了，那麼便一無所得，因為一個
抵消掉的效應不能解釋為什麼手足會不同。

　　我應該講一下，這種手足差異的討論可以應用到人格和其
他反映出人格的行為上，例如攻擊性。我在尋找的證據，並沒
有排除區辨性或相異性可以作用在別的領域的可能性，例如興
趣或事業的選擇。有相似人格的雙胞胎或手足，可能會選擇不
同的職業生涯，如雙胞胎研究者西格爾（Nancy Segal）所描述
的：「兩個雙胞胎都有表演的天才，但是茉莉專攻舞蹈，而莉莎
專攻戲劇。」

讓人頭痛的雙胞胎

　　蘇洛威出生別理論的第二個問題，在於行為遺傳學的發現

可以應用到所有類型的兄弟姊妹配對。不論受試者是同卵雙胞胎、異卵雙胞胎、一般的兄弟姊妹、同父異母或同母異父的手足，或養兄弟姊妹，結論都是一樣：幾乎所有非基因上的變異性都來自非共享的因素。對所有這些兄弟姊妹配對來說，不能解釋的變異性幾乎是相同（大約占所有變異性的 50％）。

我在第二章中有談到這個跟我們直覺相反的發現，而且說它是一個很重要的線索。現在你知道為什麼了。行為遺傳學研究結果的一致性表示，「同樣的歷程」是這些手足配對之間差異的原因。我們需要一個手足差異的解釋，它必須在雙胞胎和獨生子身上都一樣有效才行。

一個把手足間的人格差異歸因到出生別的理論，也可以用來解釋雙胞胎之間的差異嗎？請不要太快說不。畢竟，雙胞胎也是先後出生的，而且所有的雙胞胎父母都知道誰先誰後。此外，蘇洛威指出，「出生別可以代表年齡、體型、權力及家庭地位的差異。根據常識，我們知道因果關係可能存在於別的變項中，而不在出生別。」雖然同卵雙胞胎的年齡是一樣的，但他們在家庭中的地位和權力可能有差別。

然而雙胞胎讓蘇洛威感到頭痛，還有另外一個原因。根據他的理論，驅動手足相異性的是競爭。手足競爭，是因為他們的興趣不一致。而他們的興趣不一致，是因為他們只共享 50％的基因。然而，雙胞胎共享的基因達 100％，為什麼他們還是會不一樣？

同卵雙胞胎並不常見；假如晚餐時坐在你旁邊的碰巧是你的複製人，沒有人相信人的心智天生就有一套指導守則告訴你

該怎麼做。但是親族選擇理論（演化心理學的基石）使我們預期動物會對血統上的線索起反應，會對親族比對非親族的好。所謂血濃於水，動物有區分親族遠近的能力，也已在許多物種中找到證據，包括人類。雖然科學家還未找出動物是怎麼知道的，甚至是尚未成熟的人類，也有辦法估計生活中的其他人和自己共享的基因比例有多少。在一夫多妻的社區中，孩子跟自己親手足之間的關係比跟半手足的好。而和異卵雙胞胎相較之下，同卵雙胞胎更合作、競爭較少；若其中一個死亡，另一個也會比較悲傷。

假如競爭是兄弟姊妹差異的來源，親族選擇理論會得出下列的預測：非基因的差異在養兄弟姊妹身上最大，異卵雙胞胎和一般手足次之，同卵雙胞胎最少。這項預測和證據並不相符。雖然同卵雙胞胎的競爭較其他手足配對來得少，但是他們之間非基因的差異卻是一樣大。

兄弟姊妹的變異性

蘇洛威理論的第三個問題在於手足變異性的比例。「跟其他動物長期以來產生變異的理由一樣：在資源匱乏時，相異性會使資源的競爭降至最低。」有證據可以證明孩子的相異性是好的生存策略嗎？假如他們的行為與兄弟姊妹不同，是否會引起父母更多的注意，或得到更多的家庭資源？據我所知是沒有。在沒有證據的情況下，預期兄弟姊妹不一樣會增加演化心理學家所說的「父母的投資」，是否有任何理論上的原因？

假如有的話，理論上的推論得到的會是與我們預期相反的

結果：年紀大的孩子行為愈像弟妹，好處愈多。我前面說過，演化心理學家崔佛士說父母應該把注意力放在年幼的孩子身上，因為愈小的孩子愈是無助、易受傷害。他繼續說：

　　這表示在發展的任何一個階段，子女跟父母（在資源的分配上）有衝突時，會選擇回到發展早期的動作與姿態，以期引發出父母的投資。簡單地說，在壓力之下，行為舉止會選擇回歸到小時候。

　　回歸，特別是在斷奶或弟妹出生的時候，在人類和許多非人類的身上都可以看到。但是表現出小時候的樣子以期獲得別人的照顧，好像不是老大會選擇的策略。相反地，家人用來形容老大的形容詞——負責、有責任感、嚴肅、統御性強——通常都與成熟有關。蘇洛威解釋，這種行為目的是為了吸引父母偏愛。他說：「老大比較可能用代理父母的姿態對待下面的弟妹，以尋求父母的偏愛。」

　　對於這個觀察，我有不同的解釋。老大在弟妹面前的行為比較成熟，並不是為了吸引父母的偏愛，而是這行為是被弟妹所「引發」出來的。不論他們是否為近親，年長的孩子在年幼孩子面前的行為是可以預測的。在一篇比較全世界各個社會的兒童行為的論文中，跨文化的心理學家愛德華（Carolyn Edwards）注意到，年幼的孩子會引發年長孩子的兩種行為：一是保護他、照顧他；另一是統御他。至於哪個占上風，取決於年幼孩子的年齡：小於兩歲半的孩子主要會引發照顧、保護

的行為；大於兩歲半的就會引發統御的行為。根據愛德華的定義，「統御」（dominance）不但包含控制，同時也包括保護、社會化，或使孩子參加有助於社會化的活動。換句話說，就像是個代理父母。

同樣的情形在黑猩猩身上也看得到。國際知名保育人士珍·古德（Jane Goodall）女士說：「黑猩猩在性別和年齡團體中的表現不同，但可預期。」年齡和性別的區辨是基於身體上的線索；因此，體型小、膚色淡、尾巴有一撮白毛的表示牠是嬰孩。未成年的黑猩猩不論性別，都喜歡跟嬰兒玩，而且對待牠們很溫柔。只有當小猩猩開始長大，年長的才開始表現出牠的統御權。

在人類的研究中發現，四歲的孩子就會指使比他更小的孩子；就像他的父母命令他怎麼做一樣，而且語氣會減緩，要讓小一點的孩子了解他在說什麼。四歲的孩子會用比較短、比較簡單的句子去跟兩歲的孩子說話。不論兩歲的孩子是否是他的弟妹，也不論父母是否在旁邊，他們都會這樣做，即使他們本身沒有弟妹。

出生別對行為的影響

老大會花很多時間待在家裡跟弟妹在一起，用較短的簡單句子跟他們說話。沒有人預期老大跟大人說話時會簡化句子，甚至跟同年齡的人也不會。我們都把這種情形視為理所當然，孩子會依對象而修改說話的方式。孩子從跟手足互動中學來的行為模式，應用到其他社會伴侶或其他社會情境上，許多人也

把它視為理所當然。他們假設這些在家中的行為已經內化到孩子身上,使它們變成孩子人格的永久部件之一。

這個假設很少被清楚地表達出來,而這其實也是蘇洛威出生別理論的第四個問題;它也是其他出生別理論的問題。蘇洛威並不認為老大只有在家裡才會指使別人、攻擊性強,他認為老大走到哪裡都是如此。因為跟弟妹互動的結果,老大習慣了別人都要聽他指揮,都要讓他。他把這個習慣應用在別的情境,一直到成人期都是如此。當然,他們並不是故意要如此,這種行為已經自動化了。

一旦說明清楚了,這個假設就變得可以驗證。假如出生別對人格有影響,這個效果應該在童年就出現,因為童年是最重要的經驗時期。所以,假如家中習得的行為會類化到其他的社會情境去,我們應該在童年期就可以觀察得到。而且這種行為在童年期要比成年期顯著,因為老大長大後可能把他的攻擊性隱藏起來。

這時,一個設計良好的出生別研究就很有用了。大部分兒童行為的研究,都是在一個家庭中挑一個孩子來做受試者(沒有聽波洛明的忠告),因此研究結果都沒有用;這種方法沒有控制基因對行為的影響。基因對行為的影響看起來完全就像是類化作用,這可能就是發展心理學家在兩個不同情境下發現孩子的行為有許多中度相關的原因。

例如,有一組發展心理學家發現,孩子跟父母在一起時與跟同儕在一起時的行為有 0.19 的相關。這相關雖然不強,但有達統計上的顯著性;孩子在父母跟前指使別人替他做事或不

肯合作，而在他同儕面前更是如此。研究者假設，這個令人討厭的行為是由於父母教養方式不當，孩子發現他在家可以這樣做，他到操場也就如法炮製了。但是研究者沒有考慮一個可能性，就是有些孩子可能天生就有攻擊性的行為傾向，或是去哪裡都與人合不來。這些人格特質的遺傳性是 0.45，足以解釋在父母和同儕面前不良行為的相關。

我們不能說這個行為是從家庭類化到外面世界，除非我們可以控制基因對行為的影響，而出生別的研究可以達到這個目的。因為我之前說過了，老大和老么之間沒有系統化的基因差別，一個可能使孩子有攻擊性或不合群的基因，在老大和老么身上的機率是相等的。所以假如老大在家及在外面都比老么更具攻擊性，你就知道這是類化的關係——在一個情境學會的行為，會使孩子在其他的情境也這樣做。然而，這並不是類化的證據——行為的相似性是在兩個不同情境中，分別發生相似的學習歷程的結果。從另一方面來說，假如老大在家是一種行為，出去又是另一種行為，這就推翻了類化作用。

有兩個設計良好的實驗提供了有用的證據；這兩個實驗的研究對象都是來自同一家庭的兩個孩子，研究者評估他們在家與在外的行為。第一個實驗是發展心理學家亞伯拉莫維區（Rona Abramovitch）和她的同事所做的，他們觀察孩子跟兄弟姊妹玩耍時的情形。他們注意到，老大的確會對弟妹發號施令，通常也會出現攻擊性的行為。然後，研究者發現，他們在跟別的孩子一起玩時，並沒有證據顯示他們會把在家中的行為帶到同儕的互動中；在家中指使弟妹的老大，跟同學在一起時並沒有特

別愛指揮人，老么也沒有比較可能讓同儕來指揮他。如這些研究者所說：「即使是常年屈就於年長兄姊之下的老二，當情境許可時，也會立刻登上龍頭寶座，毫不遲疑。」

第二個實驗是迪特迪卡（Kirby Deater-Deckard）和波洛明所做的，他們用行為遺傳學的方法去看養兄弟姊妹和親兄弟姊妹的攻擊行為。兩組孩子的攻擊性，是由父母和五個不同的老師在六年內所做的五次評估所決定的；父母親所評定的是孩子在家裡的情形，老師評定的是孩子在學校裡的行為。結果再度顯示，老大在家中比較有攻擊性，但是在學校裡就沒有；父母認為老大比較有攻擊性，而老師認為老大、老么都一樣。

在這個實驗中，根據老師的評估得到的攻擊性遺傳率是0.49；共享環境的相關幾乎是0。跟過去一樣，有一半的變異性可以歸因到基因，而與家庭環境沒有任何關係，這表示有一半的變異性仍無法解釋。

即使在沒有控制基因影響的研究中，當研究者觀察孩子在兩個不同社會情境中的行為時，其相關也是很低；通常在統計上不顯著，偶爾會有負相關。尤其是在家裡跟弟妹打得不可開交的人，跟同儕並不會特別處不好。獨生子女在社交上也不見得比較失敗；孩子不會因為沒有與兄弟姊妹互動的經驗，而導致跟同儕的關係不良。

我所討論的研究都顯示，出生別對孩子在家裡的行為有影響；大的會管小的，而且比較有攻擊性。在一個團體中，我們可以藉統御階層來對其成員進行預測：統御者比較具有攻擊性，因為他們對打時會贏；位階較低者的行為就會較謹慎小

心，因為他們不願冒險去激怒會痛打他們的人。蘇洛威所說的老大和老么的人格特質——兇悍和溫和——是動物在統御階層上可預測的行為結果。然而，證據顯示，這些行為不能類化到家庭以外的社會情境。

為什麼不能？一個在家裡個頭最大的人，在學校可能個頭最小，他馬上就知道把家裡那一套搬到學校去是行不通的。孩子具有類化的能力——把在某個情境學來的東西應用到另一個情境去——但是他們不會盲目地應用。什麼時候可以用、該怎麼用，都是很重要的問題，並且與我這本書的使命有關。我會在下一章再回頭來談類化。

先前我提到，最近幾年來，有兩個重要的研究在找出不能解釋的變異性是什麼：吐克罕默和華德朗的超分析研究和NEAD。他們指出，在所研究的環境因素中，家庭因素（包括出生別）能說明的變異性所占比例最少，只有1％。NEAD並沒有特別去看出生別（許多手足配對為雙胞胎），但是有看兄弟姊妹之間的「不對稱關係」（asymmetrical relationship）；包括一個指使另一個，以及 A 對 B 不好但 B 卻對 A 很好。賴斯在總結NEAD 的研究時說，他們的資料排除了兄弟姊妹間的不對稱關係，是手足間人格差異的可能原因。

以上是針對兒童和青少年的研究結果。接下來要看的是來自成人的數據。事實上，大部分接受實驗的受試者是大學生，研究者把他們歸類為成人；雖然他們的父母並不這樣想。

自我報告問卷的調查結果

設計一個出生別的實驗並沒有看起來這麼簡單。小家庭跟大家庭一樣，都有一個老大；但是老二、老三就比較少了。通常小家庭具有比較高的社經地位，這表示老大比老么更有可能來自中上階級的人家。你在報章雜誌上所看到的出生別研究都是垃圾，一文不值，因為研究者沒有控制家庭的大小及社經地位。沒有控制這些變項，那麼老大和老么行為上的差異很可能是來自社經地位，而不是出生別。我們需要很大的受試者群，才能妥善地控制變項，進行一項完美的出生別研究。

那些確實控制了家庭大小和社經地位，並用標準方法去評估成人人格的研究，很少發現老大和老么有人格上的差異。關於這一點，蘇洛威同意我的說法。下面是他在《生而叛逆》這本書出版三年後，在一篇文章中所說的話：

> 當用自我報告的問卷來評量時，出生別的效應通常很小，沒有達到統計上的顯著性。但是當父母來評量他們的子女或兄弟姊妹之間互評時，出生別效應的系統化差異就會出現。

大部分的人格資料來自標準化的自我報告人格問卷。當研究者對大量的受試者進行問卷調查時，通常發現老大並沒有比較開朗、有責任心、外向、合理或是神經質。因為很多的研究者都是這樣做，每個人基本上是從人格的各個向度去尋找出生別的效應，偶爾會有統計上的顯著相關出現。但是這種偶然

的成功沒有一致性。在某個實驗中，責任心有達到統計上的顯著性，但在另一個實驗卻沒有，是別的變項出頭。此外，在許多研究中，顯著的結果只出現在有些受試者身上，並不是每個人都有，或是只有在一個測驗中出現而其他幾個沒有。例如，女性受試者有顯著的效應而男性沒有，或是大家庭的受試者有效應而小家庭的沒有。這些測驗結果沒有一致性；有時在一個實驗中，出生別的效應只有在女性中發現，然而在下一個實驗中，只有在男性中發現。

　　蘇洛威本來想藉由質疑自我報告問卷的效度（validity），來解釋這些人格測驗所顯示的無效應或不一致的結果。他宣稱這些測驗不可靠，是誤導。但是對那些問卷提出質疑，對蘇洛威來說是一個不利的策略；因為沒有這些問卷，他就什麼都沒有了。這些測驗得到的結果，正是他想要解釋的：人格上不能解釋的變異性是什麼？他在《生而叛逆》的前言中說：「我的論點源自一個令人驚奇的發現：在同一個屋簷下長大的兄弟姊妹，他們人格上的差異，幾乎跟不同人家的人差不多。這些發現在人格心理學中一再被證實。」完全正確，而且幾乎所有的這些研究都是用自我報告的人格問卷來進行的。

　　驅使波洛明和丹尼爾問「為什麼兄弟姊妹這麼不同」的人格數據，大部分都是來自標準的自我報告人格測驗。假如結果顯示老大和老么沒有差異，那麼出生別就不能解釋研究中的任何變異。也就是說，出生別不能回答波洛明和丹尼爾的問題——為什麼兄弟姊妹這麼不同？

找出顯著的出生別效應

蘇洛威指出，要找出顯著的出生別效應，取決於評估人格時所使用的方法。這點倒是很對。通常當受試者的人格是由父母或兄弟姊妹評量時，或是要求他們比較自己和兄弟姊妹的人格時，才會得到達統計顯著性且一致的出生別效應。結果的差異，並非是由於是否使用自我報告的方法（受試者比較自己和兄弟姊妹的人格，就是一種自我報告），而是被評估的這個行為是在家庭內還是家庭外。家庭成員的評估，當然是依受試者在家庭內的行為做判斷，所以就會有出生別的效應顯現。但是當受試者跟同儕在一起時，研究者和老師的觀察就不會出現出生別的效應，在學業成績和高中畢業率方面也不會有差別。假如老大比較有責任感，如蘇洛威所宣稱的，那麼，這顯然無助於老大會有比較好的學業表現。假如老大比較叛逆，這也沒有使他們比較容易變成中輟生，或較不可能就讀大學。

那麼，為什麼？當問及家中誰的學業成就最好時，人們都說是老大呢？當問及家中誰最叛逆時，人們又都說是老么呢？

第一個問題很容易回答。老大顯然要當榜樣，要給底下的弟妹有樣學樣。一個可能的原因是老大年紀比較大，比小的有責任感，一般來說會花比較多的時間在做功課上。在家人的判斷上，年齡的差距無疑是出生別不可避免的混淆變項。

第二個問題的答案比較複雜。事實上，研究的確發現老么比較叛逆。在青春期時，他們比老大更可能做出「麻煩」的行為，如性行為的提早、喝酒或吸毒。一般來說，假如人格或

行為的評估者不是家庭成員，那麼就不會出現出生別的效應。所以這算是一個例外。但是很多時候，例外能帶給你最多的訊息，因為它同時也是行為遺傳學家的例外；他們一般認為共享的環境對青少年犯罪有效應。請注意，這兩個例外都與青少年的問題行為有關，而且這些行為第一次發生時都不是在家裡，例如在商店裡偷東西、塗鴉、破壞公物、吸毒、未成年的性行為和酗酒，這些都是青少年在家庭以外，跟朋友在一起時所做的事。

對於這兩個例外的解釋是一樣的：青少年喜歡跟兄姊以及兄姊的朋友在一起。研究者觀察到，生理上已經成熟的青少女，通常都跟年齡比自己大的朋友在一起。

老么通常比老大早接觸到青少年的誘惑，而且有時就會被引誘，這可能是家人會認為老么比較叛逆的原因。但是顯然他們的反叛行為並沒有延伸到其他行為上，如不做功課，也沒有在成年後的人格測驗上顯現出來。

《生而叛逆》的爭議

包括一些演化心理學家在內的許多人，都對蘇洛威《生而叛逆》這本書中的圖表印象深刻，也對他所指出的出生別效應的強度印象深刻。在他之前（之後也沒有），沒有人發現這麼驚人的效應：老大和老二在人格和行為上竟有這麼驚人的差異！蘇洛威說，老大很保守，很不願意接受新的科學理論；老么則很可能變成政治上的自由派和異議分子。

但是很快就有懷疑的聲音出現。雖然書中的圖表畫得很漂

亮，卻沒有註明這些數據的出處，使讀者無法自己去檢視這些證據。心理學家法波（Toni Falbo）在美國心理學會的新書介紹期刊中如此抱怨：「缺乏解釋統計數據的表格，沒有標明主要類別中的人數及行為的頻率。」她說其實還有更多的省略：

在蘇洛威的超分析中，最令人不安的是他對厄斯特（Ernst）及安格斯特（Augst）1983 年那本書中資料的分析。蘇洛威並未說明他採用書中的哪些研究資料。這是超分析研究中最重要的一個步驟，他卻省略掉了。

厄斯特和安格斯特聽起來就像是搖滾樂團的名字，然而事實上，他們是一個非常認真的瑞士研究團隊，他們在 1983 年發表了一篇詳細說明出生別效應的文獻回顧論文。在結論中，他們說出生別對人格並沒有重要的效應。蘇洛威不認同，於是他重新分析厄斯特和安格斯特的資料，宣稱他發現了支持他理論的有利數據：在 196 個嚴格控制變項的研究中，有 72 個與他的理論相符，只有 14 個不符，而剩下的 110 個研究幾乎沒有相關。

我不是唯一質疑這個說法的人，我也不是唯一決定去檢查厄斯特和安格斯特的書中是否真有 72 個研究符合蘇洛威理論的人。一位替《科學》（Science）期刊評書的社會學家也決定去檢查原始資料，結果他並沒有找到蘇洛威所說的那些支持他理論的研究。另一個人則是安格斯特本人。一位美國的科學書作者寫信給安格斯特，詢問他有關蘇洛威超分析的事情。他說：

「安格斯特用電子郵件回覆我，說他不了解也無法從他和厄斯特1983年的書的資料中，重新建構出蘇洛威所宣稱的結果來。」

然而，在所有檢視《生而叛逆》的資料、決定要弄個水落石出的人中，堅持到底、做得最辛苦的莫過於佛瑞德‧湯生（Frederic Townsend）。湯生跟我一樣，都是不附屬於任何學校的獨立學者，沒有學術界的頭銜；但他擁有法學士的學歷，不過那個學歷在此不算。雖然他在很多年前就放棄了開業律師這條路（他現在在芝加哥貿易委員會中負責公債買賣），他並沒有失去當年去走法律這條路的動機：追求公平與公義的決心。我想這是他投入這個案子的原因——他不可能從調查蘇洛威的研究中得到名或利。他是一個有年幼孩子的已婚男子，但是有七年之久，他把他大部分的休閒時間都投入對蘇洛威的調查工作。

湯生、法波、《科學》期刊的書評者和在下我，對蘇洛威《生而叛逆》那本書的最大問題，是那些圖表並未包含足夠的訊息，以通過期刊必須經由同儕審定的標準；就像蘇歐米的交叉養育實驗，沒有列出參與實驗的猴子總數。蘇洛威應該列出他所採用的那196篇論文，不然我們現在就不用這麼辛苦地找證據了。

物理學家派克（Robert Park）在他的書《偽科學》（*Voodoo Science*）中說：「科學要保密最主要的原因是這個科學有問題，怕別人查問。」湯生寫了一封信給蘇洛威，要求他提供那196篇論文的題目。但蘇洛威拒絕了，他說他沒有義務對「沒有資格的個人」提供資料。蘇洛威同時也拒絕告訴湯生他在書中所提到的二十四名新教徒的名字；他在《生而叛逆》中宣稱，二

十四名殉教的清教徒中，有二十三人不是老大。因為湯生很堅持，所以蘇洛威很火大，他在信中告訴湯生說：「你已經讓我知道你是誰了，你是一個心胸狹小、沒有知識的怪人。」

假如蘇洛威以為這樣就可以使湯生打退堂鼓，他是完全錯估湯生了。既然蘇洛威不肯給他 196 篇論文的題目，湯生就自己想辦法去建構出這個名單。他用蘇洛威在各個場合中所講過的兩個方法去嘗試，但兩者都無法得出《生而叛逆》所報告的結果。湯生並沒有要求我們要相信他的話，他把他所用的研究名單，正向的、反向的和沒有結果的發現，全部都發表出來，公諸於世。

湯生還發現蘇洛威的研究中有許多矛盾、不一致的地方。例如，這本書中的表二（table 2）顯示科學上的各種革命是出生別的函數；但在書的後面章節，這個表的數據又被重新畫為圖 14.1（figure 14.1），顯示的卻是出生別與社會態度之間的線性關係。湯生發現，曲線上七個不相符的點中，有六個是移向了蘇洛威「想要」的方向（更靠近曲線中的對角線）。

湯生的每一個例子聽起來好像都微不足道；就像蘇洛威向記者抱怨的：「吹毛求疵，找碴！」但是集合起來就很嚴重。你可以說因為不小心所以有一些錯誤，但是假如錯誤太多，而且都是偏向你所要的方向、符合你理論所預期的走向時，這就說不過去了。

1998 年，湯生把他的調查結果寫成對《生而叛逆》這本書的評論，投稿到《政治與生命科學》（*Politics and the Life Science*）期刊。這份期刊的主編是蘇必略湖州立大學

（Lake Superior State University）政治系的系主任詹森（Gary Johnson）。詹森將這篇論文送交四位同儕審定，結果有三位贊成刊登。所以湯生的論文是被接受了，但是要做一些修改，以達到評審委員的建議標準。

詹森不打算只刊登湯生的評論，他想弄成圓桌會議那樣的討論文章。所以他邀請蘇洛威寫一篇答辯，而且蘇洛威和湯生都可以提名其他的人來評論湯生的這篇論文。我是湯生所提名的人選之一，我也接受了詹森的邀請，為這篇文章寫一則短評。

湯生修改的文稿被期刊接受了，於是副本就在 1998 年 12 月送到蘇洛威及其他評論委員的手中；但是湯生的文章、蘇洛威的答辯及其他十位評審委員的短評，卻一直到 2004 年 2 月才被刊登出來，並且標示為 2000 年 9 月份的期刊議題。在那一期中，詹森也寫了三十五頁的「主編的話」，說明為什麼拖了這麼久。我將告訴你詹森大概說了些什麼。

1999 年 1 月，詹森說他接到蘇洛威的來信，宣稱湯生的文稿惡意中傷他的名譽，要求立刻修正。他告訴詹森：「假如你決定以這篇論文目前的形式去發表，很不幸地，這將會使你及你的期刊涉入嚴重的法律問題。」為了怕詹森萬一沒看到這一段，他又加了一個註解：「在現行法律下，假如你明知文章有損別人名譽而仍然允許刊登，那你也要負連帶責任，構成毀謗罪。」

蘇洛威不只要求必須修改湯生的文章內容，他說如果詹森刊登修正後的文章，詹森必須在文章前面附上主編的話。他還

替詹森寫了個範本，意思說雖然文章有問題，主編還是決定刊登，但是提醒讀者，湯生的結論是不能相信的，因為他的證據是「錯誤的」，他的文章中有「事實和解釋上的錯誤」。

這一次，蘇洛威又低估了他的對手。詹森不可能讓蘇洛威替他寫主編的話。但是另一方面，沒有人願意被控告。所以他決定在刊登湯生的文章之前，請湯生很仔細地修改內容，所有的事實陳述都要附上證據，使蘇洛威找不到把柄。他要湯生的評論周延到滴水不漏。

在 2000 年 7 月，湯生修改過的版本通過同儕審定後，送交蘇洛威及十位評論者過目。

詹森在「主編的話」中寫道：「當然，只有蘇洛威一個人要求重改；湯生修改過的文章版本顯然不合蘇洛威的意。」事實上，重改過的版本拿掉了尖銳的用語，卻更有說服力。蘇洛威對這個版本的反應跟第一次一樣強烈，他攻擊的對象不是作者，而是期刊主編。詹森說：「蘇洛威在看到湯生修正過的版本後，開始攻擊我。」蘇洛威指責詹森允許湯生做大幅度的修改，以致於這個版本與評審者拿到的第一版有很大的不同。詹森承認這的確與一般的程序不同，但是他也指出，這不是一般的情況；在一般的情況，參與同儕評論的人並不會威脅要提法律訴訟。

當蘇洛威發現詹森還是要刊登時，他提升了攻擊的層次。他寫信給詹森任教大學的校長，副本送到其他高層人員的辦公室，宣稱他將向美國政治學會（American Political Science Association）、人類行為與演化協會（Human Behavior and

Evolution Society）以及關心科學作假的國會議員等，正式控告
詹森在科學上的不當行為。不過蘇洛威並沒有真的去告。2004
年5月他對記者解釋說，這件事情「不值得我大費周章」。

詹森不為所動，仍然決定刊登，然而，這個鬥爭的過程很
漫長、很辛苦、很花錢。當期刊的發行人得知有人要告他時，
他拒絕發印刊物，除非蘇洛威和湯生兩人同意白紙黑字承諾不
會對他、印刷廠以及期刊提告。（但是他們兩人仍然可以互告，
只是同意不告發行人而已。）湯生同意了，但是蘇洛威拒絕，
所以詹森必須找別的法子使期刊得以印行。結果他和他的助理
自己來編印。這就是為什麼2000年9月份的期刊會拖到2004
年2月才出來。

另一個原因是詹森後來決定自己跳下去檢驗蘇洛威的研究
方法。他在「主編的話」中解釋說，起初，他是偏向支持《生
而叛逆》，因為他認同蘇洛威的達爾文主義研究取向。但是當
蘇洛威最後終於寄上他對湯生文章的答辯時，詹森非常失望，
因為蘇洛威避重就輕，將湯生所提出的問題簡化，並且不正面
回答，甚至直接略過。整個來說，蘇洛威用的是不理不睬的策
略──不理會湯生的指控，從別的不相干的點去反擊。

詹森決定跳下場參與而不再只當個旁觀者，是由於蘇洛威
對湯生所提出一小點證據資訊自由的反應。湯生透過美國憲法
保障的《資訊自由法》（*Freedom of Information Act*），拿到了蘇
洛威1991年向美國科學基金會申請研究經費的專案內容，而這
份申請書和《生而叛逆》兩者都有關於非長子跟科學革命之間
關係的圖表。但是湯生發現其中的數字有出入。在《生而叛逆》

中，非長子而影響到科學革命的比例較高。蘇洛威在答辯文章中對此的解釋為：「湯生誤解了我在 1991 年專案申請書中的比例。1991 年的是相關危險比例（relative risk ratio），而 1995 年的書中是例外比例（odds ratio）。」在註腳中，他把湯生的錯誤解釋為，「當一個非專業人員拿到一些未發表的文件和數據時，若未做最基本的檢驗，就會發生這種錯誤」。

詹森本身是個專業人員，所以他決定去做最基本的檢驗。他檢查了蘇洛威在 1991 年提出的國家科學基金會申請案，他發現申請書中的圖表清楚地指明數字是「例外比例」；專案中完全沒有提到「危險比例」這個詞。在發現了這一點之後，詹森認為他必須要站出來說話才對。假如他沒有出聲，那麼聽了蘇洛威說詞的讀者會以為湯生犯了愚蠢的錯誤，連「例外比例」都不知道，還把它弄混淆。

一旦決定了要這麼做，詹森就和湯生一樣地固執不放。他決定仔細檢驗《生而叛逆》這本書，很快就發現要找出蘇洛威如何得到他圖表中的數據，就好像要找出哪個貝殼裡有寄居蟹一樣困難。

詹森還檢視了蘇洛威宣稱在宗教改革殉教的那些人；蘇洛威把這些人界定為反叛者。根據他的理論，這些人應該是後來才生的老二或老三，反正不是長子、不是老大，而天主教的殉教者則是保守的老大。他在《生而叛逆》中宣稱，二十四名新教的殉教者中有二十三人不是長子（這就是湯生寫信向蘇洛威要而蘇洛威不給的名單），而天主教的殉教者「大多數」為老大（蘇洛威未提供任何數字）。

　　蘇洛威談的是發生在十五世紀的事，雖然在書後他有列出這些殉教者訊息的一些來源，但是怎樣就是找不到有關他們出生別的訊息。而且這個部分很棘手。在那個年代，資料保存得不是那麼完善，出生日期常是估計而已，差不多就算了。家族的紀錄更因死亡、再婚、繼子女、非婚生子女而更加複雜。經過很長、很辛苦的搜尋後，詹森找到二十八名新教殉教者及二十二名天主教殉教者的出生別。

　　在這兩組中，絕大多數人都不是長子，因為當時一個家庭平均生七個小孩，而七個孩子只有一個是老大，其他都是非長子，所以非長子占大多數。然而，他發現新教徒（假設是叛逆的）和天主教徒（假設是保守的）沒有差異：二十八名新教徒中有三個是老大，二十二名天主教徒中有三個是老大。詹森的結論是，對於蘇蘇洛威主張大部分天主教的殉教者為老大，「顯然沒有實證上的基礎」。

人人都有知的權利

　　根據最近英國《自然》（*Nature*）期刊的報導，詹森正式去函美國國家科學基金會，要求組織委員會獨立審查蘇洛威在《生而叛逆》一書中所用的研究方法。詹森對《自然》期刊的記者解釋，他的理由是蘇洛威從美國國家科學基金會申請經費撰寫《生而叛逆》這本書，然而「作者逃避閃爍的態度、研究方法的差異以及數據的不一致，還有作者極力阻撓評論文章的發表，這些都指向有獨立調查蘇洛威研究的必要」。蘇洛威則指控詹森「非專業的編輯伎倆」，並且否認詹森的說法。至於公開調查，

蘇洛威告訴記者說：「我只知道我沒有那麼多時間去找出那些資料，我有一大堆事要做。」那些資料包括了他在書中提到的殉教者名單。

其他的記者詢問蘇洛威有關《政治學與生命科學》這份期刊所發生的爭議。下面是加州柏克萊地區的一位報社記者在訪問蘇洛威之後所寫的報導：

在見到蘇洛威的幾分鐘之後，可以立刻清楚地感受到他強烈地聚焦在最近發生的事上。他對此事很憤怒，對批評他的人有很深的不屑。他鄙視那個人，一點也不隱瞞。他說這些人都沒有知識教養，只注重細節，強詞奪理，無法了解他是如何把這本書的資料組合起來的。說到批評他的人時，好像他們都是第三流的討厭鬼，只會做不實的抱怨。他還說他不是唯一這樣想的人。他拿出一封電子郵件，信中他的同事稱批評蘇洛威的人是「一堆笨蛋」……這是蘇洛威和他的支持者堅持的主張：一些沒有學歷、沒有資格的人，攻擊學術界中最閃亮的明珠。蘇洛威說：「就好比湯姆克魯斯（Tom Cruise）被人們緊追著不放，或者八卦小報瘋狂追星一樣。」

我不會去評論蘇洛威自比是湯姆克魯斯，我只談他的邏輯。如果說 A 是對的，B 是錯的，理由是 A 的學歷、資歷比較好，這是錯誤的推理。一件事的真偽不是在於是誰說的，就如詹森在給蘇洛威的信上所寫的：「除非科學變成以學歷為中心的封建制度，不然它一定要開放給任何沒有學歷、沒有正統訓練

的人來參與。科學的歷史更讓我們看到，業餘科學家的貢獻更值得我們保護。」

很有趣的一點是，蘇洛威本身不是老大。根據他的理論，老大才有能力獨裁壟斷、有攻擊性，利用他們較大的體型和力量去保衛他們獨特的地位。

又是一條紅鯡魚：出生別

出生別的效應是真的，它會影響孩子在家庭中的行為。兄弟姊妹互相競爭以得到父母的關愛。大的會照顧小的，但是同時也會指使他們。父母對待老大和後面的孩子有所不同。小孩子都非常清楚這些發生在家庭中的事，有兄弟姊妹的人都清楚地記得他們早年在家中的經驗，一輩子不會忘記。

假如這些經驗對人格沒有可測量得到的影響——假如這些效應在孩子於操場上的行為測量不到，或在成人的人格測驗上測量不到——把它怪罪到家庭中的差別待遇，如睡在雙層床的上鋪或下鋪，未免太不合理了吧！假如老大和老么長久以來家庭經驗的不同，並未在他們的人格留下可見到的差異，難道其他些微的差異反而會留下痕跡？假如孩子的人格沒有受到家庭中的大事影響，那它有可能因為發生在家庭中的小事而改變嗎？

我認為家庭中的環境差別（即出生別）只是一條紅鯡魚，它不是我們真正要找的目標。它不能解釋一般手足間所看到的人格差異，更不要說同卵雙胞胎之間的差異。

最後的嫌犯：基因和環境的相關

這是我的第四條紅鯡魚。現在只剩下最後一個線索，答案就要水落石出了。我可以很快地把它排除，不需要再浪費一章的筆墨。

第五條紅鯡魚是基因和環境的相關。不要把它和基因與環境的交互作用弄混，它們不是同一件事。基因和環境的相關是說，一個人的環境反映出他的基因，或被他的基因所影響。就如行為遺傳學家史卡（Sandra Scarr）所說的：「每個人因自己遺傳到的性格，創造出自己的環境。」每個人的環境不同，有部分是因為他們遺傳到的基因不同。

我們週遭有很多例子。生來漂亮可愛的孩子比較會得到父母的寵愛，別人對他們也會比較友善。那些求知慾旺盛的孩子會被帶去圖書館和博物館。那些喜歡讀書的孩子會選擇志同道合的朋友和有挑戰性的智慧活動。有人比別人更能感受到生活上的壓力，或許是因為他們容易鑽牛角尖（不論是工作上、感情上或其他情境）。就像長得漂亮和學習態度，容易感到壓力也有顯著的遺傳性。

遺傳型（genotype）和環境的相關，有時會因別人對這個人遺傳到的個性的反應而不同，有時會因這個人在社會階層中所扮演的角色，以及他對各種可能性所做出的選擇而不同。最主要的是，環境並非隨機的；根據你的遺傳型，環境在某種程度上是可預測的。所以遺傳型不同的孩子，會在不同的環境中長大。

　　基因和環境的相關製造出我所謂的「非直接的基因效應」（indirect genetic effect）；即基因效應的效應。長得好看的人以及孔武有力的人，受到的挫折比較少，所以他們比較有自信。聰明和好奇的孩子比較喜歡智慧型的活動，所以他們會變得更聰明。那些長得醜、先天條件不好的孩子，行為就更負面了。基因的非直接效應常常（但非一定）有這種惡性循環的現象。

　　標準的行為遺傳學研究法無法區分出直接和非直接的基因效應；這些資料通常是堆在一起的。所以「可遺傳性」包含了非直接的基因效應以及直接的基因效應。這是為什麼批評者抱怨雙胞胎的研究高估了遺傳性，因為他們所觀察到的同卵雙胞胎相似性，可能有部分是來自非直接的基因效應。同卵雙胞胎在外表上非常相似，在脾氣、智力、性向、能力和興趣上也都很相似，這些相似性會引發別人對他們有相似的反應，而使他們在分配什麼時間做什麼事時，得到相同的選擇。假如這些反應和選擇，對他們的人格有任何系統化的影響的話，這個效果應該歸因到遺傳性的變異性，而非不能解釋的變異性。

　　這就是說，雖然基因和環境的相關會擴大對於可遺傳性的估計，但它們不是個別差異之謎的解答。它們使同卵雙胞胎更為相似，而不是更不相似。波洛明和合著者在「為什麼同一家庭的孩子這麼不同？十年後非共享的環境」中問，基因和環境的相關是否可以解釋非共享的環境效應？「不能，」他們說，「那些無法解釋為何同卵雙胞胎會不一樣。」

　　然而，著名的行為遺傳學家，如史卡和布查（Thomas Bouchard），都提出人格發展是基於基因和環境相關的理論。另

一個例子是精神科醫生賴斯在他的書中對 NEAD 研究所提出的理論。賴斯不滿意這項研究的結果，想要把家庭環境放回他認為是對的地方；他認為基因和環境的相關或許可以幫得上忙。例如他說：

> 青少年可遺傳的人格特質，可能會中斷他們與父母之間的關係。這個關係的中斷對將來這個人格特質是否會演變成反社會行為，可能是個關鍵。

更直截了當的一種說法是，中斷的親子關係與嚴重的反社會行為，可能都是可遺傳性人格特質的結果。但是這和我們的目的並沒有關係，因為這兩者都不能解釋「不能解釋的變異性」。中斷的親子關係是非直接的基因效應，所以它們應該被歸因到基因的變異性和可遺傳性上面去。

賴斯想解釋基因是如何作用的。這也是史卡的目的；布查也是一樣。布查在一篇論文的副標題，就清楚說明了他的目的：「基因如何驅動經驗和塑造人格」。

我的目的不一樣。我對於基因如何塑造人格沒有興趣；我有興趣的是環境如何塑造人格。下面是布查在文章中解釋人格的差異為什麼不是基因上的關係：「一個非創傷性的環境因素，如何能對成人人格的變異性產生決定性的影響，而這變異性是在可接受的正常範圍之內，這點到現在仍是未解之謎。」

現在，我要開始整合這些線索，準備收網來解謎了。

第五章

人和情境

很顯然地，我所要找的凶手很狡猾，這個壞人製造出各種不同的人格，是一般基因所不能製造的。是的，它甚至使在一起長大的同卵雙胞胎之間產生人格差異，或者把這個差異擴大。

我要找的這個壞人是人格的塑造者。要解開個別差異之謎，我必須找出人格是怎麼形成的。我假設這個塑造必然有它的目的——演化提供人類某種程度的彈性，使人類能夠因自己的經驗而受益。人們有不同的人格，不只是因為他們有不同的基因，同時還因為他們有不同的經驗。

人類透過我們所謂「學習」的歷程，從經驗中得到益處。主張人格是受到經驗的塑造的任何理論，都可以被認為是一個學習理論。所以，為了要了解人格是如何被經驗塑造的，我們必須先了解什麼是學習，尤其是人類如何學習。因為大部分的人格塑造是發生在生命最初的二十年，所以我們必須要了解年輕人如何學習。

早期經驗和類化學習

我已經檢視並且排除了五個可能的嫌疑犯。我在第二章中就指出，人格差異並不是因為環境的差異，也不是基因加上父母提供的環境和基因的交互作用的結果。剩下的可能性我在第四章中排除了：家庭中環境的差異以及基因和環境的相關。

五條紅鯡魚，沒有一個是人格之謎的解答。它們的預測都與證據不符，它們都不能解釋同卵雙胞胎之間的差異。然而，海裡還有很多的魚——其他的人格發展理論有可能解答嗎？

　　抱歉，它們也不可能。在你認為我上句話很無理之前，請
先聽我說明我的理由。我彈指就可以擊倒所有現行的人格發展
理論，因為它們都是基於同一個學習假設：學習行為或學習聯
結是自動遷移（transfer）的，會自己從一個情境移到另一個情
境。這些理論都有一個共同的理念，即孩子在一個情境中所學
會的（通常是在家庭中），或與一個社會夥伴（通常是媽媽）所
學到的，會影響他們在別的情境與別人在一起時的行為和他們
的情緒感覺。

　　提出這種假設的人特別注重早期的經驗，他們認為早期
所學的會影響後來的行為。心理分析的理論就是一個最好的例
子，它所衍生出來的依附理論（attachment theory）也是。現代
的依附理論認為，當你在嬰兒期時，如果和母親不來電，你這
一生就完了，你所有的人際關係都很可能失敗。第一個有名的
行為主義者華生（J. B. Watson）也把學習的重點放在嬰兒期；
雖然他是把你後來的不成功，歸因到你在嬰兒期所受到的反射
制約。甚至著名的瑞士發展心理學家和認知科學家皮亞傑（Jean
Piaget）也認為，早期的學習很重要。下面是一段摘錄自皮亞傑
的話：

　　每天的觀察及心理分析的經驗都顯示，最初的人際基模
（schema）會影響日後「類化」（generalization）的準則，影響對
旁人的應用。一個剛學會說話的孩子，他的第一次人際經驗會
跟他的父親相聯結，不管這父親是善解人意還是獨斷的，是溫
暖還是冷酷的……這孩子會把所有別人的經驗，同化到他父親

的基模上。從另一方面來說，他與母親的感覺也會影響他愛人的方式，甚至影響一生。因為他會把後來的愛同化到他最初的愛上，而這最初的愛塑造了他最深層的感覺和行為。

　　我並不是第一個質疑這個觀點的人。1968 年，當時在史丹佛大學心理系任教（現在在哥倫比亞大學）的米契爾（Walter Mischel）教授，就出書直接抨擊這種人格心理學。這結果就是所謂的「人與情境的爭議」（the person-situation controversy）。

　　米契爾把我的注意力引到皮亞傑對「第一個個人基模」（first personal schema）的類化所說的那段話上。米契爾引用了有關父親基模的那部分，然後舉證出一個人跟他父親之間的關係，與他後來與權威性人物之間的關係，沒有或是只有一點相似。他說：「例如，一個人對他父親的態度，與他後來對老闆的態度，只有 0.03 的相關。」

　　米契爾所提出的其他證據，是與道德行為和道德判斷有關的。在家裡不說謊、不欺騙的孩子，在學校裡或操場上可能會作弊；在教室中誠實的孩子，在操場上可能會欺騙。孩子有機會時會不會作弊，跟他在關於道德判斷的紙筆測驗上的作答，幾乎沒有關係；他們在做道德測驗時的答案，跟施測的地點有部分關係。米契爾結論道：「道德行為的資料並未支持大家普遍接受的心理動力學概念，認為道德與超我（superego）有關。」

　　我可以更簡化米契爾的話：「人在不同的情境會有不同的表現，他說，這個與人格心理學有重大關係。」

　　我們直覺認為，人的人格特質具有一致性……一個人顯然不需要在新的情境中重新學習所有的事情。他對新情境的反應，的確受到先前經驗的影響。這個經過實證的行為一致性，並沒有強大到可以使得人格具有廣大類化的特質……人格的確具有高度類化的特質，這其實有部分反映的是由觀察者所建構出的行為一致性，而不是受試者實際的行為一致性。

　　米契爾是說，人格的一致性根本就是個錯覺。就好比情人眼裡出西施，是你的眼睛在作怪。我在第一章中有提到「基本歸因錯誤」，我舉的例子是，受試者相信，在實驗室對他們態度惡劣的研究生，在超級市場也會對他們態度惡劣。我說這個基本歸因錯誤是人類的通病，是每個人都有的錯覺。就像你在下面的例子中所看到的。

　　這五個圖中的灰色圓點都是一樣的，但是我們會認為在淡色背景中的灰色圓點顏色比較深，在深色背景中的灰色圓點顏色比較淡。就如平克教授在《心智探奇》一書中所說的，我們的視覺系統並不會騙人，會騙人的是我們的大腦，它依過去的經驗來解釋現在的情境。在這個例子裡，大腦的目的是去辨認物體。這是一團煤炭還是一堆雪？一個物體所反射出來的光與

整體的照明有關，攝影師的光度表會告訴你，室外一團煤炭所反射出來的光大於室內的一團雪球。我們的視覺系統很聰明地作了補償，所以不論我們在室內或室外，都會覺得煤炭很黑，雪球很白。這個錯覺是我們的視覺機制對認知心理學家所說的「亮度恆常」（lightness constancy）所作的反應。

亮度恆常有時也會讓我們犯錯，但是在一般的情形之下仍有助於我們正確地辨識物體。「因為我們的感官所送進來的訊息常是不完全且不完善的」，平克解釋說，「因此大腦就必須借重別的感官訊息，並且透過我們對外界已知的假設，來使這個訊息有意義。」偶爾，外界會違反我們的假設，結果就產生錯覺，但是大多數時候我們的猜測是正確的。這就是為什麼平克把大腦的猜測稱為「有智慧的猜測」（intelligent guess）。

基本歸因錯誤是一種來自「人格恆常」（personality constancy）的錯覺。我們的心智機制使我們在看某一個人的人格時是相當一致的（比機械化的測量裝置還要一致），不論我們是在室內或室外看到他，是在實驗室中或在超級市場裡看到他。就像我們認為煤是黑的、雪球是白的一樣，我們認定這個人是友善的，而那個人是惡劣的。

基本歸因錯誤的普遍性顯示，這種偏見是有利的。對我們的祖先來說，利一定大於弊，它才會保留下來。人們的行為或多或少有一定的一致性；人格也是一樣。

米契爾並沒有否認人格的一致性，他只是說，這個一致性比你想像的少。

米契爾屬於心理學中的認知行為學派。換句話說，他是個

環境主義者。他那本震撼人格心理學的書是在 1968 年出版的，當時正是環境主義者的黃金時代，也沒有任何行為遺傳學家可以欺壓（就算有，他們當時也會非常低調）。米契爾對於我在第二章所提到的那些行為遺傳學的任何證據一無所悉，因為那些研究當時根本還沒有做。

當米契爾否認人格有恆常性時，他不但否認了早期的學習有類化作用，同時還否認了人天生會傾向用某種方式做事情；換句話說，基因對人格有影響。他反對基因型對於各種情境的行為有影響力。

我們現在知道，米契爾認為人格沒有先天的成分是錯的。但是其餘的部分他是對的：人在不同的情境會有不同的表現，而「個人基模」（personal schema）也不會類化到別人身上。

不同情境的行為差異

我在《教養的迷思》一書中曾談過，人在不同的情境中，行為會不同（我整整花了一章的篇幅來談它）。但是我從來沒有說，人在兩個不同情境下的行為無相關；米契爾也從來不曾這樣說過，他只是說相關很低而已。我的重點在於，這個相關是出乎意料的低，尤其是我們根據行為遺傳學的研究已知，基因可以解釋 45％的人格變異性和社會行為。

你的基因是永遠跟著你的。我們天生就有順從別人或不順從的傾向，以及積極進取或是害羞，這些傾向會隨著我們到各種社會情境去。我在前一章中提到，有一項研究發現孩子的壞行為與父母的相關是 0.19，與同儕的壞行為的相關也是 0.19。

我指出，有些研究者可能沒有想到，這些孩子可能遺傳到一些特質，使他們不論去哪裡都會表現出不順從、有攻擊性的行為，而這種行為傾向可能是家庭行為與操場行為有相關的原因。

多虧最近十幾年來發展出「多變項基因分析」（multivariate genetic analysis）的新技術，行為遺傳學家現在可以深入去探討這個現象了。多變項基因分析可以找出基因和環境分別對於不同情境或不同時間所做的行為之間的相關的影響程度。研究者藉由這個方法發現，孩子在實驗室和家中的害羞或抑制行為的相關中，基因幾乎是所有的原因。當一個孩子在實驗室和在家中都很害羞（或不害羞），這是因為他有一個先天的傾向會做出這種行為來；他的活動程度也是一樣，有的孩子天生好動。在實驗室與學校的活動程度的相關中，基因占了百分之百的解釋性。順便提一下，在實驗室和在學校的活動程度的相關是 0.19。

基因也是人格或人的行為長期以來的延續性的主要原因。這個發現有很重要的意義。有些人格特質很早就出現，並且從童年期一直持續到成人期，這並不是說環境對人格的效應必須很早發生。證據顯示，這些很早就出現而且很穩定的人格特質是天生的，而不是早期經驗的關係。這表示環境對人格的影響，可能出現在發展的後期，而不是如許多理論家所假設的那樣。

現在的問題不是怎麼去解釋行為的連續性或一致性，而是當人格的可遺傳性有 45％，為什麼沒有更多的連續性和一致

性？

有一個答案是，基因不但跟穩定性有關，同時也跟改變性有關。雖然基因在我們一生中都不會改變，但是有些基因比較早表現出來，有些比較晚（例如決定女生胸部大小或男生禿頭的基因就表現得比較晚）。

同時，在不同情境的行為，可能受到不同組基因的控制。研究活動程度的研究者發現，基因不但影響實驗室和學校行為的相似性，同時也是一些相異性的原因。有些基因會影響某一特定情境，有些影響另外的情境，或許是因為所測量的行為不同，比如說在實驗室中測量的是坐立不安的焦躁情緒，而在學校測量的是對於活動比賽的參與程度。

但是不同情境中的行為差異，基因只能解釋一小部分。米契爾假設，大部分的差異來自學習，而我同意他的說法。就如他所說的：「個體對環境的區辨力非常強。」那些在家裡不聽話的孩子，在同學面前不敢放肆，因為他知道父母會忍受他的無理行為，而同學不會。那些在同學面前亂來但在家中不敢放肆的孩子，可能是因為他長得高大，可以欺負其他弱小的孩子，但是他還沒有強壯到可以頂撞他的父母。在前一章中，我提到有研究顯示，老大在家中比較有侵略性、很兇悍，但是在學校中並不會。孩子很會區辨環境，知道哪些行為不該做。

那麼，嬰兒又如何呢？啊，我們終於走到問題的核心了。

嬰兒的走馬燈實驗

類化還是區辨？假如你正在設計一個嬰兒，這就是你應

該要決定的了。因為沒有任何兩個情境是完全一模一樣的，假如沒有類化，學習就不可能有效果。在一個新的（但是相似的）情境中重複一個已經學會的行為，想必比重頭學一個新的行為容易些。但是從另一方面來說，假如這個行為在新的（但是相似的）情境中並不適當，那麼重複之前已經學會的行為可能是很危險的。因此，嬰兒的設計者必須在過度類化（overgeneralization）的風險以及類化不足（undergeneralization）的無效率中取得平衡。

但是，只有在心智的儲存空間超出它應有的容量時，類化不足才會是個嚴重的缺點。假如嬰兒心智的儲存空間是無限的——他可以學會任何新的行為型態，並知道該在何時、何地表現出來——那麼類化不足就顯得是種安全的策略。

證據顯示，嬰兒的心智正是這樣設計的。嬰兒常因類化不足而犯錯，很少因類化過度而犯錯。演化提供了人類幼兒很大的大腦，甚至大到使嬰兒很難通過產道。但是當類化不足而導致效率不彰時，演化又聳聳肩不管了。

正如發展心理學家羅伊科力兒（Carolyn Rovee-Collier）和她同事的實驗所顯示的，嬰兒最初的傾向是區辨，而不是類化。羅伊科力兒先教嬰兒一個把戲，她把絲帶綁在嬰兒的腳踝上，另一端則綁在搖籃上的走馬燈。當嬰兒的腳踢動時，走馬燈就會轉。大部分的嬰兒發現自己能使走馬燈轉動都很高興，他們會一直踢動綁有絲帶的腿，而好幾天以後他們還記得這個把戲。但是，假如搖籃上的走馬燈換了顏色或花樣，或是搖籃從臥室搬到了書房，他們就不會踢腿了。他們會盯著走馬燈

看，好像這輩子從來不曾看過這個東西一樣。

無預警的類化失敗，也會出現在較大一點的嬰兒身上。當嬰兒在八、九個月大開始爬行時，他們會試圖去爬一個對他們來說太陡的坡。發展心理學家阿道夫（Karen Adolph）曾訓練嬰兒爬一個鋪有地毯的斜坡；這個斜坡的斜度是可以任意調整的。當斜坡太陡時，嬰兒會滾下來，落在底下的軟墊上。在嘗試幾次之後，嬰兒學會了哪種斜度的斜坡是他們可以安全爬越的，而哪種斜坡對他們來是太陡的。

然後，這些嬰兒開始學走路了。讓人驚訝的是，從爬到走竟然沒有發生學習的移轉。在學走的第一個禮拜，嬰兒嘗試去走以前使他滾下來的斜坡；這裡顯然沒有發生學習移轉，因為他沒有從爬坡時會滾下來的經驗中學會這個斜坡也是不能走的。

羅伊科力兒和阿道夫的研究與運動學習有關，她們的研究讓我們知道，嬰兒藉由學習機制得到身體方面的技能。這個機制顯然出廠時就有瑕疵：它不太願意去類化。然而，我們都知道類化確實會發生。米契爾說：「很顯然地，一個人不需要在每個稍有不同的新情境中，重新學習每一件事。」你走進一個黑暗的旅館房間，你會很自動地去摸電燈開關，你不需要在進入每個新房間時，重新學習如何去開燈。在家裡學會用杯子的小孩子，進入托兒所後，不必重新去學喝水的技巧，雖然情境和杯子都不一樣了。

所以，問題不是類化有沒有發生，而是什麼時候發生？在哪裡發生？嬰兒何時會認為兩個情境是一樣的？何時又會認為

是不一樣的？他們的經驗如何讓他們知道一開始他們認為是不同的兩個情境，其實是相等的？

天生的相似性空間

羅伊科力兒的實驗再次提供了我們想知道的訊息。她發現要教嬰兒在不同的房間或對不同的走馬燈踢腿很容易，只要在訓練時用好幾種不同的走馬燈，或在好幾個不同的房間訓練，嬰兒很快就學會了這個在很多不同的情境都適用的規則：踢腿，走馬燈就會動。在我們眼中，在臥室裡踢腿就能轉動走馬燈的把戲，明顯地在書房裡應該也行得通；嬰兒不是生下來就知道這個規則，不過他們很快就學會了。

很有趣的是，這仍然沒有解決我們的問題。假如改變訓練的情境就能讓嬰兒去類化踢腿的動作，那麼為什麼他們不會自己學會？畢竟世界上沒有任何兩個情境是完全相同的，即使懸掛在搖籃上的走馬燈沒有變，房間也沒有變，但是其他東西一定有不同。或許嬰兒第一次看到走馬燈時，太陽從窗戶照射進來，而第二次則是個下雨天；為什麼嬰兒會把在光亮的房間所學到的技巧，很自動地類化到陰暗的房間，但是不會從臥室類化到書房呢？

絕對不會有兩個一模一樣的情境，這就是如平克教授所說的，為什麼我們一定有一個「天生的相似性空間」（innate similarity space）。嬰兒一定比較注意某種差異而忽略其他差異，這個天生的相似性空間會決定嬰兒認為這個情境是否跟以前的情境一樣。因此，要知道嬰兒如何把一個連續性的經驗切割成

不同的情境，我們必須知道嬰兒的心智如何運作。就像心理學家葛瑞（Peter Gray）所說的：「你無法預測個體類化到另一個情境的程度，除非你了解一些個體心智的概念。」假如兩種刺激會引發不同的心智概念，類化可能不會發生，即使這兩種刺激的形狀、大小、顏色都很相似。假如兩種刺激引發相同的心智概念，就表示這個個體不能區辨出兩者的不同，他就很可能會做出同樣的反應。嬰兒可以從經驗中習得，同樣的心智概念可以應用到兩個情境中，雖然一開始時，它們在「天生的相似性空間」中的位置不同。

關於嬰兒依附的研究，也提供了許多有關嬰兒天生的相似性空間的有用訊息。我之前開玩笑說，假如你在出生的頭十二個月跟母親沒有來電的話，你的一生就完了。現在我將很嚴肅地來討論這個議題。

根據依附理論，嬰兒發展出一種所謂「工作模式」（working model）的心智概念來解釋與母親之間的關係。研究者把嬰兒和他母親放入陌生的實驗室情境，然後當母親再走進來時，觀察嬰兒的反應；研究者用這個方式來評估嬰兒與母親關係的品質。根據依附理論，假如嬰兒有發展出「安全的依附」（secure attachment），那麼他看到母親再進來時，會很高興地讓母親抱，並讓母親拭去他的眼淚。但是沒有安全依附的嬰兒不會理會他的媽媽，或繼續哭，或對媽媽又推又抱。研究者發現，如果母親有好好照顧嬰兒、對他的需求有反應，那麼孩子會發展出安全的依附。

研究者用依附理論來解釋嬰兒的行為並沒有什麼不對，

我也認為嬰兒真的有形成一個工作模式來解釋他與母親之間的關係，並且發展出預期、知道母親會怎麼回應。根據過去跟媽媽相處的經驗，嬰兒會認為媽媽是一個很可靠、可以化解他的不舒服的人。相對地，他也可能知道，在這種情況之下，媽媽沒有什麼幫助。然而（這裡就是我與依附理論分道揚鑣的地方了），他的一生不會因此而完了，因為他母親並不是他一生中唯一的人，而且他也不會預期每個人都一樣。一個從出生就不曾經驗過任何壞事的嬰兒（在一歲前，除了愛與仁慈，不曾接受過任何其他待遇的孩子），在陌生人接近要抱他的時候，仍然會大哭。

基本歸因錯誤是說，大人預期別人的行為會有一致性（會比真正的行為更一致）。依附理論者認為，嬰兒也有同樣的偏見。對參與實驗的嬰兒來說，實驗室是個完全陌生的情境（他從來不曾待在這個房間過），然而，他預期母親的行為會跟在比較熟悉的情境中一樣。她可能穿不同花色的衣服，或是梳著不同的髮型，但是她仍然是他媽媽。基於過去跟媽媽相處的經驗，嬰兒會預期母親對他很有或很沒有幫助，但是他不會把這個經驗類化到別人身上，即使那個人和媽媽同樣性別、同樣年齡、同樣膚色；他絕不會向陌生人伸出雙手。

研究者發現，當嬰兒跟罹患產後憂鬱症的母親相處時，也會很冷漠，很畏縮；但是當他們跟其他日常照顧者相處時，行為就很正常，比較活潑。研究者說，他們退縮、安靜的行為，只會出現在與憂鬱症母親的互動中。

一種行為是否會從一個情境類化到另一個情境，完全要看

個體認為這兩個情境是否相同。對人類來說，最顯著的線索大概就是演員名單——假如這個人行為不一樣，那麼這一定是齣不同劇本的不同演出。

我在第一章中有說過，嬰兒天生就對區辨人有興趣，他喜歡收集人的資訊。當他一出生，他收集與人有關訊息的機制就啟動了。一個有憂鬱症母親的嬰兒，並不會預期每個人都有憂鬱症；一個很受母親關愛的嬰兒，並不會期待每個人都很愛他。嬰兒可以很安全地依附在一個照顧者身上，也會對另一個照顧者沒有安全的依附。

就像其他的發展心理學家發現，孩子的害羞或不乖行為與情境的不同有弱相關，依附研究者也發現，孩子對母親的安全感與他後來在其他社交場合（如與同儕的友誼）的成功有弱相關。我對這些相關係數的解釋都一樣：它們不是類化的結果，而是基因對所測量結果的影響。依附研究者所用的研究法，並沒有控制受試者基因上的差異。我想他們得到的相關是一種證據，證明孩子天生的個性，包括外表形象，會幫助或阻礙他以後在各種社交情境的成功。孩子可愛的臉龐或迷人的笑容會使母親特別疼愛他，也會使他跟別人相處時（包括同儕）受人歡迎。

大腦神經生理的發展

早期經驗對後來的行為還有另一種影響；不過這種影響並不符合類化的學習歷程。早期經驗的存在與否，可能會影響大腦神經生理的發展，因為每一種的學習歷程都對大腦有神經生

175

理的效應（強化突觸的連接等等）。你可能會覺得奇怪，我如何區辨出這兩種歷程？或許最好的解釋方法就是給你一個例子。

第一個例子跟視覺有關。神經科學家修伯（David Hubel）和魏索（Torsten Wiesel）的研究顯示，在小貓出生後的關鍵期內，可以永久地改變貓的視覺系統；他們也因為這個研究而獲得諾貝爾生理及醫學獎。我們的視覺系統必須要接收到外界的刺激才會正常發展，假如小貓在關鍵期內只有一隻眼睛看得到東西，另一隻眼被縫起來了，那麼，那隻被縫起來的眼睛即使在關鍵期後拆了線，也看不到東西。這裡的問題不在眼睛，而在大腦；那隻被縫起來眼睛的大腦部分，已被別的功能拿去用了。

第二個例子與語言有關。假如嬰兒在出生後的頭幾年沒有接觸到語言（包括手語），他以後的溝通功能就會有缺陷。通常這種情形是父母不知道孩子生下來就失聰，或是不知該怎麼辦，所以孩子後來才接觸到手語（如果聽力缺陷是可以矯正的，則後來接觸到的是口語）。那些沒有在學齡前及早接觸到手語的失聰兒，他們將來的手語表達能力也不會很好。手語能力最強的，通常是聾啞父母所生下的聾啞兒，因為他們在嬰兒期就接觸到手語。在那些極少數的不幸案例中，直到青春期才有機會接觸到語言的孩子，他們永遠無法真正掌握那個語言。❶

最後一個例子是依附。現在有些證據顯示，孩子若在出

❶ 譯註：最有名的這種孩子是吉妮（Gini），她直到十三歲才被救出，在這之前不曾接觸過語言。吉妮雖然有加州大學洛杉磯校區的語言學家教導她，她的語言一直無法正常。她會說話，但是句子不完整，有文法錯誤。

生後的頭兩、三年未形成依附關係，會對他將來形成親密關係
的能力造成永久傷害。在一般正常的情境下，所有的嬰兒都會
形成依附關係；這就是為什麼依附理論家只說安全依附與不安
全依附，而不談有依附或無依附。即使遭到母親虐待的嬰兒，
也會對母親形成依附，只不過很可能是不安全的依附。一般只
有在最糟的孤兒院，才會看到無依附的孩子。最近有一項關於
羅馬尼亞孤兒院的研究發現，有些孤兒（不是全部）有持續性
的不正常社會行為。這些孩子到了六歲還不會區分朋友或陌生
人，他們對所有大人都一視同仁，也不會去找養父母抱，去尋
求慰藉。但是就如我所說的，並非所有孤兒皆如此。研究者並
不確定為什麼有的孩子不受早期受虐經驗的影響。或許他們的
基因比較有適應性，或許他們在孤兒院中找到其他人去形成依
附。有實驗證據顯示，至少在某種程度上，對於其他孩子的依
附能夠取代對於照顧者的依附。把年長的孩子當作照顧者來形
成依附，對孩子是有利的。

　　對猴子來說也是一樣。我在第三章有講過，恆河猴的嬰兒
如果一出生就與母親分離，但與其他同年齡的小猴一起長大，
牠會沒事，可以正常成長。不過，研究者發現，由母親扶養的
小猴和由同儕扶養的小猴之間，還是有些微差異。這些差異並
不令人驚訝；由同儕扶養的猴子並不在正常範圍之內。沒有媽
媽在身邊，一個哺乳類的嬰兒絕對不可能在野外存活，所以牠
的大腦會「預期」有個媽媽在身邊。就像牠預期出生後會有規
則性的視覺刺激，使視覺發展能精密調整至具有完全的功能一
樣。

但是大腦的發展不是隨便來的。只要視覺刺激，或母親，或語言，落在這個種族可接受的正常範圍之內，精密調整（fine-tuning）的作業就會啟動。只有非常不正常的情況，如嚴重剝奪接受任何刺激，才會引起永久性的傷害。環境只需滿足最低的需求即可；只要超越最基本的需求，就無法證明質或量的變異會造成差別。那些會看著漂亮圖片或精緻走馬燈的嬰兒，他們並不會發展出比家徒四壁的孩子更好的視覺系統。

現在也沒有證據顯示，這些早期經驗會使大腦永遠期待同樣的刺激。最初接觸到的語言是波蘭語、韓語或手語的幼兒，如果後來發現他的生活語言是英語時，並不會學習得比較不好。失聰父母的正常兒女一般都是先學手語，但是很快就會對家門以外的語言得心應手。孩子最早學的是什麼語言，其實都不要緊，只要是語言即可。孩子很可能會碰到家門外的語言跟家門內的是不一樣的情境。

依附也是一樣。只要嬰兒在出生後的頭幾年找到對象形成依附關係，發展就會依計畫進行。假如第一個關係沒有發展得很好，孩子還有機會，說不定第二個會更好，他並不會預期所有人都跟他母親的行為一樣。假如由你來設計一個嬰兒的話，這難道不會是你設計的方向嗎？假如這個孩子碰巧有個虐待他或忽略他的母親，而他也設法活過她的魔掌了，為什麼我們要把額外的負擔加到這個可憐孩子的肩頭上？從演化的觀點來看，目標應該是盡量減少早期不幸經驗的傷害。

現行人格理論的驗證

　　我在本章的開頭曾說，目前所有流行的人格理論都是基於一個假設，即孩子在一個情境所學的經驗會影響他在不同情境的行為，他與某一社會夥伴的互動也會影響後來他與別人的互動。這個假設很難測試，主要是因為基因的影響也會在不同的情境得出相似的行為。所以，要有效驗證這個假設，必須要有某種方法可以去除或控制基因所製造出來的誤導效應。

　　我前面曾經提出兩個可行的方法。第一就是用行為遺傳學的方式。行為遺傳學家的證據並不支持這個假設，他們不認為在家中的行為模式會影響家門之外的行為或人格。他們也不支持依附理論的預測，兩個人（即使是同卵雙胞胎）從出生就被同一個母親照顧，在人格上不會比兩個不同媽媽的人更相似。

　　第二個方法是出生別的研究。我在前一章提到這個研究法的強處，即老大和老么在基因上沒有系統化的差別，但是他們在家中的經驗卻有系統化的不同。出生別的研究，並不支持家中習得的行為模式會類化應用到家庭以外的情境去。老大在家中比較兇悍，然而在學校操場卻未必。成年之後，老大和老么在人格測驗上沒有一致性的差異。

　　第三個方法是去看未受基因影響的社會行為在不同的情境下會如何表現。我最喜歡以語言為例。雖然語言的習得要靠大腦中特定的機制，但是一旦習得了語言，它就變成社會行為了。它對社會情境很敏感。然而，不像別的社會行為，語言是不受基因影響的。方言的不同並非來自基因的不同，孩子不是

生下來就傾向於學英文或波蘭文或韓文，或是講南方口音或上流社會口音。這些完全是後天習得的。

當我們從語言和口音上去除了基因的影響後，從一個情境到另一個情境的外表上的行為就消失了。一個從出生就在家中講波蘭語的孩子，假如他在以英語為母語的社區中成長，他的英語也不會有口音，雖然他在家中仍繼續與他的父母說波蘭語。外來移民的孩子從來不會弄混兩種語言情境；他們父母的外國腔調絕對不會在他們與同儕說話時洩漏出來。

這個現象跟調節社會行為有關，我們可以從英國認知科學家巴隆科恩（Simon Baron-Cohen）研究自閉症孩子的實驗中看出。他發現，外來移民父母所扶養的自閉症兒童會和他們的父母一樣有外國腔調和口音。

語言的例子也顯示出，在不同情境的行為一致性，並沒有因為基因的關係就一成不變。大部分在英語系國家長大的孩子，在家和在學校都說英文；這並不是因為他們遺傳到說英文的傾向，而是他們藉由經驗知道，在不同的情境說英文都可以通。他們的行為（說英文）在不同的情境都相同，是因為他們在不同情境的經驗是相同的（聽別人說英文，了解別人所說的英文）。

有些行為在不同的情境都適用，例如說英文；其他的行為只有在家中有用，但在別的地方就不適用，例如攻擊性。這種在什麼場合說什麼話的需求，從童年到成年都一直存在。現在很多父母教導孩子，表達自己的情緒是健康的、是可以的。假如你想哭，你就放聲大哭；假如你需要一點愛，你就伸開雙

手抱住我。這些行為在家中是無妨的，但是如果帶到公眾場合去，可能就會惹來麻煩。一個在學校裡愛哭的孩子會被取笑或捉弄，甚至沒有人要跟他玩，更不要說隨便伸手去抱別人了。

科溫夫婦的介入研究

第四個驗證這個假設的方法是，做一個實驗來看在家中習得的行為會不會類化到其他情境去。

發展心理學大部分的研究都不是用實驗的方式，而是觀察。但是父母帶孩子的方式其實不是隨機的，他們的行為有部分是對孩子行為的反應，而這是受孩子基因的影響。這部分說起來是父母本身的基因，因為孩子的基因來自父母。所以一個嚴格管教孩子的家庭，在基因上可能就跟比較放任式的家庭不同。他們也可能有其他方面的不同，如社交地位等等。

同樣的問題也存在於醫學上的研究。醫學研究者知道，如果讓受試者自己選擇治療的方式會得出誤導的結果。這就是為什麼醫學研究的「黃金標準」是完全隨機的控制——受試者隨機分派到實驗組或控制組。隨機分派才可以確定兩組受試者的系統化差異是來自治療上的差異。原先受試者的所有差異（原先的健康狀況、對健康議題的態度、日常生活的方式）都因隨機分派而抵消掉。不過，前提是受試者群必須很大，才能相互平均掉中間的差異。所以用完全隨機的分派方式，可以使兩組受試者在實驗開始時差不多相等。

在發展心理學上，相當於上述的隨機控制法是所謂的「介入研究」（intervention study）。在一個設計良好的研究中，父母

親被隨機分派到介入組或控制組;在介入組的父母學習用比較好的方式來教養孩子,即實驗者認為比較好的方式。然後研究者會觀察父母行為的改變有沒有造成孩子行為的改變。

假如介入法成功地改變了父母親在家裡的行為,那麼研究者就可能發現孩子在家中行為的改變。現在的問題是,孩子行為的改變會移轉到其他情境嗎?在家中比較不惹麻煩的孩子,在學校裡也會比較安份嗎?

在 NICHD 的研討會中(我在第三章提過這個研討會,就是靈長類動物學家蘇歐米指控我不知道什麼叫交互作用的那個研討會),我演講時說我的理論預測,改進親子關係的介入設計可能會改變孩子在家中的行為,但是不會改變他們在學校中的行為。

在聽眾提問的時間,沒有人站起來告訴我說我錯了。相反地,會議結束後,有三位非常有禮的介入學派學者很和藹地跟我說,現在有非常多的證據顯示,對父母的介入會改進孩子在校的行為。

事實上,有一項支持介入的研究就在研討會當天下午被報告出來。研究者為科溫夫婦(Philip Cowan and Carolyn Pape Cowan),他們都任教於加州大學柏克萊校區,先生是該校人類發展所的主任。他們那天發表的是,介入研究顯示,父母親教養孩子的方式是重要的。

很遺憾我未能在場聽取科溫教授的報告(我因為身體狀況不好,必須提早回旅館休息,所以沒有全程參與研討會),但是後來我送電子郵件給科溫教授,請他把演講稿寄給我。他很客

氣地立刻寄來了，同時也很樂意在電子郵件上回答我的問題。我以為他是很誠心地要說服我，但我錯了；我發現介入派學者很像傳教士，他們一心要向你傳教，免得你落入地獄。

科溫教授的講稿一開頭先是批評了發展心理學一般所用的方法，他解釋為什麼相關的數據是模稜兩可的，不可用來當作父母影響的證據，哪怕這個研究是長期追蹤孩子的表現。科溫說，要釐清相關研究所帶來誰是因、誰是果的問題，最好的方法是介入研究。他們的介入研究是一個長達四個月的團體諮商計畫，專門設計來改善父母的婚姻關係以及親子關係。他們發現，父母的行為對於孩子的行為扮演了重要角色。他們說，假如你改善了父母彼此的關係，你也改善了他們跟孩子的關係，那麼孩子在學校的表現就會進步；孩子在幼稚園時的行為問題較少，學業成就較高，而進入一年級時適應得較好。

他們的結論很有力，但是我無法了解他們的數據；科溫夫婦用「潛在變數路徑模式」（latent variable path model）這種複雜的統計方法來分析他們的資料。我要看的是實驗組孩子跟控制組孩子之間的差異，但我找不到，所以我請求科溫教授為我指引迷津：

　　你說……「當父母親改用比較正向的管教方式時，孩子在幼稚園的表現比較好。」我不太清楚這是什麼意思。這是說介入法的正向效果，只會在父母對介入法有正向反應的那些孩子身上看到嗎？只有當父母的婚姻關係和教養方式有可測量得到的改進時，他們的孩子在學校裡才有進步嗎？

解釋結果的方式是對的。在回信中，科溫教授告訴我說，研究結果正如他們所預期的，介入會改變父母的行為、改變孩子的表現：

我們預期所有參與介入研究的父母，他們的孩子都會受益嗎？不是，只有父母有改進的孩子才會受益。這是我們所預期的，也是我們所發現的。

嗯，所以那些受到介入法教導而有所改進的父母，他們的孩子在幼稚園表現得比較好。等一下，這個分析不是把你的實驗變成了相關的研究了嗎？你在尋找的不就是在介入組中父母和子女的相關嗎？為了要證明介入法對孩子在學校的行為有效應，你不是應該先找到介入組和控制組的孩子有不同嗎？這不是完全隨機分派最主要的精神嗎？

當我向科溫教授表達我的疑慮時，他當然有點不高興了。「有幾十個介入研究都顯示父母對子女有介入的效應，且都是測量家庭以外的行為。」他說，並列出許多研究者的名字。「你完全沒有引用這些人的研究，使我開始懷疑你的開放態度——你不接受不支持你理論的數據。」

啊！我常被指控不願意去看跟我理論相抵觸的數據。但是通常指控者都是含糊帶過。「幾十個研究」，沒有人像科溫一樣把這些人的名字唸出來。他幫了我個大忙，給了我這些人的名字。

徹底搜查後的發現

要去找這些文獻，我需要一個像《時間的女兒》中那個偵探的助手。於是我跟瓊聯絡上。瓊對介入研究做了徹底的搜尋，她把科溫教授所說的以及他沒有說的都找出來了。多虧有了她的努力，現在我有了好幾大講義夾的介入研究資料。

仔細讀起來才發現，這個領域一團糟，許多研究根本沒有客觀地測量孩子在家庭以外的行為；介入法的成功與否是去問父母，讓那些接受輔導或訓練的父母自己來評估孩子的表現；有些研究根本沒有控制組；而在其他的研究中，介入法是在學校及家庭中同時進行——父母和老師都接受訓練如何去應付不聽話的行為。所以，假如孩子在學校裡的行為比較好，你就不知道這是因為父母行為的改變，還是老師行為的改變。我在別的地方有對此做作了詳盡的批評，所以在此不重複。但是有一項研究我要特別提出來，因為這個設計是模範，它的結果清清楚楚，完全不拖泥帶水。

這項研究是發表在同儕審定的期刊上，題目是「從改變中教養孩子：給單親母親的有效預防專案」（Parenting through Change: An Effective Prevention Program for Single Mothers），作者為佛加區（Marion Forgatch）和狄加模（David DeGarmo）；佛加區是科溫給我的建議名單中的一位。這個介入的目的是要減少離婚的母親對於學齡幼子的權威式教養方式。這些母親接受正向教養方式的團體諮商訓練，之後，研究者會定期打電話提醒母親要正向教導孩子，並由研究者來測量孩子在家中及學校

的行為；學校行為的評估則是由不曾接受過訓練的老師來做。這項研究並設有控制組。

乍看之下，佛加區及狄加模的研究結果非常成功。他們總結說，這改善了教養孩子的行為：經過訓練後，介入組的母親比控制組的母親較少使用權威式或強制式的教養方式。此外，教養方式的改進與老師所評估的學校適應力有顯著相關。作者因此結論說，「透過改進教養方式的介入，使得孩子間接受益」。這正是科溫告訴我的結果，而這個結果也是基於同一種統計方式：路徑分析（path analysis）。

不過佛加區和狄加模同時也提供了較簡單的統計方法，但我在科溫的演講稿裡沒有看到：直接比較介入組和控制組學童的表現。「跟我們預期的相反，」佛加區和狄加模承認說，「我們沒有看到介入法在孩子適應上的直接效應。」從學校老師的評估看來，兩組學童在學校的表現沒有顯著差異。

介入研究的強處在於隨機分派受試者到實驗組或控制組。但是路徑分析會產生誤導的結果，因為它跳過了嚴謹的隨機分派控制，而是在父母群中去找誰有聽從介入的建議，誰沒有。分析的結果顯示，那些有聽從介入忠告的父母，他們的子女在學校的表現比較好。但是這些聽從介入忠告的父母並非隨機分派的，他們可能本來就跟那些不聽從忠告的父母有系統性的差別。

順從的偏見

當我在跟科溫通信時，我並沒有了解到這一點。然而同

樣的數據分析錯誤也曾發生在醫學研究中。路徑分析會造成流行病學家所謂的「順從決定的感受性偏見」(compliance-determined susceptibility bias)。下面是一個實際的例子。有一種降血脂的藥物是以隨機分派法進行實驗的,結果顯示每天按時服藥的人,他們的死亡率比那些停止吃藥或不按時吃藥的人來得低。聽起來,這種藥物好像很有效,不是嗎?問題就在於,每天按時吃安慰劑(看起來跟真的藥一樣,但其實沒有藥效,只是維他命或糖片)的人,他們的死亡率更低。所以根本不是藥物的關係,而是每天吃藥與不肯按時吃藥的人之間的差異。他們在人格上有差異,或許在智力上也有差異。這些差異使他們去做了其他的事(除了吃藥或不吃藥以外),而這些其他的事影響了他們的壽命。

這種人格上和智力上的差異,有部分是遺傳的。假如遵照指示按時吃藥的人跟不聽話的受試者之間有人格和智力的差異,他們的孩子可能也有這些差別;而這正是這些孩子在學校裡的表現有差別的原因之一。單就基因因素來說,仔細遵照科溫或佛加區指示的父母,他們的孩子比較會聽老師的話。不論有沒有介入,這些孩子在學校都表現得比較好。就像那些遵照指示按時吃藥的病人死亡率比較低,不論他們吃的是不是藥。

醫學研究人員對付這個「順從的偏見」(compliance bias)的方式是用「特意治療」(intention to treat)來分析資料。也就是說,在實驗開始前就去分好治療組和控制組,而且結果的分析必須比較原始設定的那兩組。病人不能任意換組,否則就不是隨機分派了。科溫夫婦和佛加區及狄加模所用的路徑分析,

就等於允許病人自己決定自己要在治療組還是控制組。

在科溫給我的建議名單中，有位研究者的大名是佛罕（Rex Forehand），他是介入派這個領域的老將，從 1970 年代就開始進行親職教育的研究。由於科溫的建議，我和瓊拜讀了佛罕與別人合著的一篇文章，內容是針對二十年來改變父母行為的介入研究結果的概要。佛罕和合著者指出，父母覺得訓練是有效的，他們的孩子在家裡的行為有改善。「不過，」作者承認，「研究沒有發現孩子在學校的行為有改善。」

孩子在家中的行為有部分是對父母行為的反應。任何改變父母行為的事，像是介入的訓練課程、離婚、生病，都會改變孩子在家中的行為，這是毫無疑問的。所以，或許我在第三章的口氣太強了（我當時說，假如你看到有人要給你忠告，就趕快轉身逃跑）。假如你的孩子不聽你的話，職業的忠告者 ❷ 說不定可以幫上忙，但是要小心他們會誇大其詞地居功。

因為孩子很會區辨情境，所以要改變他們在學校的行為，不是去改變他們父母的行為，而是去改變他們學校的環境。以學校為基礎的介入，如果目標在改善全班孩子的行為，通常可以降低攻擊性及操場上的霸凌。然而，很不幸地，正如我和米契爾所預測的，這些孩子在家中的行為並沒有改善。

證據來得太晚

如我前面所談的，目前所有流行的人格理論都是建立在這

---

❷ 譯註：advice-giver，在台灣叫做「教養專家」。

個基本假設上，即孩子在一個情境學到的行為，會自動移轉到另一個情境去，特別是從家庭移轉到其他的社會情境。如果這個假設是錯的，為什麼這麼多人相信它？

最明顯的原因是，他們錯把基因的效果當成學習的效果。他們注意到，有些孩子在家裡和學校都很害羞，或都很認真，或都很有攻擊性，他們就把這個行為的一致性歸因到家中習得行為的類化。直到最近，才有研究的證據顯示，大多數的行為一致性其實是由於基因對行為的影響；證據來得太晚，晚到來不及被納入現行的人格發展理論中。

然而，那些很熟悉行為遺傳學證據的人，也對學習和類化做出錯誤的假設，還有另一個原因，就是基本歸因錯誤。就像所有人類一樣，心理學家傾向於只看一個人的一些行為，就認定這個人在別的情境也會這樣做。這個偏見使得發展心理學家認為，他們可以藉由觀察孩子跟父母的互動甚或訪談父母，去了解孩子為什麼會這樣做。他們的研究方法完全是靠著觀察孩子在家中的行為或在父母跟前的行為，或請父母填問卷。有時問卷根本就是孩子自己填的。就如米契爾所說的，孩子在問卷上的作答，有部分取決於他們在哪裡填、什麼時候填這份問卷。大部分的發展心理學家在做研究時，完全不知道「個體情境的爭議」（person-situation controversy）的意義和效果。當他們發現母親的評估與老師的評估完全不相符或相同點很少時，他們捨棄了母親的意見，認為是不正確的，而不會想到這就證明了孩子很能區辨出情境的不同，他們在不同的場合會做出不同的行為。

跟我們一般人一樣，心理學教授也會把一個人的行為樣本歸因到這個人的人格上，不論這個行為樣本是多麼地不恰當。但是，就像我在第一章所指出的，我們人類對人的行為的假設是長久性的人格特質或個性，沒有包含天生的成分在內，而這樣的解釋來自文化。當文化改變時，解釋也跟著改變。十九世紀的愛麗思·詹姆士把自己長期性的個性特質歸因到遺傳上；二十世紀的約翰·契佛則是歸因到小時候的家庭經驗。

現在談到遺傳性，接受度雖然比 1960 年代或 1970 年代高得多，但是我們的文化對於行為的解釋仍是壓倒性地偏向環境因素。我在本章中所攻擊的錯誤假設，就是兩種偏見一起作用的結果：天生的偏見使我們預期行為在不同的情境中會有一致性；文化的偏見則使我們把這個一致性歸因到學習上。

這些偏見可以解釋出生別對人格有長遠影響這個普遍的想法。老大和老么在父母和兄弟姊妹面前的行為的確不一樣，當人們注意到這個差別時，他們錯誤地假設老大和老么在其他情境也會有這種行為。老大習慣了在家裡指揮弟妹，所以將來在職場也會指揮同事。我們對於老大和老么普遍的刻板印象，是根據他們在家中的行為。之所以會有這種刻板印象，是因為我們對他們行為的觀察，必然是根據那些我們已知出生別的人，通常是指我們在家庭情境中看到的那些人。而我們在職場或其他場合看到的那些人，並不會改變我們對老大和老么的刻板印象，因為我們無從知道他們是老大還是老么。

這兩種偏見同時也影響了專家（臨床心理師及精神科醫師）的研究和看法。傳統的心理治療是從病人與父母或兄弟姊妹的

早期互動中，找出病人目前不快樂的原因；這就像是香腸工廠一樣，從香腸中製造出香腸來。心理治療師鼓勵病人重溫和父母及兄弟姊妹的童年往事，推敲出病人對於這些家庭關係的感覺。病人在這種情況下所講的話，很可能增強了治療師的信念——家庭關係強而有力地塑造（或傷害）孩子的人格。有關傳統心理治療的每一件事，包括有家庭氣氛的佈置，以及治療師的角色是父母的替身，這一切的設計都是為了使病人回到當初成長的家庭情境中，以引發跟那個情境有關的感覺和想法。

這有什麼不對嗎？沒有，除了這麼做是行不通的。就像其他醫學上的介入法，心理治療現在被要求要「證據取向」，而證據並不認為談童年經驗會有治療的效果。研究顯示，有效的治療是聚焦到病人目前的問題，而不是去探討他過去的歷史。心理分析的基本前提是，每種心理疾病都根源於嬰兒期或童年的經驗，重新建構這些經驗是心理治療的重點。而這個前提已經遭到質疑，有時甚至被公開駁斥。麥吉爾大學（McGill University）精神醫學系的系主任巴利斯（Joel Paris），就曾在《童年的神話》（*Myths of Childhood*）這本書中駁斥心理分析的大前提。哈佛大學精神醫學系教授兼專業的心理分析師史東（Alan Stone），也改變了他進行心理治療的方式，並做了如下的解釋：

現在因為有了科學上的證據，我們發現心理分析最基本的命題可能是不正確的。我們的批評者是對的，發展期的經驗和將來的心理疾病幾乎沒有什麼關係。我們沒有理由去假設，很仔細地重新建構出發展期的事件會有治療的效果……假如童年

事件和成年後的心理疾病沒有重要的關聯，那麼佛洛伊德的理論就失去了大部分的解釋力。

史東的心理治療的新方法，幾乎完全聚焦於解決此時此刻的問題，幫助病人找到新的策略和方法去和生命中的重要人士互動。他指的是「現在」生命中重要人士。

小艾爾拔的恐懼實驗

假如你曾經上過普通心理學的課，你的教科書很可能用著名的行為學派大師華生「制約的恐懼」（conditioned fear）的實驗，來解釋「類化」這個名詞。華生使一個小男孩艾爾拔（Little Albert）害怕一隻小白兔，每次艾爾拔伸手去摸白兔時，就有一個很大的聲音響起，久了以後，艾爾拔就把這個恐懼類化到其他有毛的東西上。艾爾拔的恐懼名單有很多種版本，但是通常都包括各種動物、留著鬍子的聖誕老人、玩具熊，還有華生頭上的白髮。

任何人回頭去看 1920 年代艾爾拔實驗的原始報告（這篇報告是由華生和後來成為他第二任妻子的研究生羅莎莉・雷納〔Rosalie Rayner〕共同完成的），就會發現教科書上的故事太誇大了。這個實驗裡只有小艾爾拔一個孩子，實驗程序馬馬虎虎，實驗結果模稜兩可，而實驗報告也不清楚。艾爾拔是個愛吸手指的嬰兒，為了使他有任何反應，實驗者必須把他的大拇指從他的嘴裡拉出來。他們並不只使他害怕兔子，也使他害怕狗和老鼠。當他們在另一個房間進行測試時，艾爾拔對動物幾

乎沒有任何反應。所以他們又在那個房間裡對艾爾拔進行更多的訓練，以活化他的反應。他們盡全力去嚇這個孩子（當艾爾拔看到兔子沒有驚嚇的反應時，他們把兔子放到他的手臂上，接著又放到他胸前），但是艾爾拔對動物的反應還是很矛盾；他看到兔子時高興地咯咯地笑，還伸手去摸兔子的耳朵。

雖然小艾爾拔的故事一再地被戳破，雖然後來的研究者用華生的方法無法得出同樣的結果，這個故事仍然流傳不息；它繼續出現在教科書中，被當成類化的例子。很少人知道，華生和雷納這個實驗的目的並非延伸巴夫洛夫的研究（他們甚至沒有提到巴夫洛夫），而是要打敗佛洛伊德。華生並沒有用「類化」（generalize）這個詞，他用的是「遷移」（transfer）。而佛洛伊德談的是「移情」（transference）和「替代」（displacement）。華生想要證明他完全不需動用到潛意識或任何佛洛伊德的專有名詞，就可以解釋這些現象。華生和雷納的文章最後以嘲笑佛洛伊德作結：

> 除非佛洛伊德學派的假設改變了，否則二十年後當他們開始分析艾爾拔對於海豹皮衣的恐懼時（假設小艾爾拔當時有接受心理分析），可能會被艾爾拔捉弄——艾爾拔隨便說了一個夢，他們就分析說艾爾拔的恐懼是由於他在三歲時想去玩媽媽的陰毛，而被狠狠地責罵了一頓。

當然，華生期望他的讀者了解，惹出麻煩的並不是艾爾拔母親的陰毛，而是華生自己；因為他用一根四呎長、四分之三

吋粗的金屬管子在艾爾拔背後敲啊敲的。我不知道佛洛伊德會
怎麼解釋這一段。

　　華生認為自己很聰明，但是請注意，他接受了佛洛伊德理
論的兩個假設：人格是由嬰兒期和童年期的經驗所塑造的（小
艾爾拔在實驗開始時是十一個月大），以及習得的聯結會從一個
刺激遷移到另一個刺激。華生認為這一切可以化約到制約，但
是並沒有成功，不過後來的理論家仍願意接受他的學習遷移和
類化的假設。很少人大聲地說出來，更少人仍質疑這個假設。

從經驗中學習

　　這麼多理論家相信早期經驗的重要性以及類化學習，主要
是因為他們不了解從早年到成年以及從一個情境到另一個情境
的行為連續性，大部分是由於基因的影響。一個害怕兔子或老
鼠的嬰兒，後來變成一個膽小的孩子，接著又變成一個膽小的
大人，於是他們便把這個人的膽小歸因到他在嬰兒期的遭遇。
他們錯了；應該是由於他在胚胎期的遭遇。一個膽小的孩子變
成一個膽小的成人，很有可能是因為他遺傳到膽小的天性。

　　然而，我關心的不是遺傳；本章的主題是年輕人如何從
經驗中學習。我已指出，目前流行的人格發展理論的假設是不
對的：習得的行為並沒有很快地從一個情境遷移到另一個情境
去。孩子在家中所學到的不會自動隨著他們到其他情境去，他
們跟父母的互動經驗也不會影響他以後跟社會夥伴的互動。類
化的確有發生（它必須發生），但不是以這種不知不覺的自動化
方式。一個人習得的行為或情緒是否會被類化到另一個情境，

完全取決於他認為這兩個情境是否相同。孩子起初認為兩個情境不相同，透過經驗就能學會這兩個情境在某些重要的方面是相等的。嬰兒很快就學得會，穿藍衣的媽媽跟穿紅衣的媽媽在所有重要的層面上是相同的；但是穿藍衣的媽媽與穿藍衣的保母絕對是兩個不同的人。嬰兒天生有辨認某些東西的本能或先天取向。

　　過去一百年來出現了許多有關人格的文章，但是絕大部分是錯誤的。一直以來，心理學家都把人格理論建立在前輩不穩固的基礎上。我在這一章的目的就是清除碎石瓦礫，直達最底層的核心。現在，我可以開始建構一個新理論了。

第六章

模組的心智

我們大家所熟知的還有另外一個華生，他比虐待小艾爾拔的那個華生更有名。他是位醫生，但是去做了福爾摩斯的助手，並把福爾摩斯精彩的案子寫出來，以饗讀者。在「五粒橘籽」（The Five Orange Pips）這篇故事中，福爾摩斯對華生說：

現在讓我們來思考一下情況，看能從中推論出什麼來……我認為這裡面絕對不只一個凶手。一個人不可能以這麼精巧的手法殺死兩個人，幾乎可以騙過驗屍官的陪審員。凶手一定有好幾個人，而且這些人一定都是有資源可應變又很有決心執行到底的人。

福爾摩斯的推論很隨便。對哲學家來說，「推論」（deduce）這個詞有很特別的意義：從既有的前提中，推論出符合這個前提的其他命題來。古老的三段論法（syllogism）就是一個例子：所有人都會死，蘇格拉底是人，所以蘇格拉底會死。假如前面兩項是真的，那麼第三也必為真。推論是無懈可擊的。

但是福爾摩斯並非無懈可擊（他偶爾也會出錯），他破解懸案的方式也不是推論法。哲學家用「綁架、誘拐」（abduction）來形容福爾摩斯所用的推論。就哲學家的觀點，「綁架」是指找到最能解釋數據的假設（請不要把它與一般的用法相混淆）。福爾摩斯曾經不耐煩地對華生喊道：「數據！數據！數據！沒有泥土我怎麼製造磚頭！」

那些成功的假設靠的是機率，而不是無錯誤。一般的做法是將比較不可能的先排除掉；這就是福爾摩斯推理的方法，也

是科學家和醫生診斷推理的方法。理想上，當然它也應該是你我推理的方法。假如沒有足夠的數據，它會出錯；假如別的假設較具優勢或占的比例較高，它也會出錯。

有一條很有名的科學法則叫做「奧坎的剃刀」（Occam's razor），意思是「如無必要，勿增實體」（entities should not be multiplied needlessly）；也就是說，當你認為對現象的解釋有很多種，那麼最簡單的就是最好的。然而福爾摩斯在「五粒橘籽」中告訴我們的是，有時候最好的假設不是最簡單的那種；有時壞人不只一個。

很多文章都在討論洛克的「人性如白紙」❶和盧梭的「高貴的野蠻人」❷對心理學造成的傷害；那麼「奧坎的剃刀」呢？好像沒有什麼人在談它所造成的傷害。最簡單的解釋，不一定就是正確的。

我一開始並沒有看到解決個別差異之謎的方法，直到《教養的迷思》出版四年之後。擋我路的是「社會化」和「人格發展」兩者之間的誤解。大部分的心理學家，包括研究兒童及治療成人的那些人，都把這兩個歷程看成是一樣的：一種對行為有長期影響的學習歷程。本來我也是這樣認為，後來我才慢慢領悟到這裡面至少有兩種歷程，而且各有各的目的。我更慢才找出這些歷程背後的意義；誰叫我不是福爾摩斯！社會化的目

---

❶ 編註：洛克（John Locke）為十七世紀的英國哲學家，他提倡經驗主義，主張人的本 猶如白紙（blank slate），一切知識均來自於經驗。

❷ 編註：盧梭（Jean Jacques Rousseau）為十八世紀的法國思想家，他主張人的本 在自然狀態下是好的，是「高貴的野蠻人」（noble savage）。好人被社會經歷所浸蝕，而社會的發展延續了人類的不幸。

的是使孩子適應社會，使孩子跟同儕更相似。但是，就如行為遺傳學的資料所示，除了基因以外，還有別的因素使孩子在人格上與別人不同。不論是什麼，都不可能是社會化。

心智不是單一的器官

平克在《心智探奇》一書中寫道：「心智不是單一的器官，而是一個系統的器官，我們可以把它想成心理機能或心智模組（mental module）。」心智應該不只是一種器官，它不可能十八般武藝都會，因為樣樣通就樣樣鬆。「它必須有專精才行，」平克解釋道，「因為它必須解決特定的問題。」演化心理學家認為心智的發展是個綁架誘拐的歷程，什麼好用就搶來用。「雖然沒有任何單一的發現可以證明這種說法……但是許多證據的跡象都指向它。」《心智探奇》正是介紹這些證據跡象的迷人好書。

有人說心理學的研究只會產生兩種結果，第一種會引起這樣的反應：「這我們已經知道了，你幹麼還費事去做這個研究？」第二種則是：「這不可能是真的，你一定弄錯了。」顯示心智是器官系統而不是單一器官的研究，就是屬於後者。從裡面來看，我們完全不覺得它是器官系統。我們看到的外在是一個視覺世界；詩人阿諾（Matthew Arnold）形容：「這麼多變，這麼美麗，這麼新！」我們決定拿起杯子，我們就做到了。只有一個「我」在拿杯子，只有一個杯子，杯子在某個時間點上，它有顏色、有形狀、有重量。

但是這個提供我們各種美麗圖樣的視覺系統，同時也提供

了最令人信服的證據，指出大腦是由一群特別功能的模組所集
合而成的。視覺系統的各個部件碰巧都在大腦各個最恰當的部
位，假如大腦受傷（例如中風）使某個模組失功能，但是其他
的可能無恙。平克描述一些模組受傷所引發出來的奇怪現象：

　　某些特定的視覺經驗被移除了而其餘的無恙，有些病人看
到完整的世界，但是只注意到其中某些部分……有人失去了對
顏色的視覺，但是他們的世界並不像黑白電影，只是世界變得
灰暗，像老鼠的顏色……也有人可以看見物體改換了位置，但
看不見物體的移動……還有些病人不能辨識所看到的東西是什
麼，他們的世界像是一篇他們無法辨識的潦草字跡，看得見，
但不知道上面寫些什麼。他們可以照著畫出一隻鳥，卻說這隻
鳥是樹幹……有些病人可以辨認出無生命的物體，卻不能辨識
臉孔。病人推論鏡子中的臉一定是他自己的，但是他不認得那
就是自己的臉。他已無法光從臉來辨識人了。❸

　　我們大腦的視覺系統中分別有各種模組來辨認顏色、形狀
和動作，但是意識的心智並不了解這一點。❹我們看到的世界

❸譯註：這裡描述的是神經心理學上許多病的症狀。偏盲的人可以看到世界，但
只注意到一半的世界，對另一半視而不見。有人失去色彩的辨識，但是世界不
是黑白而是灰色的。有人失去 感的辨識，所以他倒咖啡時，手指要放在杯裡，
當他感到水到了第二節手指時就停住，不然就滿溢出來。有人看得見東西，但
分辨不出；他若把眼睛閉上，用手去摸就會知道是什麼。有人得了失唸名症，
無法叫出物體的名字。最後一個是面孔失辨認症，右邊大腦的梭狀迴受損，失
去辨認面孔的能力。這些都是大腦病變而造成的行為 失。

201

是個天衣無縫的整體，它完整到如果不是有如上述各種神經學上的病例，我們很難想像會有看得見物體卻看不到它移動這回事。

心智的器官是呈階層排列的。視覺系統包括使我們看到三度空間的機制，它接受許多低層模組所送進來的訊息。有的模組負責計算左眼和右眼送進來影像的差異，有的負責陰影（所以球看起來是圓的）。有的負責遠近的角度；兩條鐵軌明明是平行的，但是到了遠處看起來就會相交。有的負責你的身體和頭移動時所造成的動作。這些模組通力合作的結果，就是一個完整的三度空間的立體世界。假如一個模組不能提供訊息，其他的模組會默默地接手它的工作。多重的輸入但是只有單一的輸出，而這一切都在你的背後進行，你自己完全不覺識。

這些綜合的訊息甚至不必來自同一個感覺管道。有一個知覺系統叫做「體感知覺」（proprioception），關節和肌肉送上來的訊息，使你在眼睛閉著的時候也知道你的身體部位在哪裡；但是當你睜開眼睛可以看到手臂和腿時，你的系統就轉去採用比較精準、比較可靠的（視覺）訊息去更新你的知覺。我先生查理‧哈里斯（Charles Harris）在他的博士論文中顯示了這一點。查理要他的受試者戴上稜鏡，因為光的折射，使物體看起來在它實際位置的某個角度外，大約偏離幾英寸。然後請受試者戴著稜鏡去取物體。一開始時，受試者會拿不到，因為實物

❹ 譯註：這些都是在意識下完成的，讀者可以去看《大腦比你先知道》（Minds Past）這本書，是遠哲基金會所出版的一本非常好的大腦入門書。作者為認知神經學的泰斗 Michael Gazzaniga。

與物像中間有偏差。但是幾次以後，受試者就可以精確地伸出手拿到物體。查理的研究顯示，受試者透過練習，改變的是他對手位置的知覺；他的手已經能夠伸到他的眼睛所看到的地方去了。

這是體感知覺的錯覺；受試者看不見自己的手時，仍能精準地拿到東西。在你戴上查理的稜鏡並且練習過幾次之後，你把眼睛閉上，你會覺得你看不見的手在你透過稜鏡時所看到的位置跟手真正位置的中間。兩個管道（視覺和關節肌肉）送進來的訊息有衝突時，關節和肌肉的體感知覺系統會納入視覺的訊息，重新計算一下再輸出。做這些計算的心智機制通常不會引起注意，因為在正常的情況下，它提供的是正確的結果。

巴隆科恩的心智理論

模組心智的概念來自一長串的發現。早期的證據來自神經心理學上觀察到某一機制失功能時，它會把不正常的輸入送到正常的系統中（如查理實驗中偏離的視覺），造成行為的不正常。這引發出新的問題。「科學家不會做研究去尋找他們從來不懷疑它存在的東西，」演化心理學家托比（John Tooby）和康斯邁德（Leda Cosmides）指出，「你從來不會想到你的汽車裡有個控制汽車啟動順序的配備，直到有一天它壞了，你才會發現。」

汽車就像人類的心智一樣，是模組的。事實上，所有複雜的機器都是模組的。一輛全新的汽車會有一些模組來自以前的設計，當然有些是這個款式的新設計。人類心智的許多模組，

203

是其他的哺乳類或靈長類也都有的，只是有些是新近的發明。我們人類是全新的產品（出產不到二十萬年，在演化史上只是一刹那而已），而且是相當有創意的產品。「史無前例！」假如那時候就有評論者的話，他可能會這樣說，「這麼多變，這麼美麗，這麼新！」

很可惜的是，人類的心智不像汽車零件，壞了不能替換掉；我應該說，目前尚不能夠替換掉。我非常同情那些家中有自閉症孩子的父母。研究者是透過這些自閉症兒童的研究，才發現一個正常兒童的心智是多麼地了不起。我們平常都不會感到有一個正常的心智是多麼地幸福，因為絕大部分時候它都忠誠地在工作著。

自閉症幾乎會嚴重影響所有的社會行為，包括語言在內，但是大部分非社會的功能都被保留下來。巴隆科恩是第一個提出「心智理論」（theory of mind）來解釋自閉症患者的不正常行為。我在第一章有提到，巴隆科恩認為自閉症患者是他所謂的「心盲」（mindblindness），他說：「如果你可以知覺到物體，但是看不到心智的存在，想像你的世界會是什麼樣子？」其中心智就像是思想、信念、知識、慾望和意圖。舉例來說，好比你看到約翰進到臥室裡走一圈又走出來。無疑地，你的腦海中會浮出無數對約翰行為的可能解釋，例如他以為他在找的某樣東西放在臥室裡。但是假如你無從猜測他的思想和動機，他的行為就會變得很奇怪，因為你不知道他為什麼這麼做。

一個不知道別人心中在想什麼的人，和物體沒有什麼差別。下面是 1943 年兒童精神科醫生康納（Leo Kanner）所描述

的一個自閉症兒童的情形：

　　在一個擠滿人群的海灘，他筆直地走向他的目標，完全不在意這樣會踩過別人的手、腳、身體和報紙，也無視於這些人的抗議。他的母親很小心地指出他不是故意踩過別人，然而他也完全不試著去繞過別人。這就好像他不能區分人和物體的差別，或是說他不在意這個差別。這個區別對他沒意義，他懶得管。

　　自閉症的孩子不會用手指著新奇的東西希望別人去注意，他們不會去看別人在看什麼，不會玩角色扮演的遊戲，也看不出別人在假裝。他們不會騙人。當他們的表現超過別人的預期時，他們不會覺得驕傲。他們也不會誇獎別人。因為上述的這些都需要動用到一個覺識，即別人有感覺、有預期、有信念、有意圖。

　　巴隆科恩的理論認為，一般的正常人有一個特別的心智機制專門在研判別人的心智，而這個機制是演化來的；透過物競天擇，演化出來專門處理人類緊密的社會生活方式所產生的問題。巴隆科恩跟鄧巴一樣，認為大腦變大主要是因為它需要處理複雜的社會訊息（鄧巴理論請見第一章），能夠了解並預測其他類人猿類的行為的人，才能存活下來變成我們的祖先。他們是「社會象棋」（social chess）的高手，這個棋的規則遠比真正的象棋複雜得多。在真正的棋賽，你一開始就知道你的對手是誰，他要做什麼，而且不准換邊。

莎莉　　　　　　　　　安

莎莉把球放在籃子裡

莎莉走了出去

安把球移到盒子裡

莎莉會在哪裡找球？

　　為了要證明閱讀別人的心智需要特別的機制，而不是腦變大、增加智慧就可以辦到的，巴隆科恩比較了自閉症的兒童和正常發展的兒童、有智能障礙的兒童、盲童，看看他們在各種能力測驗上的表現。結果顯示自閉症兒童有某些特定的障礙；他們能完成智能障礙兒童做不到的事，反之亦然。

莎莉和安的測驗

　　巴隆科恩同時也比較了神經構造正常但不同年齡的孩子。他發現閱讀心智的機制並非一生下來就有，而是需要花時間發展的，當然從環境輸入的訊息也有貢獻。到三歲時，孩子可以從別人臉上的表情和視線，猜測出別人的意圖。但是一直要到四歲，他們才能解決比較困難的心智閱讀問題，例如「莎莉和安的測驗」（Sally-Ann test）。如圖所示，孩子看著莎莉（可以是真人或木偶）把球放進籃子裡，然後走出房間。這時安把球從籃子裡拿出來，放到一個盒子裡。接著莎莉回來了。於是研究者問小孩子：「現在莎莉會到哪裡去找她的球？」

　　發展正常的三歲孩子會答錯，幾乎所有的自閉症孩子也是（甚至十幾歲或是高功能的自閉症孩子也同樣答錯）。他們會說是盒子，因為球的確在盒子裡。他們並不會考慮到莎莉並不知道球被移動了；當時莎莉不在場，不可能知道。一般非自閉症的孩子到四歲時，就知道莎莉並不知道球被換了地方，所以他們會回答籃子。四歲的孩子不但知道人有信念，而這個信念有時會是錯的。認知能力進步後的一個結果，就是四歲的孩子會騙人了。孩子的純真溜走得真快！

　　非人類的動物有沒有閱讀心智的能力，現在還沒有定論。和我們關係最近的靈長類動物黑猩猩有沒有這個能力，認知科學家到現在還沒有共識。比較聰明的黑猩猩偶爾會做出一些很難讓人認為不是存心欺騙的事，然而牠們又無法通過一些很簡單的測驗。例如，把黑猩猩喜歡吃的食物藏在兩個不透明塑膠盒中的其中一個，讓牠去找哪一個裡面有食物，猜對了就可以吃。結果發現，黑猩猩不是很擅長利用人類給的線索去解決這個問題。如果旁邊的人眼睛看著裝有食物的盒子，甚至用手去指，黑猩猩可能還是會選錯。很有趣的是，在非人類的動物中，最會利用線索的是狗。狼不行，但狗可以。甚至在狗籠中長大、很少接觸人類的狗，都可以利用人類表情的線索去得到食物。顯然，對狗的祖先來說，理解人類社會線索的能力是有生存價值的。

　　我們常可以從一個人的眼神猜出他在想什麼。巴隆科恩所提出的這個心智閱讀機制，會接收低層的「眼睛方向偵查器」（eye-direction detector）模組所送上來的訊息。這個偵查器負責從視覺訊息中找出眼睛的或跟眼睛很像的刺激，並注意它在看哪裡——尤其是這雙眼睛在看你時。假如你看到一雙眼睛而這對眼睛正轉向你，你的眼睛方向偵查器會立刻送出訊號（嗶、嗶），讓你知道有人或有東西在看你了。

　　或許只有人類和狗能夠善用眼睛的線索。然而可以偵查到有人在看你的這個能力，卻有很長遠的歷史：一個被獵食的動物需要知道獵食者的眼睛在看哪裡。被人盯著看是很恐怖的事（所以才會嗶、嗶）；這表示你已經被盯上了，是目標了。一般

的反應是靜止不動，這在哺乳類、鳥類，甚至在爬蟲類身上都看到同樣的反應。

人類一出生就對眼睛敏感。我前面曾說過，小嬰兒喜歡看臉；在五官中，他們最常看的就是眼睛。對嬰兒來說，和別人目光接觸（看那個正在看你的人）是一種生理興奮，假如對看太久，嬰兒會不喜歡（成人也是一樣，除了一個例外：戀愛中的情侶可以對望很久）。當我第一次見到我的孫子時，我知道不可以一直盯著嬰兒看，要先讓他有機會看過我後，才跟他目光接觸。

心智的模組會選擇性地對刺激作反應；這是它們的工作之一。學習語言的機制會對語音特別注意，但會忽略噴嚏聲、咳嗽聲和貓的叫聲。眼睛方向偵查器會去尋找與眼睛有關的刺激。我在前一章中描述過一個實驗：老鼠因為照了 X 光而嘔吐，但是牠會把不舒服的感覺跟吃下去的食物聯結在一起，而不是聲音或亮光。這個反應機制是設計使老鼠（人類也是）不會再去吃曾經使牠們生病的食物，所以它選擇性地對味道做出反應，從此不敢吃這個味道的東西。

不過，輸入的選擇性不見得符合輸出的選擇性。就像電腦程式的低階程式一樣，一個低層的心智模組可以有好幾個目的，它的輸出可以送到兩、三個高階的機制去。請記得眼睛方向偵查器，我後面會再用到它。

反向的反向工程學

人類心智是有特別功能的模組，這些機制是訊息的處理

者，可說替認知科學打開了一扇門。1995 年，托比和康斯邁德預測：「在這個認知革命的新時代，大腦科學家主要的工作就是找出做各個功能的模組來。」

假如目前還沒有很清楚的例子顯示當某些模組失功能時會發生什麼情形，我們怎麼去找出執行各個功能的模組來呢？平克在《心智探奇》中建議了一個方法，他稱為「反向工程」（reverse-engineering）：

> 在正向工程中，我們設計一種機器去做某件事；在反向工程中，我們要找出這個機器是設計來做什麼用的。當我們看到一個新工具時，我們都在做反向工程的工作。在古董店挖寶時，我們常會看到一個不知道是做什麼用的東西。但是當我們知道那是一個去橄欖核的工具時，我們立刻了解到它外面的鐵環是設計來套住橄欖的，下面的槓桿是把 X 形的刀，可以劃開橄欖，把核擠出來。當我們一旦了解它的用途後，它的形狀、彈簧的位置、刀片、槓桿及鐵環立刻就有意義了。

但是反向工程有一個缺點：只有在你知道它是設計來幹什麼的時候，它才有用。平克也承認這一點。幸運的是，我們有別的法子去了解心智機制；或許我們應該稱它為「反向的反向工程學」（reverse reverse-engineering）。我們從目的開始（這個工作是人類的心智在演化過程中會一直重複做的事），找出一個做某個工具以節省力氣的方法，然後我們可以尋找證據看人類心智中是否存有這個設施。如康斯邁德、托比和他們的同事巴

叩（Jerome Barkow）所說的：

假如我們知道人類心智設計要去完成的適應功能是什麼，我們就可以作出許多有智慧的猜測，去猜它應該有什麼配備，然後設計實驗去測試它。這種方法可以使我們發現新的、以前不曾想過的心理機制。

我要了解的是，未成熟的人類心智的適應功能是什麼？在孩子成長的過程中，他的心智需要完成什麼，才能使他平安成長、生存下去？換句話說，就是童年的目的是什麼？答案就像福爾摩斯對華生說的：「我想這個案子很清楚，凶手不只一人。」

福爾摩斯根據他手邊的證據推論出不可能只有一個凶手，我也是，雖然我花的時間比福爾摩斯多很多。就人格差異之謎來說，如果壞人只有一個，這種解釋跟證據不符，就像福爾摩斯的命案一樣。我的結論是，有些先前沒有被懷疑的心理機制，與孩子的社會發展有關。我指認出了三種心理機制，它們的目的都不相同，從環境中接收的訊息也不同，而處理訊息的方式也不同。其中只有一種可以用來說明一起長大的同卵雙胞胎為什麼會不同，但是三者合起來才足以解釋環境對人格和行為的作用。

嘗試錯誤的學習過程

大自然在設計人類的心智時，其實是從嘗試錯誤的過程中

學習的。這個設計是經過了千百萬年的時間而演化出來的；我們的腦容量變大，我們祖先開始製造工具、使用工具、發展出語言、創造藝術、發展文化。大概在舊石器時代、在上個冰河時期結束（大約西元前一萬年）和人類發明農業以前，現代人的心智部件經過了嚴謹的實地測驗。假如人類的心智沒有通過考驗，就不會有現在的我們。我們的祖先之所以能成為我們的祖先，是因為他們有生存和繁衍的能力。在演化這條路上，有數以百萬較不成功的類人猿類（牠們也參加了這場生存競賽）最後都化為塵土了。我們是成功者的後裔。

要了解在當時如何才能生存下來，我們可以體驗一下「當時」的情況。它絕對不像是一次漫長的露營之旅，因為當時沒有羅盤、火柴、睡袋、帳篷、金屬工具、鍋盤、礦泉水、巧克力或手機；也不像魯賓遜孤獨地在荒島漂流一樣，因為我們的祖先絕對不敢落單，否則就可能變成別人的晚餐。在當時，「數大便是安全」，所以他們都是團體行動。他們一起找東西吃，一起畏懼獵食者，一起害怕競爭者，一起憂心離水源太遠；後面這兩項使他們有領域的觀念。他們必須常常遷移──假如你沒有儲存糧食或豢養牲畜，一小塊土地很快就不能再提供什麼可吃的，只好逐水草而居。不過他們大都一年遷移一次，所走的也都是熟悉的路線。

很難想像在那種情況下怎麼生養孩子。一個嬰兒在三、四歲以前必須要被背著或抱著，直到他可以自己走路而且跟得上團體的速度。不論刮風、下雨、黑夜、白天，父母都得帶著這個髒兮兮、饑餓的小東西，他們要花相當大的力氣才能養活

一個孩子。然而，我們的祖先顯然做到了，因為我們現在在這裡。有些心智模組提供祖先足夠的動機把孩子養大。任何認為人類沒有本能的人，都應該去檢查一下自己的腦袋。

除了確知有些孩子存活了下來，我們對於舊石器時代的童年生活沒有任何直接的認識。然而，人類學家研究了到二十世紀仍保有狩獵採集生活型態的社會，得到了很多關於其他傳統人類社會的資訊；在人類學家造訪以前，那些部落和小村莊跟西方文化很少或幾乎沒有任何接觸。這些社會的共同點，可以讓我們了解到遠古社會的情形。

在古代，扶養一個嬰兒可能會危害到母親自身的安危，也會影響到她之前所生的孩子的存活率。因此，孩子一生下來，第一件事便是得贏得他母親的承諾，願意把他養大。假如食物和水都很匱乏，假如她之前的小孩還沒有斷奶，或是新生的嬰兒有任何不對勁的地方，母親就不會留下他。這個決定當然很難，但是不忍和難過又有什麼用呢？

一旦母親決定留下這個孩子，決定扶養他，就會全心全意照顧他，去哪裡都帶著他，晚上睡在他身邊。在這三到四年間，母親和孩子時刻不分離。

然後，他的母親有了另一個寶寶。假如這時他還沒斷奶，會突然地被迫斷奶，沒有一句道歉、一個解釋。現在，母親的焦點都放在新的寶寶身上，他只好加入其他孩子，跟他們玩在一塊。當然他仍知道誰是他的爸媽，晚上會回去找他們，白天偶爾也會去找他們要食物或尋求安慰，但是這會隨著年齡的增長而愈來愈少。即使才三歲或四歲，他白天的時光大部分都跟

別的小朋友在一起。

　　一般來說，傳統社會的孩子開始學說話的年紀，比美國的孩子慢上一年。傳統社會的母親非常在意孩子的身體發展，但是他們不跟孩子說話，因為他們不相信嬰兒聽得懂大人說的話。孩子學習當地的語言，就跟學習當地的社會行為一樣，是從比他們大一點的孩子身上學習的。下面是德國人類學家艾伯斯費爾德（Irenäus Eibl-Eibesfeldt）描述他所研究的一個狩獵採集部落社會的童年生活：

　　三歲大的孩子就可以加入遊戲團體了，而孩子其實真正是在這個團體中長大。年紀大一點的孩子會解釋遊戲規則，也會告誡那些不守規則的人，例如搶別人的東西或愛打人。所以孩子的社會化主要在遊戲團體中發生……一開始時，年長的孩子會容忍較年幼孩子的行為，但是最後他們會有個上限。在團體中遊戲時，孩子學會什麼行為會激怒別人，什麼規則一定要遵守。這個現象出現在大多數人以小團體形式生活的文化中。

　　現在的父母養育一個孩子的任務至少持續十八年，而且對孩子每一階段的發展都有責任。在以前，父母只擔心能否把孩子餵飽，其餘似乎都是孩子自己的事。孩子要從觀察父母或年長孩子的過程中，自己學會成年後所要用到的技能。他們是小過挨罵、大過挨打，大人完全不給解釋的。傳統社會的父母不會長篇大論地跟孩子講道理，大人的說話對象是大人，孩子是孩子。

　　然而有些事情至今沒有改變。現代的孩子無法寄望他的家庭不會發生變故，直到他度過了童年期自己可以自立；以前的孩子也是如此。一位研究「亞諾馬莫人」（Yanomamö，居住在委內瑞拉和巴西熱帶雨林中的亞馬遜河流域的印地安人）的人類學家發現，一個十歲的亞諾馬莫孩子只有三分之一的機會跟自己的父母住在一起。雖然他們的離婚率比我們低（大約20％），但是死亡率卻很高。亞諾馬莫人靠打獵為生，但是同時也種一些農作物，他們的生活比完全靠採集為生的人穩定一些。在舊石器時代，一個十歲孩子的雙親仍然健在的機率恐怕比三分之一還少。

　　所以孩子不能仰賴父母陪伴他、教導他，或跟他說話，他也不能期待父母會一直在他身邊。失去雙親或其中一個，雖然會降低孩子的存活率，但還不至於送命，因為他是團體的一分子，其他的親戚很可能會照顧他。只有在失去整個團體後，他的存活率才會降為零。在舊石器時代，一小群人要存活下來的機會很難說，但絕對比單獨一個人來得好。

社會心理學的強盜洞研究

　　雖然這個世界有許多的危險，像是獵食者、饑荒、疾病，對狩獵採集的人來說，最大的生存威脅還是來自附近的團體。團體競爭並非人類的專利，許多動物都有這種習性，包括螞蟻。這並不是說我們從螞蟻身上遺傳到這個傾向；它是在社會群居的動物身上獨立演化而來的。然而我們的確從靈長類的祖先身上遺傳到競爭的天性。珍·古德發現，黑猩猩跟人類一樣

嗜血，牠們也會系統化地消滅其他的黑猩猩群。主要的差別是，黑猩猩只能一對一地廝殺，而人類透過科技的幫助可以將競爭對手一舉殲滅。

根據演化心理學家鄧巴的說法，人類的狩獵採集和部落社會是一層層組織起來的；「過夜」團體約 30~35 人，家族約 150 人，部落 1500~2000 人。過夜團體的組織不穩定，成員人數依當地情況和個人偏好而不同。這些小團體彼此關係緊密，成員也會相互流動，所以在一個家族中，每個人都有機會去認得其他人。為了貿易、結婚和共同防禦，家族團體之間也會維持聯繫。然而部落和部落之間的關係就不友善了。但是一個部落之內和家族之間也可能發生競爭。有人可能認為他在作買賣時被欺騙了，或指控另一人拐騙了他的太太，爭吵層次提升後，導致部落團體分裂為相互仇視的家族。

當人類團體分裂成兩個，這兩個新團體又各據鄰近的領土時，彼此之間的衝突很可能就會變成零星的戰鬥，而不是長久的戰爭。期間會因貿易或婚姻而暫時停戰。不過，假如兩個團體維持各自的特色，久而久之就一定會出現文化的差異，這是由於我所謂的「團體對立效應」（group contrast effect）。這個效應跟理查‧道金斯（Richard Dawkins）的「瀰」（memes）正好相反。文化藉由「瀰」來傳遞，就好像遺傳利用基因來傳遞：一部分的文化代代相傳，成功的變異會一直擴展下去，而不成功的變異就消失。這可以合理解釋團體內發生的事，但要解釋團體間發生的事，我們就需要「反瀰」（anti-memes）的觀念了。

　　「反灜」可以很快就發生。在《教養的迷思》一書中，我描述了一個發生在 1950 年代奧克拉荷馬州的社會心理學實驗——強盜洞研究（Robbers Cave Study）。把二十二名社經背景、智力都配對過的男生隨機分成兩組，並帶到一個叫做強盜洞的地方度過兩週的夏令營。兩組之間的敵意幾乎一觸即發，他們很快地發展出對比的特色；一組男生不再說髒話並開始一起禱告，而另一組則滿口粗話，表現得更粗野。

　　「人類有很強的傾向去形成小團體，會用方言及其他次團體的特質逐漸地將自己與別人區分開來，最後形成新文化。」艾伯斯費爾德說，「一個團體會想盡方法將自己與別人區分開來，這是人類的本性。」人類穿不同的衣服、有不同的行為模式、講不同的語言來區分自己和別人的團體。一個陌生人若是穿著不同、行為不同、口音不同時，馬上會被懷疑並引發敵意。「恐懼陌生人，是普遍的人性。」艾伯斯費爾德說。

　　恐懼陌生人的現象很普遍，而且很早就出現。嬰兒大約六個月大就會懼怕陌生人，在全世界都是如此。在典型的狩獵採集或部落社會中，六個月大的嬰兒已有機會見到家族中大部分的成員和許多部落成員。一張陌生的臉會使嬰兒產生警覺：這個人可能是危險的。假如陌生人靠得太近，想要抱他，嬰兒會立刻放聲大哭，引起別人的注意。

　　不過在那種社會中，一個其他部落的人單獨出現的機會不大。演化生物學家戴蒙（Jared Diamond）說：「走出自己的領域等於自殺。」他描述的是新幾內亞內陸高地在歐洲人到來之前的部落生活。大部分新幾內亞高地的土著，他們一生的活動範

圍不會超過他出生地的方圓十英里以外。

當人類團體不再友善地往來後，文化依舊獨立地發展。新幾內亞的每一個河谷都有各自的文化和語言，當歐洲人第一次進入新幾內亞內陸（大約像德州那麼大），他們發現就好像巴別塔（Tower of Babel）一樣，當地幾乎有一千種相互聽不懂的語言。

許多部落社會稱他們自己為「人」，也就是說，不是這個部落的人就不是人。亞馬遜流域的瓦利人（Wari）更過分，他們的語言中有一個詞的意思是「可以吃的東西」，指的是所有不是瓦利人的人。當我讀到瓦利人這一段時，我的反應有點不太禮貌。我寫了一首小詩：

在瓦利人的字典中
食物的定義是「非瓦利人」
他們的晚餐充滿了樂趣
除非你不是瓦利人

你看，嬰兒會怕陌生人是有原因的。

團體競爭的演化天性

當然，我指的是陌生的成人。嬰兒並不懼怕別的嬰兒或孩子；相反地，他們被會別的嬰兒或兒童所吸引。這表示嬰兒不但能區分熟悉的人和陌生人，他們還區分得出兒童和成人。

早在嬰兒習得可以跟別人玩耍的身體和社交技能之前，他

們就對別的嬰兒展現出莫大興趣，而且這個興趣會隨著年齡增加。對小孩來說，看到別的孩子或聽到其他孩子的聲音，就好像是在邀請他趕快出來一起玩，讓他無法抗拒。這在所有靈長類的動物中皆如此。小猴子一旦可以自行活動之後，就會離開母親，和別的小猴一起打滾嬉戲。如果牠不能在自己的團體中找到玩伴，牠會到處去搜尋。玩伴的吸引力對讓牠跨越團體的邊界，甚至種族的邊界：珍·古德在坦尚尼亞看過小黑猩猩跟小狒狒玩在一起。

成人的爭執會使團體分裂，但是孩子想要玩伴的慾望，尤其是在玩伴不多的地方，會使新的團體形成。這也會發生在黑猩猩身上。一隻小黑猩猩聽到別的小黑猩猩在遠處玩，牠會想辦法說服母親朝那個方向移動，而母親最後會受不了牠的吵鬧而朝那個方向走去。

所以，在遠古時代，孩子的玩伴是不限於自己的過夜團體的；很可能這個家族中的孩子都曾玩在一起，有些友誼，尤其是大一點的孩子，可能會超越家族的界線。當個體的平均壽命很短時，一個群體中嬰兒和兒童的數量會超過成人，所以一個150人的家族裡面會有很多孩子。

孩子會偏好選擇同樣年齡、同樣性別的玩伴。假如孩子的人數夠多而大人又不干涉的話，他們會分裂成單一性別的團體。這情形在傳統社會中如此，在現代工業化社會的學校操場上也是如此。但是孩子的人數不足時，例如在現代社會中，居住得很分散的社區，孩子會跟所有可以玩的人一起玩。所以附近常玩在一起的孩子通常包含各種年齡，而且男女都有。這點

跟舊石器時代可能也很類似。當沒有很多玩伴時，就會有混合性別、混合年齡的遊戲團體。當過夜團體大到某種程度時，孩子可能會分成三個遊戲團體：幼兒、大女孩和大男孩。

一個傳統社會的孩子剛進入幼兒團體時，較大的孩子會照顧他；通常照顧他的會是只比他大三、四歲的親兄姊。這個兄姊正是被他篡位，以致於從母親的懷抱裡被趕出來的那一個。然而，這個兄姊會很關心弟妹的福祉，保護他不受他人的欺負。在傳統社會中（以及黑猩猩的社會），兄弟姊妹是盟友，通常終其一生都不背叛家人。

但是他們不會一直玩在一起，因為三、四歲的差距很快就會使他們區隔開來。較大的孩子慢慢會加入大女孩或大男孩的遊戲團體，把弟妹留在幼兒團體。然後，到了大約十五、十六歲時，大孩子就變成大人了。

在大多數的傳統人類社會中，男性通常留在他出生的團體，而女生通常就嫁出去了。婚姻有時是自願的，有時是強迫的。如果是搶婚，她可能很久都不會再看到她的家人。現在這種情形很少了，但是在有些地方，女子還是會被買、賣、偷、搶或政治聯婚。那個錯把太太當帽子的人，是罹患了一種罕見的神經疾病；而錯把太太當動產的人，在人類學上早已司空見慣。

對男孩來說，還有別的危險：男生被期待要保衛家園。一個剛過青春期的男孩可能還不夠成熟到可以娶妻生子，但是他卻被認為已經可以為團體犧牲了。

靈長類及其他社會動物都演化出團體競爭的天性，因為獲

勝者會留下比較多的後代。大自然有方法使她的子民去做她想要他們去做的事。現在，我們一直聽到戰爭的恐怖；但是在古代，孩子聽到的是戰爭的光榮，或許所有的故事都是勝利者在說。一個在南北戰爭時替北方打仗的美國人（當時敵方的距離近到他可以看到對方的臉），多年後在一場演講中描述當時的情形。他說當他騎馬快速衝向敵人時，興奮得血脈賁張，根本沒有時間去害怕。戰時他曾經受傷三次，他不遺憾戰爭結束，但是他很高興他有這個「無法用語言表達的戰爭經驗……對生命的熱愛到最高點」。

童年的社會發展

好，舊石器時代的孩子必須要學會什麼才能成為大人？他們必須要知道什麼、做什麼，或知道該怎麼做，才能在成年生活中成功？我所指的「成功」，與演化心理學家的一樣：增加基因傳播的機會，包括近親的基因，並代代相傳。

對社會發展來說，在童年一定要學會的有三大類：第一是經營關係，第二是變成社會化的人，第三是在達爾文式的生存競爭中贏過你的對手——或是至少不要被他超越。

我從經營關係開始談起，就像嬰兒也是從這點開始。嬰兒在什麼都還不會之前，一定要先使母親喜歡他，然後他才去學習如何跟其他人相處，包括他的父親、兄姊、別的孩子、別的大人等等。他必須要先能分辨出這些人來，學習對這些人有什麼期待，以及知道對每個人應該有怎樣的行為。哭泣可能可以使母親餵他吃奶，但是這對別人就不一定有效。而一旦過了某

個年紀，這一招對母親也沒有效了。

當孩子長大一點後，會有更多人進入他的生活、更多的決策要做。要在選擇友誼、盟友、貿易夥伴、人生伴侶上做出聰明的抉擇，孩子必須學習什麼是可信任的、什麼是不可靠的。他們必須知道誰可以受他指揮，誰最好離他遠遠的。這些都跟收集人的訊息有關，同時每個人處理的方式也不同。

接下來要學習的跟社會化有關。社會化是指學習文化，也就是適應自己的團體。也就是要學會技能與知識、語言與習俗，以及作為這個社會一分子所應具備的條件。孩子必須學會如何去表現出這個社會可以接受的行為。

因為部落的成員並不見得認識每一個人，所以對的語言、對的口音、對的習俗和對的衣服髮型就很重要，可以決定生死。舊約中有一個很好的例子：

> 基列（Gilead）人占領了約旦的通道，打敗了以法蓮（Ephraim）人。當那些逃走的以法蓮人說：「讓我過去。」基列人問：「你是以法蓮人嗎？」假如回答不是，基列人就要他們說 Sibboleth 這個字。他們就說：「Sibboleth。」因為他們的發音不正確，基列人就把他們殺了。在約旦的通道上，被殺害的以法蓮人有四萬兩千人。

四萬兩千人可能有點誇張，但是不管有多少人，這些人是因為他們不能正確地發音而送命。

現在來看第三種學習任務。演化本來就是種競爭，而童

年的目標就是使孩子做好在成年期能夠成功的準備。但是人類的競爭有很多種，對一種有效的方式，對另一種可能有害。例如，攻擊性的行為對有些人可能是成功的策略，對另一個則未必。強壯的和弱小的人，外表吸引人和不吸引人的人，他們會有很多不同的選擇。為了要在成年後成功，孩子必須針對自己的長處和短處，學會一些長期的行為策略，量身訂做出一些有利的行為來。

這三種學習任務——經營人際關係、社會化、找出競爭的長期策略——我認為是分屬三個不同的心智部門的工作。我把它叫做系統，像視覺系統一樣，因為每一個都從很多低階的機制中接收訊息。這三個系統是演化的產物；它們是心智的器官。像其他重要的器官一樣，所有生理正常的人都有這三個系統，而且它們的功能在任何人身上都一樣。

康斯邁德和托比解釋了天擇如何在人類身上製造出一個複雜的心智機制來：

在人類的演化史上，一直出現的一個問題就是適應問題。情境會選擇出一套認知機制來解決有關的適應問題……愈重要的適應問題，天擇愈會改進這個機制的表現，使它可以解決問題。這是因為不同的適應問題需要不同的解決方法，而不同的解決方法只能用功能上非常獨特的不同機制來完成。

我的理論跟這些原則一致。

接下來的三章，我會找出特別為關係系統、社會化系統和

競爭系統所設計的機制。我會解釋它們有什麼不同，為什麼我們需要它們才能解釋環境如何塑造人格，才能從它們與別人互動的經驗中，解釋兒童如何學習，以及學到什麼。

第七章

關係系統

福爾摩斯在「五粒橘籽」的案子中結論說，凶手一定不只一人。事實上，他告訴華生說凶手是一個團體、一個祕密組織的成員。這個組織叫「三K黨」（Ku Klux Klan），他們搭乘「孤星號」（Lone Star）跨越大西洋，想要從第一個受害人手中拿回對他們不利的文件。這些文件被第一受害人帶到了英國，他以為逃到大西洋彼岸的另一個國家就會沒事。

福爾摩斯從來沒有把壞人名字說出來。「那年春分時，暴風持續很久、很嚴重。」華生在他的記事本中如此記載。「孤星號」那時正在返航美洲的路上，但是它永遠沒有靠岸，只有印著「L. S.」的船身殘骸在大西洋中漂流。

這真是一個方便的結局，春分時的暴風可以一次把全組人一起掃進大海中，不需要個別去說服陪審團他們是共犯集團的一員。英國和美國的法律制度是設計來判斷個體是否有罪，而不是團體是否有罪。每個人要為自己的行為負責，假如一個人被判有罪，後來發現是弄錯了——他被錯以為是那個真正犯罪的人——這個判決馬上被認為是審判不公、誤審。即使這個錯誤的發生是可以理解的，例如，他們是同卵雙胞胎，它還是誤審。請看下面這個例子：

1988年，三月十日，有人把警員大衛・史多頓（David J. Storton）的耳朵咬掉一半。沒人懷疑是誰幹的：如果不是住在加州帕拉奧圖市的尚・布立克（Shawn Blick of Palo Alto），就是他二十歲的同卵雙胞胎兄弟強納森（Jonathan Blick）。他們兩人都與警員有過節，其中一人咬掉警員部分的耳朵……警員史多

頓作證說，雙胞胎一個是短髮，另一個是長髮，咬他的是留長髮的那一個。三天後，他們被逮捕到案了，很不幸的是，兩人都理了平頭，兩人都不招認。

他們的律師辯護說，兩人都不能被定罪：

兩兄弟都可被合理地懷疑，但不知道到底是誰幹的，因為凶手有可能是另外一個。這個論述具有說服力，因為我們的法律是找出做壞事的個體，而不是那個個體的特徵。

我們的心智費盡心思來防止我們犯下誤認的錯誤。史多頓警員努力去區辨這對雙胞胎，很不幸的是，他挑了一個很容易改變的記號——頭髮的長度。他一定很後悔沒有去記下一個不能被改變的記號，例如疤或痣。

這裡有一個兩難：我們只有在確定他有罪「超越合理的懷疑」時，才願意定他罪。然而，幾千年來，人類都是在打團體戰爭，目的都是要殺盡對方團體的成員，理由都是因為「他是那個團體的人」。《十誡》說：「你不可殺人。」然而約書亞屠殺了耶利哥、瑪基大、立拿、拉吉、伊磯倫和亞立的人民。❶顯然約書亞從來沒想過上帝可能指的是你不可以殺「他們」。相反地，他認為他在執行上帝的旨意。

「為什麼？」心理學家威廉·詹姆斯在 1890 年問，「我們為

❶ 編註：此為《聖經》約書亞記第十章的故事。

什麼不能像跟一個朋友談那樣地跟群眾談話呢？」為什麼我們
聽到幾百人死於地震時，我們只聳聳肩，而看到一張受傷孩子
的相片卻會流眼淚？為什麼喜歡一個人並不會使我們連帶喜歡
他所屬的那個團體？我們可以從那個無效的抗議「我的一些好
朋友是猶太人」這句話中看出端倪。

答案是，心智裡有多重系統在處理訊息。我認為我們有兩
種不同的心智機制在處理及儲存有關人的資訊；一種收集的是
個體的資料，另一種收集的是團體或社會類別（哪一種、哪一
類的人）的資料。審判和執法是基於第一種機制的資訊，而戰
爭和偏見是第二種機制的結果。這兩種機制分屬不同的心智系
統。專門處理個體資訊的屬於人際關係系統，也就是本章的主
題。

人際關係系統是演化心理學家最愛寫的題目，包括配偶的
選擇、羅曼蒂克的愛情、禮尚往來的互惠利他、肥水不落外人
田的親族選擇、統御階層、欺騙的偵查、結盟以及閒話八卦。
它是基本歸因錯誤的原因，它的功能是對演化上重要的議題提
供答案。例如：當我有難時，他會幫助我嗎？這個人會回報我
給他的恩惠嗎？這個人可靠嗎？跟他一起做生意時，不會占我
便宜嗎？這個人是近親嗎？這個人願意與我發生性關係嗎？這
個人會是一個好的長期伴侶嗎？這個人會對我動粗嗎？假如有
人欺負我，這個人會站在我這邊幫我嗎？這個人喜歡我嗎？

平克的心理詞彙

在本書的第一章，我驚嘆於「跟人有關的訊息學習機制」

的儲藏空間之大，它有無窮的能量去收集人的資訊。「並不會像語言學習機制那樣，」我說，「在十二歲生日以前表現最好，然後就功成身退、休息去了；但是我們的與人有關的訊息學習機制卻是日夜不停歇，終其一生都在努力進行的。」或許我這麼說對於語言學習機制並不公平。它的確在你十二歲以前工作最努力，但是它並沒有在十二歲以後就把店門拉下，不再做事了；你仍然繼續學會新的字彙。

　　孩子大約在一歲時開始學會認字。到他們上學時，腦海中已有一萬三千個字了，平均每兩小時學會一個新字。根據平克的說法，「然後學習的速度變快了，因為新的字彙以口語和文字的方式，像下雨般地一直落在他們身上。」一個標準的高中畢業生應該知道六萬個字，像我這樣愛讀書的人應該有十二萬個字——我猜比你認得的名字和面孔還要多。

　　我們要給每個字和每個人一個專屬的心智儲存空間；把字混在一起，對你沒用處，就像把每個人的臉混在一起對你也沒用處。假如咬你耳朵的人是尚，你不要下次看到強納森時就跑去揍他一拳。假如你要別人給你一根鐵槌，你不要說錯成斧頭。

　　字是儲存在平克所謂的「心理詞彙」（mental lexicon）中。每個字在心理詞彙中有自己的名牌，就像字典一樣，只不過它不是按字母或任何序列排列的；它底下有自己的意義、發音，以及名詞、動詞等語句中的用法。雖然我們一般不會感覺到這個字在語句中的用法，這是一種意識下的知識，一用錯我們就會知道。這個知識使我們可以把字放在一起，組合成為合乎文

法的句子，即使很小的孩子也有這個文法的知識。當你給一個四歲的孩子看一個卡通人物，並告訴他「這是 wug」；當他看到兩個 wug 時，他會說「wugs」。這表示他知道「wug」是名詞，名詞為複數時要加 S。當你給他看一張「一個知道怎麼 rick（堆乾草）的人」的圖時，他會說昨天這個人「ricked」了。這表示他知道「rick」是動詞，也知道如何把動詞變成過去式。

事實上，有兩種方法可以把動詞變成過去式。就如平克在《字和規則》（*Words and Rules*）這本書中所說的，一種方式是看字的本身，另一種是規則變化。前者是指不規則動詞的變化方式，如 go-went-gone、buy-bought、hold-held；每個動詞形式在心理詞彙中各自列表，必須靠死背，沒有捷徑。幸好，不規則動詞多半是我們經常使用的那些字（在所有語言中皆如此），而且大部分是單音節。

另一個形成過去式的方法是規則變化。以剛剛的例子來說，孩子會說昨天這個人「ricked」了。但是因為英文中並無這個字，孩子不可能曾經聽過。然而，他們知道加上「-ed」就可以形成過去式；孩子有時會犯這個口語上的錯誤，誤用了這項規則，把「-ed」加到不該加的字上面去了，如 goed、buyed 和 holded。

所以，這裡我們有兩種獨立的機制在做同一件事情，也就是製造同一種輸出訊息；而有時它們會給出相互抵觸的答案。我們的心智會用不同的方式來解決這個矛盾：有時是妥協，有時是讓其中一種機制有優先權。在動詞的例子裡，語言系統會讓在心理詞彙中有列表的有優先權。首先，先看這個動詞在心

理詞彙中是否有過去式；如果沒有，或是無法很快找到，那就使用一般性的規則。心理詞彙中找不到 rick 的過去式嗎？好，那麼就加上「-ed」。孩子會犯錯一陣子，因為像 went、bought、held 這些過去式還不夠強（它們還不曾被重複很多次），還不足以壓下規則變化的機制。不規則動詞的過去式尚未能快速跳出，以填補句子中的空缺。

　　這兩種系統有神經學上的證據。語言區前半部受傷的病人無法使用文法，叫做「失文法症」（agrammatism）；他們記得字（當然不像正常人記得那麼好），但是無法在字尾做變化，也幾乎無法對一個無意義的字想出它可能的過去式，如「rick」。語言區後區失功能的人會有「失唸名症」（anomia），他會叫不出物體的名字，但是很清楚它的功能。你記得當你想不起某人的名字時有多挫折嗎？感覺那人的名字就已經在舌尖上了，但就是說不出來。失唸名症的患者就是無法想起像是「時鐘」這些物體該怎麼說：

　　我當然知道它是什麼，就是用來計時，或者知道現在是幾點幾分。你知道的，就是掛在牆上……我就是想不起來。

　　但是這些病人知道如何形成複數和過去式。假如患者想不起來要找的那個字，有時他們會自己造一個字，會把正確的字尾變化加在造出來的字上：「I believe they're zandicks.」「She wikses a zen from me.」這些病人會和兒童犯一樣的錯誤，會發生像 holded、digged 這些錯誤。而這些錯誤也會出現在阿茲海

默症患者身上。阿茲海默症的一個典型症狀是，患者無法想起他要用的那個字，但仍能跟你聊天，說的句子都非常符合文法。他們會用「東西」、「你知道的」來替代找不到的字。

由於來自各方的不同證據，平克認為語言系統包含兩個可區分的部件：可記憶字彙的心理詞彙，外加可聯合或變化這些字彙的一組規則。這個理論與本文有關的部分是心理詞彙。同樣的道理，我認為正常人的心智包含了關於人的心理詞彙，而對於我們已經知之甚詳的每一個體，也有一個獨立的項目列表。心理詞彙是與人有關的訊息學習機制的產物。加上面孔辨識模組的幫忙，如我在之前的章節提過的，這個模組可以區分出人與人之間細微的不同，就像語言詞彙可以很精細地區分出不同的字。

心智系統的一項驚人特色就是，很多系統自己提供了動機。這是它們工作的一部分：使它們的主人願意用它們。孩子熱切想要學會語言，我們根本不必去鼓勵他或獎賞他。大人也不需要付他錢去學新字或用新字。不過這個渴望會隨著年齡的增加而逐漸減少。相反地，收集並分享他人資料的渴望一直都很強烈。大人都喜歡閒聊，或是聽人閒聊，跟孩子一樣。就是因為這個渴望，我們才會去讀別人的傳記和小說，或是看電影和戲劇。也就是這個慾望或渴求，驅使球迷想要親眼目睹心目中球星的盧山真面目。我們詳細追蹤名人的事業發展，一字不漏地閱讀報上所登載他們的私人生活。我們不會投票選某人做總統，除非我們認為已經很了解他了。雖然我們可能永遠不會跟他見到面，但我們還是要知道，我們可以相信這個人會公平

行事嗎？

在舊石器時代，你的生命或你孩子的生命，就懸在這個問題的答案上。

區辨的重要性

幾百年來，戲劇、歌劇和小說的作者都著迷於「認同」這個概念，尤其是「誤認」。一名女子的先生偽裝成陌生人去引誘自己的妻子❷，若是妻子被引誘了，她有背叛她的先生嗎？另一個場景出現在科幻小說中：一個複製機器複製了一個跟她先生一模一樣的人，連細胞分子都相同，有同樣的大腦、同樣的記憶等等。假如這個女人與複製人發生關係了，她有背叛她先生嗎？前者的答案是否定的，因為那個人就是她的先生，但是這個女人還是會被認為有罪；後者的答案是肯定的，但是不能怪那個女人，因為兩人實在太相像了。這裡有兩個不同的議題：引誘者的身分，和這個女人認為引誘者是誰。你把假鬍子貼在一個人的臉上或把他的鬍子剪掉，給他穿制服或便服，叫他用英國或義大利的口音說話，他還是同一個人。但是複製品就不一樣了，不論複製得有多像，他都是另外一個人。我們不希望尚和強納森的太太睡在一起，就像我們不希望他去替強納森頂罪一樣。

但是強納森的太太（假如他有太太的話），也不會願意跟尚睡覺。根據行為遺傳學家賴肯（David Lykken）和泰勒根

---

❷ 譯註：讀者請去想想中國文學中「莊周戲妻」的故事就明白了。

（Auke Tellegen）的雙胞胎研究，一般來說，雙胞胎的配偶對另一個雙胞胎沒什麼特別的感覺；只有13%的男人和7%的女人說他們會愛上配偶的另一個雙胞胎手足。這個感覺，或是說缺乏這個感覺，都是相同的，雙胞胎也不會為自己手足的另一半著迷。

　　賴肯和泰勒根指出，這個現象需要深究。演化心理學家有時給人一個印象，好像配偶的選擇是例行公式，按著條文來就對了。他們說，第一步，先刪除父母和其他近親；第二，搜尋年輕貌美的（假如你是男的）或社會地位高的（假如你是女的），把這些可能的人選依你的喜好程度排出高下來；第三，決定你要從第幾號開始著手，這個判斷跟你了解自己的斤兩有關係，要的太高會浪費力氣（所謂癩蝦蟆想吃天鵝肉）反而會窘，所以劃掉最上面三個名字，跟第四號調情，假如對方沒有反應，試第五號。

　　等一下，我忘記說相似性了。至少在現代，人們傾向於選擇跟自己特質相似的人，如外表形象、身高、教育程度、智力標準、對宗教和政治的看法以及人格。然而，假如選擇配偶只是去選一個最像你的異性，那麼同卵雙胞胎的配偶應該比異卵雙胞胎的配偶還相似才對；但是並沒有。賴肯和泰勒根結論說，以下這個擇偶模式最符合研究數據：去除所有可選擇人群的一半，因為他們跟你太不相同，或是你不可能去贏得他們的青睞，然後從剩下的一半中，隨機選擇一個去談戀愛。「心是知道理智的，但是理智並不知道它是什麼。」著名的法國科學家巴斯卡（Pascal）嘆息說。

　　重點是你不會跟一群人或某個階級的人談戀愛，你是跟某一個人談戀愛，你的愛人必須是「唯一、獨一無二的」，你才會愛。這叫「配對聯結」（pair-bonding），成雙成對。人類並不是唯一相配成對的物種。一夫一妻在動物界中相當普遍，它的演化目的非常明顯：讓雄性動物有動機去幫忙教育雌性所生的下一代。雄性只有在很確定自己是孩子的父親時，才肯投資時間和精力去扶養下一代。

　　一夫一妻制或類一夫一妻制的動物，如人類，必須要能辨識自己的配偶，不能犯這種錯誤：「啊！糟了！我以為你是我先生！」一夫一妻制只有在雙方都可以很明確地辨識出對方時才行得通。一夫一妻制的鳥類必須要能區分出「自己的」知更鳥伴侶跟其他知更鳥，或是「自己的」母鵝與其他母鵝。

　　依賴互惠利他以度過難關的動物，也會遇到同樣的問題。舉例來說，吸血蝙蝠的壽命長達十八年之久，共享一個巢穴的蝙蝠（不一定是近親）彼此都很熟。牠們記得誰欠誰恩惠未還，假如今晚運氣不好，沒有吸到血，牠們會去欠牠恩情的同伴那裡要求回報。

　　區辨彼此的方法，在每一物種中都不同。狗就是以能憑著氣味區分人類而著稱。但是在這裡你會懷疑，即使是狗，可能也分辨不出尚和強納森。同卵雙胞胎如果住在同一個屋子裡，吃同樣的食物，對狗來講，聞起來的氣味是相同的。

面孔辨識模組

　　有些證據顯示，人類的嬰兒和母親可以藉由氣味來辨認出

235

彼此。然而，無疑地，我們也認得出熟悉的聲音。而人類主要是靠視覺來作區辨，所以大腦中有辨識面孔的模組。神經科學家法拉（Martha Farah）和她的同事專門探索臉型辨識與一般視覺辨識有何不同。例如，辨識一個上下顛倒的物體比左右顛倒的難，但要辨識一個上下顛倒的臉就更難上加難了。你可以自己試試看，把報紙倒過來，然後去辨識報上的人物照片。

心智的機制並不一定與大腦的特定區域相呼應，有些功能聚在一處，有些分散各地。臉型辨識的模組是在一處的，大腦造影研究已經在大腦的梭狀迴（fusiform gyrus）找到專門負責臉型辨識的模組。右邊的梭狀迴受傷會造成「面孔失辨認症」，病人沒有辦法辨認熟悉的臉，甚至是自己的臉在鏡中看起來都像陌生人；他們也無法學會辨認新的面孔。

自閉症患者辨識面孔的能力也非常差。大腦造影的研究顯示，他們大腦的梭狀迴沒有正常地活化，所以他們只好把臉當作物件來處理。因為自閉症患者辨識上下顛倒的臉和辨識上下顛倒的物件差不多，所以實際上他們比一般正常人更能辨認上下顛倒的臉；但是當臉的方向正常時，他們的辨識能力比不上一般人。

另一個面孔辨識模組失功能的例子是無法區辨熟悉的和不熟悉的臉，而這個問題也會在自閉症患者身上看到。大腦造影研究顯示，正常人在看熟悉和不熟悉的臉時，大腦活化的區域不同。在四歲大的自閉症兒童身上看不到這個神經上的差異，但正常發展的孩子只要六個月大時就可以看到這個差別了。一般的孩子在六個月大時就會懼怕陌生人，所以這是有道理的：

他們的大腦已經能夠區辨出熟悉的人和不熟悉的人了。但很奇怪的是，這個差別不只是能否辨識出你認識的這張臉；顯然大腦中有個機制在看到熟悉的人時會活化，而且某種程度上它是獨立運作的，不受負責辨識機制的控制。

這個掌管熟悉與否的機制如果失功能了，會發生很奇怪的現象。一個大腦受傷的病人會說，沒錯，那個人看起來就跟我太太一模一樣，但她不是我太太，她是冒牌貨。雖然辨識機制是正常的，但是熟悉感沒有了。在另一個情境中，熟悉感在不該有的時候卻出現，病人就會相當確定這個陌生人一定是熟人；他會認為隔壁床的病人其實就是他媽媽偽裝的，或是他媽媽住進了陌生人的身體裡。如果你還想多認識幾個新詞，那麼我就告訴你第一種病叫「凱卜格拉斯症候群」（Capgras syndrome），第二種是「佛利格利症候群」（Frëgoli syndrome）。

這些都是罕見疾病。熟悉感通常不會出錯，就像當父母把孩子放在百貨公司裡聖誕老人的腿上時會發現的一樣，孩子並不會被那個人的名字或裝扮所騙；孩子很清楚這是個陌生人。

個人身分結的資訊儲存模式

即使在舊石器時代，只會辨識面孔是不夠的，人類還需要別的方式來區分彼此。假如你想告訴 A，B 對 C 做了什麼，那麼你就得認得 B 就是「那個鼻子很大、臉上有道疤的傢伙」。假如你要一直跟 A 說有關 B 的緋聞，那麼你對 B 的描述就會簡化成「那個大鼻子」或「那個刀疤老三」。但是假如 B 沒有大鼻子也沒有刀疤時怎麼辦？假如交換社會訊息是人類發展語言的一

個目的，那麼人名（一個可以很快地辨識他人的有效方式）就會是我們心理詞彙中最早出現的幾個項目之一。

或許人名也是最容易被遺忘的。你不必罹患「失唸名症」，就可以經歷到那種好像記得某個人叫什麼名字，但總是卡在舌尖上，就是說不出來他名字的感覺。我們每個人都有這種經驗，尤其年老的時候。阿茲海默症患者通常會先忘記專有名詞（人名和地名），然後才忘記一般名詞。腦傷病人有時也會出現同樣的病症：他們忘記了人名和地名，但卻記得一般物品的名稱。比較輕微的腦傷有時也會使病人很難記起人名，但對於地名的記憶卻沒有問題。對我來說，這種現象表示儲存人名和地名的地方不一樣；一個儲存名字的機制，它的運作方式與面孔辨識模組差不多。或許我們比較容易忘記名字是因為它的演化歷史比較短，天擇還沒有機會把系統裡的「蟲」抓出來丟掉。

從另一方面來講，我們忘掉的不只是名字，其他指認別人的能力也會丟失。我們看到別人覺得很面熟，但記不起在哪裡見過他；我們老遠看到一個人，以為他是我們認得的某某，等到走進一看才知認錯了。英國蘭卡斯特大學（Lancaster University）的安祖‧楊（Andrew Young）提出了個人資訊儲存模式來解釋上述現象。他假設，我們的大腦對每一個我們認識的人，都有一個「個人身分結」（person identity node）。要辨認一個人要動用到「辨認單元」（recognition unit），它會告訴你這個人的身體特徵，例如五官、頭髮、身材、聲音甚至衣著，跟我們認得的某人有多相像。假如這種比對的效果很好，這個人的「個人身分結」就被活化，我們就得以進入裡面取得

資訊，知道他的名字、職業、家庭背景等細節。但是它跟其他資訊的連接可能會斷。所以「個人身分結」可能只是個交會點（junction），關於這個人的各方資料彙集在此，有些連接可能比較弱（或很容易被阻斷）。

　　楊的這個個人資訊儲存模式是基於結的連接的概念。我會繼續用比較生動的心理詞彙的概念，或是通訊錄的概念來形容個人資訊。但是你不要從字面上去解釋，這只是一個比喻，不是一個模式。這個「結」的模式無疑地比較接近大腦實際的運作。此外，它正確表達出有很多種方式可以進入儲存個體資料的地方。我們可以用名字指認一個人，或用臉、用職業。一旦進入了正確的結，我們就有很多方式來指認同一個人。相反地，通訊錄中的名字是按字母順序排列的，假如你忘記他叫什麼名字的話，這個通訊錄對你沒用。

　　從另一方面來講，詞彙的給人家的印象好像是把很多項目彙集在一起。在個人資訊的儲藏室裡，我們有成千上萬筆的資訊，每一筆都跟某個人有關，每一個又包含著（或是連接到）關於那個人的其他資訊。你可以把心理詞彙想成一個大本子，你所認得的每個人，都有專屬的一頁登錄有關他的訊息；裡面有一塊是放他的臉，另一個地方放名字、他的近親、他的職業，加上你與他共有的回憶。有些資料可能就模糊而不易讀取了，有些可能從來就沒有填上。即使你從不曾看過這個人，他也可能在你的心理詞彙中占有一頁；你收集你在故事書和小說中看到的人物訊息。而你不認得的人，在他的心理詞彙中也可能有你的一頁！當你們終於被介紹認識時，他會毫不猶豫地告

訴你:「我早就聽說過你的名字了!」

　　關於心理詞彙還有一件事:每一頁還包括這個人所屬的團體和社會類別。我們注意到一個人時,通常最先注意到他的性別、年齡和種族,這些都會列在他的那一頁上。類別的訊息,就類似平克的字的詞彙中有關名詞、動詞的意思。有時我們把字和人都當作獨特的個體,例如我們提取不規則動詞的過去式;有時我們把它當作團體的一員,如我們在動詞後面加「-ed」。這一章是關於關係的;在關係中,每個人都被當成獨立的個體。在下一章,我們會把人當作類別的一員。

個人資料庫的演化目的

　　平克說,字是一個武斷的記號,它之所以有效,是因為在說的人和聽的人腦海中的字典有著相同的登錄項目。名字是一個武斷的字,代表著某一個特定的人,聽的人和說的人都能叫出他們腦海中有關人的心理詞彙的相對應項目。字的好處是,它武斷地與一個意義相聯結,這使我們可以跟談話的對象交換訊息。名字的好處是,它武斷地與一個人聯結在一起,使我們可以傳送有關那個人的訊息。

　　一旦我們能夠這樣做,閒聊就有了價值;也就是一個交換的媒介。我們可以幫 A 一個忙,告訴他 B 和 C 在做什麼;要提防著 D,他實際上比他看起來還要孔武有力!不要相信 E,她會說謊;F 在注意 G;假如 J 對你不滿,你可以去找 K。為什麼「說閒話」不是一個好名詞,主要是閒話傳遞的訊息多半是負面的。這是為什麼當你聽到人家說「我聽說很多有關你的事」,你

總是會感到不安。

個人資料庫的演化目的就跟配對的演化目的一樣清楚：使我們在別人面前舉止恰當。我們必須知道別人的底細，才知道什麼話該講、什麼話不該講。嬰兒會伸手要母親抱他，但他不會對陌生人這樣做，即使這個陌生人的年齡和性別都正確。孩子學會去避開霸凌，但會去找社區中的其他孩子玩。假如別人不禮尚往來，你就不再幫他的忙，除非這個人是近親。

演化發展學家畢約克蘭（David Bjorklund）和派里格里尼（Anthony Pellegrini）認為，「社會智慧不只一種，而是一組呈階層排列、有點特殊的能力，是由我們的祖先演化出來處理所面臨的各種社會問題」。另一位演化心理學家布根托（Daphne Bugental）把社會生活的難題分成好幾個領域，認為人類天生有功能特殊的「調整機制」（regulatory mechanism）來指引某個領域中應該做的行為。這些機制可能用到相同的資訊，但是它們遵循不同的規則。例如同樣是有關近親的資訊，假如問題是要不要幫助他，處理的規則就跟要不要和他有性關係非常不同。

所以關係系統包含了很多複雜連接的部件；裡面有個人和訊息習得的機制，它建構和儲存了有關人的資料庫，並且提供去收集這些資訊的動機；裡面還有調節的機制，它利用儲存在資料庫中的行為去指引出不同社會生活領域中應該有的行為，並且提供它們自己動機，最顯著的例子是性慾；其他特別功能的模組都將訊息送入系統，例如面孔辨識模組，它的功能是評估血親關係及閱讀心智（我在前一章中有說明）。不論你想要跟這個人做什麼，幫助他、與他交配、跟他做生意或和他打架，

如果你能知道他們的意圖，對你都非常有利。心智閱讀機制所提供的訊息是特別針對某一個人（我們知道安可能知道球在哪裡，但是莎莉不知道），並且儲存在那個人資料庫的那一頁上；或是說，它是連接到辨識那個人的結上。

這個關係系統的目的是指引我們針對特定對象的行為。為了解釋它是怎麼運作的，我用布根托所謂的「階層性的權力領域」（hierarchical power domain）為例。這是個體在關係中稱霸的順序，例如吃東西時，誰先吃、誰後吃。我對這個領域很有興趣，是因為個人配對的互動會因更大的社會結構而有所改變——在此是指「統御階層」，或「進食次序」。

動物的統御階層

演化生物學家及網路理論家把它們稱為「自我組織的系統」。一群在水裡游泳的魚就是一個自我組織的系統；魚群在移動時，好像有個領袖在帶領全體前進。但是其實沒有領袖，每隻魚都在做自己應該做的事：對環境的線索作反應（例如游向食物源或遠離危險），並且同時考慮到鄰居的位置。牠們所形成的形態（多麼賞心悅目的畫面）實是由於牠們在游動時一直保持一定的距離。要維持這個形態只要動用到兩個規則：不要太靠近，也不要太落後。而太近和太遠的定義依每個魚種而有所不同。

魚群是依特定的典型行為而形成的社會組織。天擇作用在每一條魚上，製造出魚的典型行為；從這個層次來說，演化可以製造出比魚的個體還要顯著的行為來。天擇藉由調整個體的

典型行為來塑造整體的型態。演化生物學家稱之為「多層次淘汰」（multilevel selection）：一條魚適不適合生存，不是取決於牠跟別的魚比起來有多強，而是牠的魚群跟別的魚群比起來有多強。

魚群中的魚無法分辨彼此，因為沒有這個需要。但是雞群中的雞確實分辨得出彼此，因為牠們有「進食次序」。假如你把十隻公雞或母雞放在一起形成新的雞群，馬上就會爆發權力鬥爭。兩隻雞會互啄或作勢要打架，直到有一方退縮，於是就形成了新的臣屬關係，不必再打架了：位階低的只要讓路給位階高的，就能和平共存。這個雞群就變成功能良好的超級有機體。統御階層不只對贏家有利（牠最先進食、最先交配），對輸家也有利（不必再挨打）。不管是贏家還是輸家，都獲得成為團體成員的好處。一隻離群索居的動物是沒有明天的，牠將成為獵食者的下一頓晚餐。

雞有必要辨識彼此，記得誰贏誰輸才能維持團體的階層性，然而牠們卻不像傳說中的大象擁有超強的記憶力。假如雞群的數量超過十隻，牠們就搞不清楚誰是誰了（統御階層在較大的雞群中較不穩定）；又假如有隻雞出國度假了，牠很快就會被遺忘，不會替牠保留位子的。假如你把一隻雞從雞群中帶走，過了一週再把牠放回去，牠會回到原來的位階；但是如果你過了三週才把牠放回去，牠就得重頭再打一遍，才會知道牠應該在哪個位子上。所以雞的心理詞彙沒有很多頁，而且墨水很容易褪色。但是話說回來，誰又會期待雞具有一個能夠辨識彼此而且舉止適當的機制呢？

　　現在讓我們再往下探索更小的腦——黃蜂（paper wasp）❸。是的，就是築巢群居的黃蜂（有時你可以在樹枝上和屋簷下看到牠們灰色的紙狀蜂巢），牠們也有統御階層。每年春天，那些捱過嚴冬的雌蜂會出來重組蜂群；如果有好幾隻雌蜂活過冬天，牠們會合作建立新的蜂群。但是一開始時，雌蜂會互相鬥爭，直到新的統御階層出現，蜂巢又恢復平靜。

　　在黃蜂中，當上蜂后的好處多多：牠會是這群黃蜂的主要產卵者。其他的雌蜂只能偶爾產卵，但假如蜂后發現有顆卵不是牠的，就會把它吃掉，不久後其他雌蜂的卵巢就會萎縮，不再排卵了，只能幫助照顧蜂后的後代。戰敗的雌蜂會留下來，主要是因為離群就活不了了，同時也是等待機會；只要蜂后死了，牠們就有機會更上一層樓（這時牠們的卵巢就會恢復功能）。當然，蜂后也有可能是牠們的姊妹，所以牠們幫忙照顧的可能是自己的外甥或外甥女。

　　信不信由你，黃蜂居然也能辨識彼此。不過嚴格來說，這是沒有必要的，因為黃蜂的統御階層是建立在一種回饋迴路（feedback loop）上。

　　許多生物系統用回饋迴路來達成目標，例如溫體動物控制體溫的「體內溫度恆定」（homeostatic）機制就是用負向的回饋迴路：某個東西如果太多了，就會啟動機制去減低它。例如身體太熱，就會啟動流汗機制去排熱降溫。魚群的兩個規則（不要太近，也不要太遠）也是一種負向的回饋迴路。但是形成魚

---

❸ 編註：黃蜂，又稱大黃蜂、胡蜂，或虎頭蜂。屬於昆蟲綱‧膜翅目。

群的規則剛開始是一種正回饋（假如你看到一群同類，你就會加入牠們）。在正向的回饋機制中，豐者會愈豐——因為許多的魚更容易刺激魚群增加的過程。

　　那麼，正向的回饋迴路是如何建立起黃蜂的統御階層呢？假設贏了一場權力鬥爭會造成贏家的某種改變（或許是荷爾蒙），這個改變會把蜂后地位的訊號發送給其他可能的挑戰者，使蜂后在未來的挑戰中更容易獲勝。蜂后藉由某種行為架式或散發出某種荷爾蒙，向其他黃蜂展現相當的自信。位於統御階層下層的黃蜂可能會回應這些訊號而不敢蠢動，而不見得是因為記住了上次挑戰失敗的經驗。

　　這種正向的回饋迴路，並不限於腦容量像黃蜂那麼小的動物，在有些能記住團體中所有成員的動物身上也觀察得到，如狼和猴子。下面是演化生物學家 E. O. 威爾遜（E. O. Wilson）的紀錄：

　　你不可能誤認狼群中的首領，因為牠抓頭、抓耳朵、抓尾巴的方式，牠的自信，還有牠正面迎向狼群中其他成員的姿態，你都不可能誤認的。牠不用展露出敵意就能控制牠的屬下❹……同樣地，恆河猴中的猴王也是有一套讓別人立即知道牠是王的方法：頭和尾巴高高翹起，睪丸下垂，身體緩慢地大動作移動，眼光銳利地掃過經過牠視野的猴子。

　　這些描述非常真切；我們都知道有這樣的傢伙。在人類

❹ 譯註：好比我們說的「威而不嚴」。

中，也有正向的回饋迴路在作用著。

眼光偵查器和注意力結構

猴王毫不遲疑地監視著牠統御的猴子，是牠宣示地位的方式。在權力階層中，眼睛直視對方是一種挑戰。假如兩個個體（無論是猿、猴或人類）目光交會，位階較低的一方會馬上低下頭，移開眼光以示臣服。假如繼續維持目光的接觸，就等於送出了挑戰書。

在前一章中，我談到巴隆科恩所謂「眼睛方向偵查器」的心智模組，現在我把它重新命名為「眼光偵查器」（gaze detector），它告訴你別人在看什麼——尤其是有沒有在看你。你怎麼運用這個訊息，就看你跟這個人的關係是如何；或者用布根托的話來說，就是你現在是在哪一個社會生活的領域中。在權力的統御階層中，延長目光的接觸就是「我挑戰你」的意思；在交配的領域中則代表「我愛你」。這種行為在第一種情況中會導致打架，但在第二種情況下，同樣的行為可能導致性交。

短暫的目光接觸在不同的領域也有不同的意義。在交配的領域，它可以用來調情；在統御階層中，它是動物生態學家錢斯（Michael Chance）所謂的「注意力結構」（attention structure）。要辨識出靈長類動物族群中的領導者，不是看誰直視其他人最多次，而是誰接收到最多的注目禮。一般來說，猴王是團體中接收到最多目光的那一個，遠比位階低者多，因為位階低的必須時時注意自己有沒有擋到高層的路。牠必須知道牠的老闆在幹什麼，以預期老闆的下一步動作，好及早閃開。

假如牠碰巧接觸到老闆的目光時，牠會立刻移開牠的視線。

　　在靈長類的社會中，階級的排定不是一件容易的事，因為個體的位階同時取決於好幾個因素。雄性和雌性通常都有各自獨立的階層，而全部或大部分的雄性又可以統治全部或大部分的雌性。另一個重要的因素是血緣。在親屬關係中地位最高的人與別人發生糾紛時，可以叫其他族人出來幫忙。

　　如果生在一個有權有勢的家族中真是三生有幸。最近一個在非洲波札納（Botswana）野生動物保護區所做的狒狒研究顯示，狒狒非常清楚知道團體中家族關係及權力階層。實驗者錄製剪接了一段狒狒爭吵的聲音，聽起來像是一隻狒狒確定自己是老大而另外一隻在臣服。當其他狒狒聽到這段假的錄音帶時，牠們的表情很困惑、很不安（從牠們的眼睛一直看著發出聲音的錄音機可以看出），因為這個錄音帶顛倒了牠們原先的統御秩序——一個低階的狒狒挑戰同一家族中高階的長輩，而且好像還占了上風；或是一個低階家庭的狒狒去挑戰高階家庭的狒狒，而且好像占了上風。然而就這兩種情況來說，狒狒對於後者的情境似乎更不安 ❺。所以研究者的結論是，狒狒會依個人階層和家族關係來區分其他狒狒的階級，而且牠們知道家族階級地位的改變會帶來更多的不安。

　　這個實驗結果也顯示，狒狒可以從聲音來辨識中族群中的個體。所以，聲音跟影像都可以進入某個特定狒狒的資料庫——牠的專屬頁面上不但有牠個人親族關係的資料，同時也

❺ 譯註：好比我們有所謂的有以下犯上，會大逆不道。

有這個親族與團體中其他親族關係的資料。

接著我們來看黑猩猩。在黑猩猩的族群中，統御階層的排序不只要看身體強壯的程度和家庭關係，同時還要看非親族之間的結盟情形。荷蘭的靈長類動物學家狄瓦（Fanz de Waal）觀察到：

第三隻猩猩決定加入這場競爭並且選邊站，結果就變成兩隻對一隻。在許多情形中，這衝突會變得更大，更多的猩猩加入結盟……牠們在介入時是經過詳細評估的。牠們喜歡誰、不喜歡誰，會決定牠們的行為。牠們的選擇是有偏見的，而且多年來這個偏見不會變。的確，這是猩猩結盟行為中最有趣的一點。為什麼本來支持 A、對抗 B 的 C，現在會轉而支持 B、對抗 A ？

荷蘭安罕動物園（Arnhem Zoo）的黑猩猩也出現過類似情形。狄瓦曾經花了很長的時間觀察這個動物園中的靈長類。當他剛去動物園時，黑猩猩中的首領 A 叫做伊隆恩，當時身體還很強壯，但是已經看得到歲月的痕跡。第二順位的 B 是路特，比較年輕，但是同樣很強壯。C 是尼基，是三隻中最年輕也最狂暴的，牠仍然在發育中。

伊隆恩身為猴王超過兩年的時間。然後有一天，路特開始挑戰伊隆恩的權威，而尼基跟路特結盟，把伊隆恩從王位上趕了下來，所以現在 B 和 C 都強過 A，可以統御 A 了。然而 A 卻對 C 臣服，於是 C 開始跟 A 聯手對抗 B。因為有 A 的支持，C

就把 B 轟下來，自己稱王。所以尼基雖然未發育完成，但因為用對了策略，於是便得以稱王了。

這種地位的改變，通常會伴隨著行為舉止的改變。猴王本來是非常有自信的，然而一旦王位不保，牠的自信立刻消失。其他猴子也非常清楚發生了什麼事。團體中的每個成員都很清楚現在誰是王、誰在計畫政變、誰又支持哪一方。黑猩猩的人事資料庫是必須每日更新的。

早先我說過，統御階層是兩個個體互動的結果。這種情形即使在狄瓦所說的結盟中都仍存在。黑猩猩 A 統御 B，因為牠比 B 大、強壯，或是因為牠有 C 的支持。不論是何種情形，A 和 B 之間是一種統御和臣服的關係。

同儕團體的統御階層

在人類兒童的團體中，也可以觀察到統御階層。跨文化的心理學家愛德華（Carolyn Edwards）研究了傳統小村落中混合各種年齡層兒童的遊戲團體。她報告道：

較大的孩子會對比自己年幼的孩子擺出老大的姿態，因此，在這混合年齡的團體中就建立了一個依體型大小和力量強弱的進食次序。尤其是在兄弟姊妹、繼兄弟姊妹和堂兄弟姊妹的遊戲團體中。

孩子上學後，年齡相仿的學生團體成員絕大部分都沒有血緣關係，而比較高壯的那些通常會有比較高的地位，尤其在男

生的團體中。研究者對於托兒所的孩子進行研究後發現，注意力結構跟靈長類動物中所見的很類似，地位愈高的孩子愈會得到其他孩子的注目。

但是在人類中（即使是男生），注意力結構不同於統御階層。在注意力結構中位階最高的孩子，並不一定身材最高大或最有攻擊性。他可能是最會組織、最會出點子的人，或是最會想出有趣的遊戲並說服大家去玩的人。一個不是處於統御階層頂端的孩子，在團體中也可以擁有很高的地位。人類的地位是複雜的，牽涉到許多向度。我在下一章會再討論這個主題。

一個團體的統御階層取決於當時有誰在團體中。假如 A 不在，下一順位的人可能可以遞補接班。但如果牽涉到結盟的話，就會有別的變數：如果沒有 A 的支持，B 可能會輸給 C。當一個團體分裂成為兩個小團體時，個體的階級可能會改變。在遠古時代，當人類的家庭以小型、暫時性的團體一起以採集為生時，孩子在統御階層中的地位可能會因為這種轉變而向上或向下移動。一個本來在團體中發號施令的男孩，假如一個新家庭加入他們的覓食團體，而這家庭中有個更高大、更強壯的男孩時，他的地位就馬上下滑。遠古時代的孩子遲早會認得他族群中的每一個人，他也一定要學習可以去統御誰，誰又可以統御他。

就如狄瓦所觀察到的，猴王的行為取決於牠是否仍是猴王。前任猴王不但失去了地位，同時也失去自信。某個時間在某個團體中，一個人會表現出統御還是臣服的行為，取決於他於特定時間在特定團體中的地位。這就是為什麼一個多年來被

比哥哥差遣支使的孩子，可以在年紀相仿的同儕團體中搖身一變，去支使差遣別人。

區辨的人際關係系統

關係系統是一種區辨而非類化的系統，它的目的是將個體更細地區分開來。甚至是同卵雙胞胎，也要找出他們的不同，使這個系統的主人可以對每一個人做出恰當的行為。例如欠別人的恩情一定要報答，要牢記口是心非的欺騙，要找志同道合、興趣相投的人作伴，要避開討厭的人，要聽從長輩的話。因為訊息一直進來，這個系統必須要能區分這是新的還是舊的資訊，而且特別偏重新的：你「最近」為我做了什麼？

我們所收集的個人資料在我們與這個人互動時就派上了用場。所以父母對每個孩子的態度都不同，孩子對兄姊的態度也跟對弟妹的不同，對同學的更與對家人不同。因此，一個人對老闆的態度與對父親的一點都不同。因此，一個女人愛上一個男人時，並不會被他的同卵雙胞胎吸引。

人類建構心智的「工作模式」，不只包括他們與父母的關係，還包括所有曾經互動過的個人。即使接觸的時間很短，我們也會針對這個人建立起一個資料庫，將對他的了解全都儲存在這個檔案夾中。所謂的基本歸因錯誤（我們傾向於從小型或非典型的行為樣本去判斷一個人的人格），就是這個心智資料庫運作的結果。因為它的目的是要告訴我們，當再度碰到這個人時應該如何應對；它會基於手邊的資料做出最好的猜測。而最好的猜測就是這個人未來的行為會和他過去的一樣。所以，我

們就犯了基本歸因錯誤。

　　對嬰兒來說，經營人際關係是首要的工作；他的人際關係系統從他出生時就開始運作了。當嬰兒呱呱落地，開始呼吸第一口空氣時，他就已經準備好要開始建立與人有關的資料庫了。

第八章

社會化系統

演化出團體生活方式的動物，是地球上最成功的動物之一。但是這種適應有一個缺點：這些動物通常無法獨自存活下來。牠們一定要靠群體的力量才能生存，才有機會繁衍。所以在統御階層底部的黃蜂仍然留在巢中，而遭到啄咬的雞，仍然待在牠的雞群中。

在古老的時候，人類是否能繼續生存，也是要看他留不留在這個團體中。但是因為人類的團體依文化而不同，而團體所要求的行為不可能天生就具備（很多是後天習得的）。所以，嬰兒的第二項任務就是去學習這個團體成員能夠接受的行為。這就是發展學家所謂的「社會化」，包括學習社會行為、習俗、語言、口音、態度和這個社會所認同的道德行為。

社會化使得孩子更相似——和同樣年齡、同樣性別的孩子在行為上更相似。所以，社會化不能解開本書之謎：為什麼人在人格和社會行為上有差別（包括一起長大的同卵雙胞胎）？但是社會化系統是一個重要的答案部件，因為我必須解釋為什麼孩子長大後變得既更相像又更不相像。他們變得更相像並不完全是語言和習俗的關係而已。最近有證據顯示，孩子確實變得更相像，即使人格測驗的結果也是如此。

這個證據一定是跟人格的文化差異有關。人格測驗曾被翻譯成許多不同的語言，給全世界的人做。這項研究顯示，兩個不同地方的人格會有系統化的差異。這個差異（不是因為翻譯問題）雖小，但看起來是真的。一般來說，美國人和歐洲人比亞洲人和非洲人外向、較樂意接受新的經驗、比較不從眾，也較會抱怨。但即使是同一洲的人也有差異，例如義大利人和挪

威人。

假如文化之間有差異，那麼也一定也有相似性。在同一文化中長大的兩個人，一般來說在人格和社會行為上會比較相似。

文化上的人格差異

在同一文化中長大的人，他們的外表和身體疾病也比較相似。這些人格上的文化差異有可能是因為基因嗎？這個問題是人格心理學家麥克瑞（Robert McCrae）所提出的。要回答它可能不是如你所想的那麼容易，因為行為遺傳學的資料一點用也沒有。行為遺傳學的方法只能找出受試者群變異的來源，然而一項研究中的受試者幾乎都是來自同一種文化。這種研究可以告訴我們基因在這個文化中所扮演的角色，但是對不同文化間基因所扮演的角色，就一點幫助也沒有。

幸好，還有別的方法可以去回答文化與人格的關係。最好的方式是研究移民。當一個人從一種文化遷移到另一種文化時，發生了什麼事？答案是要看他移到新文化時是幾歲。

麥克瑞和同事對加拿大一所大學的亞裔學生進行人格測驗；這些學生的父母是從香港移民過來的，有些學生在香港出生後才隨著父母移民加拿大，有些是在加拿大出生。研究者發現，那些最近才移民到加拿大的學生，他們的人格跟在香港的同齡大學生很相似；相反地，那些在加拿大出生的學生，他們的人格跟其他加拿大學生一樣；而在小時候就來到加拿大的學生，他們則介於香港和加拿大的常模之間。

　　所以，這些不同文化之間的人格差異不是由於基因的關係，也不是透過訓練和模仿而從父母傳到孩子身上。孩子在加拿大被香港出生的父母養大，最後會變成加拿大人，而影響他們人格的不是父母的文化，而是他們所生長的社會文化。

　　另一項研究是日本的社會心理學家箕浦康子（Yasuko Minoura）所做的。她的研究對象是那些被公司短期派駐美國的日本主管的孩子；這些外派員工通常都會舉家搬遷、上任。她研究這些孩子跟隨父母赴美時是幾歲，在加州又停留了多久。在加州停留的那段時間，他們仍然維持日本式的家庭文化，因為父母知道他們還會再回去，所以努力使孩子不要太美國化。父母的努力是否成功，就依孩子的年齡及停留的時間長短而定。箕浦發現，孩子在九歲以前搬到加州而且停留四年以上，就會完全美國化，採用美國的社會行為。其中很多孩子回到日本後，在與同儕的互動時會經驗到社交困難。那些年紀較大、了解自己困難所在的孩子會努力去改變自己。箕浦把可能回歸日本社會行為常模的年齡上限定為十四或十五歲，但是超過十二、十三歲以後，就必須有意識地努力改變。較小的孩子不需要怎麼努力就能適應去改變社會常模。

　　這兩項研究顯示，文化的確對人格和社會行為有效應──環境的效應。但是大型、複雜的社會不只有一種文化；它還有許多次文化。假如文化之間的人格有差異，那麼同一社會中的次文化之間，也可能會有些微的個人差異。一起長大的兄弟姊妹屬於相同的次文化（至少在童年時期），他們享有同樣的社區、社會階級和種族團體。我把這些有時會在行為遺傳學

研究出現的小型共享環境效應，歸因到人格的次文化效應上。

人格的文化和次文化效應來自社會化，這是無庸置疑的。有爭議的是兒童「如何」被社會化？一般的理論是他們被父母社會化，但是這種說法沒有獲得證據的支持。

從演化的觀點來看，這也不合理。在演化上，童年的目的是為了成年做準備——成年人的生活不太可能繼續待在父母家中。自己家庭之外的人不太能包容不合常理的行為，孩子必須要學習不但能被父母、同時也能被別人接受的行為。這就是為什麼社會化是嬰兒的第二項任務。

我在前一章所描述的心智機制無法達到這個目的。對於第二項任務來說，孩子需要不同的設備。我所提出的社會化系統是有長遠歷史的：社會化是由魚會成群游泳、同類的鳥會一起展翅高飛的機制所流傳下來的。人類的版本當然比較精緻（添加了一些新的裝飾品），但是提供的動機仍然一樣——跟我的團體在一起，做團體成員所做的事。

「你」和「您」

我們來想像一下孩子所面臨的挑戰。一個孩子必須學習如何在社會中舉止恰當；怎樣的行為才不會被別人嘲笑、捉弄或避之不及。但是社會成員的行為並非都一致，因此會對孩子的學習造成困難。除了顯著的個別差異之外，不同社會類別的人，他們的行為也有系統化的差異。在每一個社會中，男性的行為不同於女性，孩子的行為不同於大人，而青少年的行為既不像大人又不像孩子。在狩獵採集的遠古時代，兒童和成人這

兩種年齡類別應該就夠了；然而大多數的現代社會都還有至少一種以上的年齡類別，例如青少年。還有更多其他因素造成的區分，例如社會階級——公主的行為與奴工不同。

社會類別之間的行為差異指的是，孩子不能只從模仿母親來學會恰當的行為，因為一個是孩子，一個是大人。孩子在玩扮家家酒時可以假裝是大人，但如果他在其他情境中模仿大人的行為是很可笑的。雖然孩子可以藉由模仿學會煮飯、紡織和打魚等技能，但是仿大人的社會行為是不被接受的。

在語言上仿大人也行不通。在很多社會裡，人們期待孩子跟大人說話時使用略有不同的語言，例如不同的動詞形式 ❶。舉例來說，在傳統的法國家庭中，父母跟孩子說話時用「tu」（你），但是期待孩子以「vous」（您）來回答。此外，在許多社會中，孩子跟其他孩子交談時會用略有不同的詞彙，但跟大人說話時卻不會。遊戲團體的語言常會有髒話在內；這些字不是從父母身上學來的，在父母跟前也不敢用。

那麼，孩子究竟是如何學習一個孩子應該有的行為呢？更正確一點地說，如何學習一個女孩或男孩應該有的行為呢？答案是，他必須透過認知的歷程去得到一個功能特殊的心智設備。我在前一章中談到的人際關係系統維持了我們心理詞庫（與人有關的訊息資料庫）的運作，避免張冠李戴把資料弄混。在這一章中，我要提出一個完全相反的系統——它會結合資料而且計算出平均數來。

----

❶ 譯註：如日本的敬語。

一張有吸引力的臉

　　孩子的第一步是去找出社會中的社會類別。這項任務相當於其他類別的學習，如椅子和魚類。就像椅子和魚類一樣，人的類別邊界很不顯著：三個腳的凳子是椅子嗎？海馬是魚嗎？這個人是男孩還是男人？傳統社會通常都有成年禮的習俗，清楚劃分年齡類別的界線；然而工業化社會似乎沒有做得很好。而我們至今也還沒有習慣男人和女人之間的模糊地帶。

　　關於模糊的心智類別，有一點很有趣：它們的邊界雖然模糊，但中心地帶卻相當清楚。我們對每個類別的典型都有很清楚的概念，這個概念是在中心位置的形象。當我說「男人」時，你不會想到十八歲或八十歲的人，也不會想像他穿著裙子。當我說「鳥」時，你會想到知更鳥或麻雀，而不是鴕鳥或禿鷹。而一張典型的椅子有四個腳、一個座部和一個靠背。

　　現在的電腦技術可以將兩個人以上的臉孔融合在一起，製造出一張綜合的臉。心理學家請受試者去判斷這些綜合臉是否吸引人。第一個這種實驗的結果是由心理學家藍格洛伊（Judith Langlois）和羅格曼（Lori Roggman）發表的。他們這篇期刊論文的題目是「有吸引力的臉是張平均的面孔」（Attractive Faces Are Only Average）。受試者判斷，一張由十六張臉混合出來的面孔，比所有真人的臉更具吸引力。而不管實驗用的是男人還是女人的臉，都得到同樣的結果。

　　演化心理學家用「人類傾向尋找健康的配偶」這個演化偏好來解釋這個現象。因為出生前後的健康問題都會導致個體

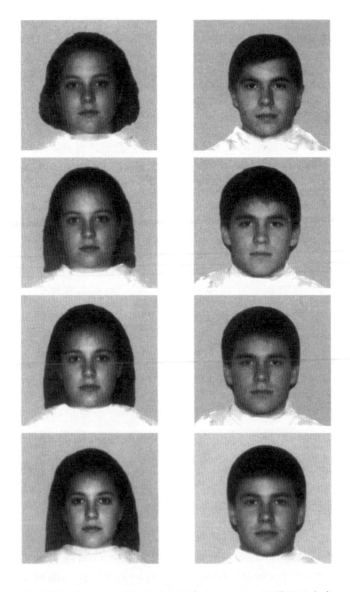

平均的面孔。由上而下分別為融合4、8、16、32張臉的合成
照片。（圖片提供：藍格洛伊教授‧美國德州大學。）

不對稱和不規則，而平均面孔的對稱和規則就是一個健康的象徵，所以人們會喜歡。我對於人們會喜歡健康的象徵這點沒有意見，但我不認為平均的面孔之所以吸引人，只是因為他們看起來健康。應該還有別的因素在裡面：類別的機制。類別的一個心理效應是我們傾向於認為這個類別的平均數不只是最典型的，也最有吸引力；不僅判斷人臉時是如此，在判斷鳥、狗和手錶時也都如此。這些實驗的受試者表示，最普通、最常見的狗和手錶比那些罕見的更吸引人。

然而，限量的錶款賣出去了，巴吉度獵犬和西施犬變成珍貴的寵物，那些長相特殊的男女，也都找到了伴侶。有些被譽為全世界最美麗的男女，他們的臉既不普通也不對稱。我認為，原因在於判斷合成臉孔跟真實人臉的機制是不一樣的。判斷合成臉孔和陌生臉孔的是類別機制；在你的個人資料庫中沒有任何紀錄的那些人，只能被當成他們那種社會類別的無名氏代表。但是當那張臉屬於你認識的人所有，那麼人際關係系統就會活化起來，並且提供你意見。

類別在對於陌生人的反應上效應最強。一旦你知道這個人是誰，你對於他是否吸引人的意見不是取決於對稱；也無法從不認得這個人的人的意見來預測你的反應。一旦你認得這個人，他對你來說是否有吸引力就完全取決於你喜不喜歡他。看到一張熟悉的臉，關係系統馬上會轉到資料庫中登載他資料的地方，把關於他的個人資料都找出來。類別的機制看的是平均數，它的意見會被否決。那個女人不是我昨晚看到跟你在一起的女人；那是你的太太。

薛克特教授的失憶症病人

哈佛大學心理系教授薛克特（Daniel Schacter）的專長領域是記憶。他有一位失憶症病人叫做佛德烈克（Frederick），是一位五十多歲的中年人，很喜歡打高爾夫球。雖然他有嚴重的記憶問題，但他並沒有失去所有的記憶。事實上，薛克特對他的第一印象是他一點毛病也沒有。佛德烈克可以正常地與人談天，也記得怎麼做大部分的事情。尤其是他記得與高爾夫球有關的字、規則和技術。有一次他們一起去打高爾夫球，他仍然知道怎麼揮桿、該用哪種桿子，以及「小鳥」（birdie）和「標準桿」的意思。他也知道球落地後離洞最近的人要用銅板作記號，然後讓別人先推桿。但是當輪到他推桿時，他卻忘掉草皮上的銅板是他的。他忘了是他放在那裡的。

除了偶爾需要薛克特的提醒之外，佛德烈克的高爾夫球打得還算不錯，所以薛克特邀請他找一天再來打一場：

當我到佛德烈克家接他去打第二場球時，他提醒我他打得不好，已經好幾個月沒有去球場了。他說他有點緊張，因為他是第一次跟我打球。我實在不忍告訴他實話。

所有的記憶都不相同；所有的記憶失常者也不相同。佛德烈克失去的是形成新的記憶，也就是所謂事件記憶（episodic memory）的能力。這是對真實事件的外顯記憶；所謂外顯記憶是要用意識去回憶、可以用文字描述的記憶。他仍保有他的語

意記憶（semantic memory）（如「小鳥」是什麼意思這種有關事實的記憶）以及內隱或程序記憶（procedural memory）（如怎麼打高爾夫球）。你可能記得父親教你打高爾夫球的事件記憶，但是如何揮桿是一種程序記憶。遺憾的是，你父親教你打球的事件記憶，會比如何揮桿的內隱記憶失去得更快。

我們知道這些記憶系統是儲存在大腦的不同地方，因為不同區域的腦傷會導致不同的記憶缺失。海馬迴（hippocampus）及其周邊區域與形成新的外顯記憶（事件記憶及語意記憶）有關；這些記憶在海馬迴形成後會儲存在皮質，主要在顳葉和頂葉。這些大腦區域似乎是阿茲海默症患者腦部最早病變的部位。患者初期會忘記東西的名稱，當病情逐漸惡化時，他們會忘記配偶的臉和孩子的容貌。他們的新記憶會忘得比舊記憶快。我的母親在阿茲海默症的後期，把我的兄弟當成她的父親；她不記得她的兒子已經這麼老了（她可能根本不記得她有兒子）。但是有一陣子，她仍然記得她有父親，而我兄弟的臉啟動了她那衰退大腦中一個熟悉的信號。

帕金森氏症的症狀也非常獨特，病因是由於基底核跟前腦額葉連接的地方受損，而這些大腦區域與程序記憶有關。病患失去的不只是如何揮桿這類的身體技能，其他還有如文法規則這類的程序知識——他變得不會使用過去式了。我在前一章提到，平克說語言有兩種系統：一種是基於字，另一種是基於規則。阿茲海默症患者失去的是字的用法，而帕金森氏症患者失去的是規則。

我們對字的記憶是外顯記憶，對規則的是內隱記憶。失憶

症病人不能再形成新的外顯記憶，但是仍可以學會新的程序知識（如騎腳踏車、拉小提琴）。海馬迴受傷的病人還是可以學會打高爾夫球，只是他不記得是誰教他的、什麼時候學會的而已。

　　類別的知識是基於內隱記憶，不是外顯的。失憶症者如佛德烈克，可以學習人工的類別，例如由許多圓點隨機組成的相似圖案；失憶症患者會告訴你一張新的圖是否屬於這個類別。大腦正常的人在不知覺的情況下就可以學會辨識這些圖，而嬰兒在具備事件記憶的長期儲存能力之前，就能習得程序和類別的知識。我在第五章提到嬰兒學習踢腿去使搖籃上的走馬燈轉動，這就是程序的記憶。

　　嬰兒會區分男人和女人、孩子和大人之間的類別，這個能力遠在他能夠說出這個類別的名稱之前就存在了。他們準備好要學習這些社會類別和將來會碰到的其他社會類別，例如種族。這些知識是內隱記憶，大部分並不會意識到是什麼時候、在哪裡取得的。雖然沒有人認為關於椅子、魚、狗、手錶或動詞的內隱知識有什麼不對，但是有關人的社會類別的內隱知識卻會讓人皺眉頭——也就是所謂的「刻板印象」。

　　形成刻板印象、學習類別，以及找出文法規則，都是藉由儲存或組合各種觀察資料；這是一種自動化的心智歷程，不需要大腦下達任何指令。但是一旦形成後，這個規則或刻板印象就常常被心智提取使用。即使你以前從來沒有想過，你可能還是可以告訴我如何形成規則動詞的過去式。小說家和劇作家常利用這種刻板印象創作，尤其是不重要的角色。福爾摩斯也是

如此。這位偉大的偵探也是一位偽裝的大師，但是他並沒有把自己偽裝成某一個人，而是裝成某一型的人、給人某種刻板印象的人。以下為摘錄自《四個簽名》（*The Sign of Four*）故事中的一段文字：

　　我聽到沉重的腳步聲踩著樓梯上來，中間停下來一或兩次喘口氣，好像他的體力無法負荷爬這個樓梯。最後，他終於到了我們門口。他進來了。他的外表跟我們聽到的聲音相吻合，是一個上了年紀的人，穿著討海人的裝束，粗呢短外衣的扣子一直扣到喉嚨。他的背很駝，膝蓋在發抖，呼吸像氣喘一樣痛苦。當他靠在厚重的橡木柱時，他的肩膀起伏，努力地想把空氣吸進肺中。他的下巴裹著一條彩色圍巾，我幾乎看不見他的臉，除了一對銳利的黑眼睛。濃密的白眉毛加上灰長的鬍鬚，幾乎把他的臉都蓋住了。

　　華生上當了；這個人就是福爾摩斯，他偽裝成社會類別中的「老人」，外加一些額外的裝飾，以符合水手的身分。這就是我們心目中古代的討海人，當然，還少了隻信天翁。

刻板印象

　　刻板印象的建構很早就開始了。小孩子在遊戲時會假裝自己是媽媽或爸爸，就是依照他對大人的刻板印象，而非真的爸媽。真的爸媽有時令孩子很困擾，例如有個四歲的女孩，她的母親是個醫生，母親卻堅持女孩只能做護士，男生才可以做醫

生。這個故事發生在好幾年以前，那時女醫生還很少見。這個小女孩現已長大成人了，無疑地，她的刻板印象應該已經改變了。但是，更確定的是，她的腦海裡仍存有這種刻板印象。

針對成人的研究顯示，那些否認自己有偏見的人，可能對其他種族有負面的刻板印象。然而，這種研究幾乎都是給受試者看「陌生人」的照片（或是給照片上的人取個某種族最普遍的假名）。假如你沒有這個人的任何資訊，那麼類別的機制就會啟動，而且大部分是由無意識運作的。所以刻板印象會出來。但是一旦你在個人資料庫中建立了這個人的網頁，這時，關係系統的聲音就出來了。現在你有兩個不同的系統在告訴你同一個人的事。

有一個線索讓我們知道是有兩個系統在調節我們的行為，因為偶爾它們會送出相互抵觸的訊息。類別機制和關係機制之間的衝突是很明顯、很熟悉的，有時也很戲劇化。我很喜歡茱麗葉，但是茱麗葉是卡浦列（Capulet）家族的一員；我很討厭猶太人，但是我有些好朋友是猶太人；我覺得男生很噁心，但是放學後，我會跟安德魯玩。

記得之前提到一個研究，是讓受試者判斷女研究生是友善還是不友善的嗎？受試者憑著簡短的面談時間就對這個研究生的人格做出判斷，即使他們知道她是受到指示才故意做出某些行為，受試者仍然未改變他們原先的看法。我說這很合理，是因為他們並沒有別的資訊可供判斷，但是他們知道她的職業、性別、大概年齡、外表上看起來所屬的種族。他們沒有用類別機制去判斷她的人格，是因為她不再是個陌生人；她是面對面

談過話的人，他們在外面可以認得出來的個體，已經在他們的個人資料庫中留下網頁的人。要判斷她的人格，他們就利用這網頁上的其他資料，而不是她的職業、年紀、性別和種族。

我們記得某人在某種情境下所做的行為，這是一種外顯記憶；隔天仍可以回憶，也可以用文字來描述，並以閒話的方式傳播出去。關係系統在我們意識的心智中占了很大一塊空間。雖然類別機制總是默默地在做大部分的工作，它卻比較強壯、比較不易受傷害。一個失憶症患者忘記了他昨天有遇到你，但是他仍然知道怎麼使用魚、椅子、男人、女人、女孩和男孩等字彙。

社會化系統的「原型」

根據社會心理學家費士克（Susan Fiske）的說法：「文化主要是實做、技術和程序的認知表徵，而非外顯的語意記憶。」換句話說，社會化主要是內隱而非外顯的學習，而這個學習的一個重要部分就是儲存各種不同社會類別成員的行為。

這些儲存的資訊會被平均，類別機制會以這個平均數來形成刻板印象，而忽略統計學家所謂的「界外者」（outlier）。社會化系統利用的就是這些「原型」（prototype）。我認為，孩子的社會化不是模仿某個特定的人，而是裁剪自己的行為，以符合「原型」的行為。

這種收集資料並計算平均數的能力並非只有人類才有，鳥類也有。研究者的觀察發現，領口姬鶲（collared flycatcher）會去偷窺同類的鳥巢；原來牠們在收集「公共資訊」，看看其他鶲

的繁殖情況，再用這個資訊來決定明年要在哪裡築巢。研究者發現這些鳥同時考慮到小鳥的數量和孵化的情形：「鳥知道牠們的地域裡發生了哪些事。」要知道外面發生了什麼事，就必須收集資料；要收集資料，就必須去偷看別人下了幾個蛋、孵了幾隻小鳥出來。

鳥會這麼做，是因為這樣做對牠有利。假如牠們只看一個鳥窩，可能就會做出錯誤的決定（假如牠們的選擇純粹是基於自己的繁殖成功）。❷或許牠們今年運氣很好。但假如鄰近的許多鳥兒今年都成功繁殖，那麼這項資訊很可能就是鳥巢位置好壞最可靠的指標了。資料愈多，正確率愈高，資料就愈有用；假如你有能力計算出主要的平均趨勢。

孩子的情況跟鳥很像。只選一個人做模範是很危險的事，假如選的這個人是一個非典型的「界外者」就慘了。所以，盡量收集環境所提供的資訊，把得到的訊息平均起來，並以這個原型作為模式，才是比較安全的做法。我不是說孩子都是這樣做，有時他們也會去模仿某個特定的人。但這不是他們社會化的原因。孩子的社會化是先建構原型，再把原型當作模式來模仿。其中所用到的認知歷程（類別訊息、平均數及程序知識的習得），幾乎都是內隱的學習，是像佛德烈克這種已經失去學習新事件記憶的人都可以做得來的。

這個理論解釋了為什麼社會化會影響人格和社會行為，也解釋了為什麼一個在非典型家庭長大的孩子，也能變成被這個

---

❷ 譯註：孫子說：「知己知彼，戰 勝。」

社會接受的一分子。它也說明了為什麼手足的人格並沒有比在不同家庭長大的人更相似。這個孩子可能有跟他相同性別的兄姊，也可能在家庭之外跟這個兄姊有來往，但是兄姊只是一個資料點而已，這個資料點會被家庭之外更多人的更多資料點所淹沒。

然而，一個社會類別中的所有成員，他們所能貢獻的資料並不相等。團體中位階較高的人（那些在注意力結構中地位高的人），比較有機會貢獻資料（所謂上行下效）。如此一來，原型便會往位階較高者的方向移動。這時的原型不再是數學上的平均數，它會比平均數稍高一點。

取決於情境的自我分類

我省略了一個步驟：在孩子能夠調整自己的行為去符合原型時，他們必須先知道什麼是恰當的行為。所以，他們不但要知道在他們的社會中有什麼類別、每個類別的原型人物該怎麼應對，還要知道自己是屬於哪一個類別。現在讓我們來看看人類所特有的社會化系統。

人類的問題是，一個人可以屬於好幾個不同的類別，而類別又取決於社會情境。讓我先從一個簡單的例子開始：一個女童會把自己分類為女孩。根據澳洲社會心理學家特納（John Turner）的說法，這種「自我分類」（self-categorization）會使她偏向自己的社會類別，並用這個社會類別去設定自己的行為準則。根據我的理論，她用來做行為模範的，是根據自己在社會類別中所收集到的公共資訊處裡過後而得到的原型。

　　就像很多其他的心智機制一樣，社會化系統不但提供使用的能力，同時也提供使用的動機。所以社會化是一個自我社會化的歷程，不是外界力量加諸孩子身上的改變。例如，不是「同儕壓力」造成的。同儕或父母的獎懲不是必要條件，而是因為他想要跟其他同年齡、同性別的孩子一樣。所以孩子才會向父母親哀求說：「但是其他的孩子都是這樣！」父母親也有標準的回應：「如果每個孩子都去跳崖，難道你也去跳崖？」❸通常最後會聽到的就是一聲深深的嘆息。但是父母會這樣說是有道理的──美洲野牛常會成群地去跳崖（不過，據我的了解，旅鼠並不會）。

　　孩子跟美洲野牛在行為上沒什麼差別，但是在「群眾」的觀念上，孩子就比野牛複雜但有彈性多了。一個女孩並不會一直把自己界定為女孩；她可能認為自己是四年級生，資優生或壞學生，黑人、白人、墨西哥人或中國人，球隊的成員或合唱團的團員，自己家族的成員，或很簡單地認為自己是一個孩子。這完全要看情境而定，她的行為會依情境而調整。在學校的操場上，男生和女生是不會玩在一起的，她會把自己界定為女生這一組，做出女生該有的舉止。在她居住的社區裡，男生和女生會玩在一起，這時她會把自己界定為孩子，那些女孩的行為會大大減少。

　　研究狩獵採集社會的人類學家也得到同樣的觀察。這些延續至今的原始社會通常都規模很小，孩子不多，沒辦法依性別

---

❸ 譯註：即孔子所說的：「井有仁焉，其從之也。」

分類。所以當男生和女生一起玩時，性別差異的行為就很少。但是在農業社會中，當男生和女生的人數多到足以形成不同的團體時，性別差異的行為就非常顯著。這種差異有部分來自先天（在全世界的社會中都可以看到這種差異），但是當男生和女生各自形成單一團體時，這時先天的差異就變得很小。當這個團體分裂成兩個時，這個差異又馬上因為團體對比而誇大起來（即我在第六章所提到的「反瀾」效應）。這個行為差異現在已知可以對抗近代美國父母親中性化的育兒方式（對待兒子和女兒的態度一樣），並可以降低成人社會中的性別差異。

當一個人從一個自我分類的類別轉到另外一個時，他效法的行為模範也會跟著改變。這就是為什麼人在不同的社會情境會展現不一樣的行為。同時也解釋了為什麼孩子長大後的行為會不一樣。當一個人的自我分類從「孩子」轉換成「青少年」時，他們的行為也跟著改變，因為另一個原型行為現在成為標準了。將來，等他們就業、結婚、有小孩時，他們的自我分類又會變成「大人」。為什麼人年紀愈大愈像他的父母？有一個原因就是他們現在是同一個社會類別的成員了。

自我分類對社會情境非常敏感，而且可以在剎那間轉變。孩子在餐廳裡或操場上通常把自己界定為男孩或女孩，但是在一個很兇的老師班上，他們馬上團結成一個「孩子」的團體。在 2001 年九一一事件之後，美國的共和黨和民主黨有一陣子團結在一起，界定自己是「美國人」。

如上面例子所示，人類甚至可以認同一個主要是陌生人組成的團體（例如共和黨和民主黨）。他們甚至可以在不知道有

誰在裡面時，就認同那個團體。社會心理學家塔吉菲（Henri Tajfel）告訴一些男孩，根據測驗的結果，有些人的價值被「高估了」，有些人被「低估了」，而這樣就足以引發孩子的團體感。當這些孩子有機會提供金錢給那些被高估或低估的團體成員時（這些人僅用團體來區辨，並非用個人的名字），他們不但給自己團體的成員比較多的錢，還確定另一個團體的成員拿到的錢比較少。參與這項研究的所有男孩都就讀同一所學校，但彼此都不知道誰屬於哪個團體。在這種情況之下，關係系統沒有機會啟動，因為社會類別的運作是獨立於關係系統之外的，就像找出規則性動詞過去式的系統是獨立於提取不規則動詞過去式的系統之外。

雖然像「高估者」這個詞會創造出全新的社會類別，但是類別並不需要名字。我之前說過，嬰兒在還不會說話之前就已經知道社會類別。黑猩猩也是知道社會類別的，至少知道最基本的兩個──我們和他們。珍·古德描述她所觀察的黑猩猩分裂成兩個大小不等的團體時，大的團體不停地騷擾小的團體，有系統地把小團體的成員一個個抓出來痛毆成重傷，最後全數殲滅。牠們本來屬於同一個團體（牠們彼此熟識，曾經一起玩耍，一起覓食），但這不足以改變被殲滅的結果。當推擠變成打擊時，團體的認同就超越了關係系統。

對黑猩猩來說，熟悉度不足以引發團體的感覺，但它仍是個必要條件。黑猩猩永遠不會把陌生人當作自己人，一隻不熟悉的黑猩猩很自然地會被認為是「他們」。只有人類才有能力將社會類別延伸到不認得的人，甚至自己種族部落之外的人。

聖經上說的「善心的索馬利亞人」，就是當一個人把自己界定為「人」時，他就會去幫助其他的人。

人類的虛擬團體

　　人類團體最特殊的一點就是，這個團體不需要是真的。它可以是虛擬的──一個概念、一個抽象的類別，例如椅子或動詞。社會類別中的成員不需要聚集在一起。一個小女孩可以認同自己是女孩，形成一個女孩的心智原型，即使她從來不曾看過女孩的團體（女孩子通常兩個人一起玩，很少獨自玩）。人類的團體也不需要個人的接觸。孩子會認同一個社會類別，即使這個類別的成員拒絕他，即使除了他自己之外，沒有人認為他屬於那個團體。有的時候，即使父母盡了最大的力，孩子還是認同與他生理性別不符的性別團體。

　　人的大腦在演化過程中變大了。得到的結果是，靈長類人類可以形成團體的概念，並將與團體有關的動機和情緒應用到概念的團體上。這些新的認知能力使人類可以形成更大的團體，而不會失去團體的感覺。現在的團體大小可說是沒有上限，因為成員之間不需要彼此認識。

　　天擇是作用在個人身上，而非團體。但是，就如我在前一章所說的，天擇可以透過改變團體成員的特質而改變團體的形態。魚群的游水就是一例。一群動物本身的生存力，不僅取決於個體跟團體中其他成員的關係，還取決於這個團體跟其他團體的適應關係。在打群架的動物中，如黑猩猩、人類和螞蟻，大的團體可以把小的一舉殲滅。因此適應出在大團體中生活的

個體，有演化上的優勢。如 E. O. 威爾遜的觀察，形成大團體的能力，可以為遺傳到「決策能力」的個體提供競爭優勢。這個會做決策的優勢，可能是為什麼人類還活在地球上而其他類人猿類已經被淘汰掉的原因。

Z 天生不是一隻好工蟻

「我對人際關係不太在行，」在《「N」是圈套》（*N Is for Noose*）一書中，私家偵探米爾洪解釋為什麼她的婚姻不美滿、不想再婚，甚或與現任情人同居。我在本書一開始就說過，米爾洪跟我在這方面很不相同。我的人際關係一點問題都沒有，我與每一個家人的關係都很好，也有很多好朋友。但我還是個孩子時，我的人際關係是不及格的。

我在本書中所提到的心智器官是人性的一部分，每個正常的大腦生下來就有它，就像每個正常人生下來都有手和腳一樣。但是每個人的手和腳卻是不一樣的，有的人可以拿起很重的東西，有的人跑得很快。人的心智器官也有個別差異，例如有的人動機很強，有的人性慾很強，有的人很愛吃，有的人很愛照顧小動物，有的人很會做人，有的人人際關係不好。

我的致命傷就是在社會化系統上。就像伍迪・艾倫（Woody Allen）在動畫電影《小蟻雄兵》（*Antz*）中所配音的那隻螞蟻「Z」一樣，我在尋找自己可以隸屬的團體以及服從這個團體的標準這些事上缺少動機。下面是 Z 的說法：

> 我天生就不是一隻好工蟻的料，我現在就可以告訴你。我

這輩子從來、從來就沒有舉起過比我體重重十倍以上的東西。

你難道不認為，伍迪・艾倫應該早就聽說過范斯特和安格斯特嗎？顯然沒有。Z解釋說，為什麼自己缺乏挖地道的動機是因為牠的出生別：

我想所有的事都起因於我小時候有個非常焦慮的童年。你知道，我母親從來沒有時間陪我。你知道，假如你、假如你在一個五百萬人的大家庭中排行中間，你是不會得到任何關愛的眼神。

我也有一個非常焦慮的童年。雖然我是老大，你知道，我是、我是被我的同儕拒絕。但我認為我的缺乏動機其實是我被拒絕的因，而不是果。我不但未能找出同學不喜歡我的原因，我甚至不曾試著找出原因。記得有一天，班上有個女孩（一個人緣很好的女孩）來到我家，因為她母親是我母親的好朋友，她把我拉到一旁，告訴我說怎麼做同學才會喜歡我，她還教我應該怎麼穿衣服。可惜我對這些事情從來就沒有興趣。事實上，我覺得她跟我說的話都很無聊，所以沒注意聽。一直到很多年後，我才了解她是好意；我的同學曾經想過幫助我。

我並不是完全缺乏順從的動機，只是很弱而已。後來我或多或少還是被社會化了。不過，我懷疑我的情況其實是學習如何「不」怎麼做，以避免社會處罰。我完全沒興趣參加社團。我不屬於任何有組織的宗教團體。我被哈佛大學心理研究所踢

了出來；他們系寫了封正式信函告知我，他們不認為我符合實驗心理學者的刻板印象。他們很對，我完全不適合去符合任何刻板印象。

一個孩子的社會化系統如果有盡責的話，他在發展心理學家所謂的「團體接受度」這個項目上的得分應該很高。但是這個孩子的人際關係不見得處理得很好。研究發現，那些被同儕團體給予高分的孩子，不見得有成功的友誼；而那些不被同儕團體接受的孩子，卻常有成功且持久的友誼。即使當時全班沒有一個同學願意跟我說話，我仍然有一個好朋友，她就住在我家隔壁，比我小三屆。

團體接受度和交到好朋友不是完全不相關。我不會預期它們完全無關，因為有些特質在所有社會生活的層面上，都對孩子有利。例如長相是否吸引人、個性是否和藹可親、是否聰明、是否有想像力。但是研究者發現，被團體接受和交到好朋友會分別影響孩子的生活滿意度，對他們後來的成年生活也有非常不同的影響。有一項長期追蹤的研究顯示，童年被團體接受或拒絕，對於孩子長大後整體的生活品質是個相當好的預測指標；但是有沒有交到好朋友卻不是。在童年交到好朋友，只能預測與家庭分子之間的正向關係。在童年時人緣很好，表示你很會作公關，並不表示你其他的也很行。

文化相傳：以語言為例

我對社會化系統的描述，仍然不足以解釋孩子是如何被社會化的。好，孩子形成社會類別，知道自己屬於哪一個類別，

調整自己的行為以符合那個類別的原型；但是其他孩子在他們的類別中又如何被社會化的呢？他們不可能只是相互模仿，因為我們知道文化的確會從一個世代傳到另一個世代。上一個世代對他們一定有些貢獻才對。

文化如何代代相傳，我還是要用我最喜歡的例子來解釋——語言。學會本地的語言和口音是社會化的一部分，一旦學會了，它就變成社會行為，並且對情境敏感了。我在前一章也有提到，一個人的語言或口音完全取決於環境；基因完全插不上手。假如孩子的語言和口音與他的父母相同，我們知道那不是基因的關係。但是假如他們的政治立場與父母一樣，或對上教堂有著同樣正向或負向的態度，那麼這些相似性有部分是遺傳的。對死刑的態度或看法的遺傳性有 50％，對宗教的態度是 46％，閱讀書籍則為 37％。

下面讓我用語言來解釋文化的傳承。在現代社會中，大部分的孩子是在家中跟父母學會當地的語言。當孩子開始上學或去外面遊戲時，他發現在家中學的語言同時也是外面用的語言，所以會繼續用它。這個結果就是，孩子的語言與父母的相配合；父母很成功地把他們的語言傳給孩子了。但是這只有在父母與這個社區的其他父母都說同樣的語言時才有效。假如父母在家說的是不同的語言時，孩子會先學會父母的語言，當他去到家庭之外的地方時，他發現外面的人說的是不同的語言，這時，他會學習外面人用的語言（他的同儕所說的話），並且很快就會偏向於使用新的語言。許多移民的後代常常忘記如何說父母的語言，除非他們在家庭之外有機會用到。他們使用社區

語言時完全沒有任何口音；也就是說，他們的口音跟他們的同
儕一模一樣。

社會化的其他層面也是像這樣傳承下去。孩子向父母和兄
姊學習行為，當他開始去外面玩時，他把這些行為帶出去。假
如他在家裡學的與外面其他孩子的相符合（其他孩子也遵循同
樣的習俗或有同樣的態度），那麼他會維持他在家裡所學的行
為。假如不相符，他發現自己與別人格格不入，這時他會改變
自己。社會化系統（假如正常運作的話）會顯示他的行為和社
會類別的原型行為之間的落差，這會促使他去減少這個落差。

在傳統的社會中，孩子沒有什麼機會從父母身上學到東
西；父母都忙於生計，孩子多半從遊戲團體中得到社會化。遊
戲團體用傳承兒童遊戲的同樣方式傳下了語言和習俗。小的孩
子從大的孩子身上學會詞彙和遊戲規則。這些遊戲、語言和規
則可以好幾百年都不變。新一代的孩子加入團體，從上一代的
孩子身上學會規則，在他們畢業成為大人前，會再傳給下一代
的新加入者。孩子的文化會與父母的相符合，因為他們是以同
樣方式被社會化。雖然團體的成員改變，但是遊戲和文化不
變。

甚至在複雜的工業化社會中，有一些文化層面仍然保持相
當的穩定性，過了許多世代而沒有改變。這有部分取決於社會
的相似性和和諧性。假如這是一個和諧的社會，孩子在家中所
學到的，很可能跟他在家庭外所學到的相符合；也就是說，他
的同儕在他們家中所學的跟他一樣，他就不需要改變。在大部
分的美國地區，幾乎所有的人都說英語，多少代的孩子在家中

說英語直到成年。父母及大部分的發展心理學家都認為，孩子變大人後仍然說英語是父母教育的結果。他們都不曉得，這個假設是錯的。

不過，他們假設父母有權決定孩子的語言和口音，這點還是對的。父母行使這個權力的方式是決定孩子要在哪裡長大、就讀哪一所學校。英國中上階級的父母送孩子去就讀如伊頓（Eton）和哈洛（Harrow）這樣的寄宿學校，一個原因就是他們的孩子可以學會上流社會的口音。英國前首相柴契爾夫人的父母是開雜貨店的，但是她拿到了獎學金去就讀貴族學校，所以說了一口上流社會可以接納的口音，也學會了上流社會的習俗。這些學校的學生把語言和習俗傳下來的方式，與部落遊戲團體將兒童的遊戲和規則傳下去的方法是一模一樣的。

許多人用「我就是這樣長大的」來解釋自己的行為和信仰，意思是他們從父母身上學到了誠實、勤儉。他們有可能第一次從父母身上聽到這些話，然而他們之所以保留這些話，主要是它與家庭之外所遇見的相符合。他們會同意這些話，是因為他的同學也聽到他們的父母說這些話。當一個人說：「我就是這樣長大的」，他是暗示他長大的方式跟別人有些不同。但是這些不同的行為或信仰大多數是次文化中的一種，而說話者是屬於這個次文化團體的。你常會在《紐約時報》中看到諾貝爾獎得主的女兒說，她會成功，是因為她的父親告訴她要「維持高的水準」。韓國航空公司總裁的兒子說，他會成功，是因為他父親告訴他「勤儉加毅力可以克服許多事情」。

人常把自己的行為歸因到他記得的事物上（幸好關係系統

是在意識的心智層面上操作的），而他們記得的是他們的父母。其實文化的內涵，如行為、態度和知識，都是在不知不覺中學來的。所以你不可能記得自己是什麼時候被社會化的。當缺乏解釋時，你那有意識的心智就用手邊的資料去編造出一個可能的故事來。

改變語言的不可能任務

許多發展心理學家都認為，他們可以改變父母教養孩子的方式，以改進孩子在家庭之外的行為，使他們比較不具攻擊性或比較聽話。我在第五章說過，這種介入只會改善孩子在家中的行為，對他們在學校的行為沒有幫助。社會化系統可以解釋為什麼有些介入有效，有些無效。

我還是再拿語言來作例子。下面這個故事是關於兩個人花了一生的時間想去完成一項不可能的任務——他們想要改變人們的語言。據我所知，這兩個人應該從來不曾見過面。這兩位東歐的猶太人的出生地只有幾百哩之遙，出生時間也只差幾百天：艾力瑟·班伊哈達（Eliezer Ben-Yehuda）在 1858 年生於立陶宛，而魯德維克·立瑟·扎曼霍夫（Ludwik Lejzer Zamenhof）在 1859 年生於波蘭。班伊哈達的願望是重振希伯來文，使全世界的猶太人都可以用共同的語言彼此溝通。而扎曼霍夫的願望更偉大，他要全世界的人都說同一種話，因為現行的語言沒有一個搆得上他的標準，所以他發明了「世界語」（Esperanto）。

扎曼霍夫很成功地招募了許多人來實現他的理想。現在世界上有許多人說世界語、屬於世界語協會、用世界語發表刊物

和雜誌。有些人甚至教他們的小孩世界語。然而，這個世界語運動還是失敗了，它還是第二語言（甚至第三、第四語言），沒有人把它當成母語。

　　班伊哈達的工作也沒有比扎曼諾夫來得輕鬆。要使一個已經死去的語言復生（希伯來文已有兩千年不曾被用來作為人類溝通的語言），需要許多武斷的決定，甚至跟重新創造語言一樣。世界各地的猶太人有不同的希伯來文口音，而班伊哈達要決定哪種唸法才是正確的。他最大的挑戰來自詞彙的缺乏。許多在現代社會中所需要的名詞和動詞，古代的希伯來文都沒有。所以班伊哈達必須去創造它們。

　　他娶了一個跟他有同樣信念的女人，並搬到耶路撒冷去住，生了一個孩子。這個孩子是第一個以兩千年前的希伯來文作為母語的孩子。這孩子學希伯來文，因為他沒有別的選擇；這是他父母在他面前所講的唯一語言。有一次班伊哈達抓到他的太太用她的俄文母語唱搖籃曲給孩子聽，他勃然大怒，叱罵不休。

　　所以這個孩子說希伯來文。但是，當你的鄰居都說其他語言時，這有什麼用？除了他的家人以外，這個孩子要去跟誰說話？

　　班伊哈達知道，要解決這個問題只有一個方法，就是學校裡必須使用希伯來文。於是他去當小學老師，條件是必須允許他教希伯來文；他任教的那所小學變成第一所使用希伯來文上課的小學。

　　然而，這是一場很艱苦的戰爭，他在他的有生之年並沒有

看到成功。直到一個世代以後,希伯來文才變成口語,因為許多有同樣理想的人移民到巴勒斯坦,形成了小社區。這些社區創立學校,就讀這些學校的孩子就學了希伯來文,於是希伯來文變成這些孩子的「母語」(雖然他們父母的母語並不是希伯來文)。這是因為他們在學校中彼此用希伯來文交談。這個介入會成功,不是藉由使希伯來語變成家庭中的語言,而是使它變成學校中的語言。

這個例子顯示出,當同樣理念的父母聚在一起時,他們的力量有多大;他們可以改變一個孩子。這個方法在社會化的其他層面也有同樣的功效。阿米胥人(Amish)❹和胡特爾社群不准孩子上外面的學校,只能上他們自己的學校,以免被主流文化所同化。

一般的美國父母在決定住哪個社區、送孩子上哪所學校時,做的也是同樣的事,只是沒有這麼戲劇化而已。很多時候,這些決策都是基於社區的共識。所以共和黨和民主黨的人,會挑跟他們政治理念相同的社區居住。具有大學學歷的父母,會讓自己的孩子在大部分居民是大學畢業的社區長大。而認為宗教很重要的父母,會讓孩子去上教會學校。

次文化的影響

對於學術成就和知識活動的態度,也是社會化的一部分。

---

❹ 譯註:阿米胥人散布在美國賓州、馬里蘭州等地,他們以農業為主,仍保留十八世紀的生活方式,出入用馬車,無電也無電話,穿著以藍、黑色為主,摒棄現代化的一切。當然,他們的子女也不當兵。

我們社會中的次文化（不同社經地位、不同種族）對教育的重要性有不同的態度，他們會依此態度選擇休閒活動。甚至在同一教室中，孩子也會因他們對家庭作業態度的不同而形成次團體。這就是我之前提到的「反瀾」效應。

求知態度的不同會有很嚴重影響。花在做功課或是讀課外書、去博物館或作化學實驗的時間，可以增加孩子的智慧。一個喜歡做這些事或認為做這些事是重要的孩子，他們的智商以後會比看不起做這些事的孩子高。

有些社區或次文化對學術成就有正向的態度。在虛構的沃伯崗湖小鎮（Lake Wobegon）中，每個人都認同勤勞的價值觀，沒有人取笑好學生，所有的孩子都是中上之資。❺

社會化系統使孩子在受社會化影響的層面上變得更相像，而智商就是一個間接受社會化影響的項目。所以在同一個社區長大、就讀同一所學校的兩個孩子，一般來說，會比在不同社區長大、就讀不同學校的兩個孩子的智商來得相似。這表示，你可以在行為遺傳學的研究中測量到環境對智商的作用，尤其如果將不同次文化或不同社經地位的孩子放進來做比較的話。一起長大的雙胞胎，他們的智商比那些一出生就被不同家庭收養、在不同環境長大的雙胞胎更相似些。

保衛蜂巢的本能

社會化系統是我們一些最強烈情緒的來源。在人類的戰爭

---

❺譯註：這是美國一個廣播節目「草原上的家庭朋友」（Prairie Home Companion）中的場景。

中，贏者趕盡殺絕的現象跟黑猩猩或螞蟻一模一樣。失敗的是「他們」，所以就以對待「他們」的方式去對待失敗者。只要告訴孩子他是高估者，就足以使這個孩子對其他高估者有好感，而對低估者有敵意。

在社會心理學中，有兩項很有名但絕對不能再重做的實驗，讓我們看到社會類別多麼容易導致敵意，甚至暴力。第一項研究是先前提過的，有兩組在強盜洞參加夏令營的十一歲孩子彼此偷襲對方宿舍，他們打群架，或把石頭塞在襪子裡去攻擊對方。第二項研究的受試者是大學生，他們在參與實驗之前都先經過篩選，以確定他們心智健全。然後隨機把他們分派到「犯人」組或「獄卒」組。幾天之後，獄卒組就開始用很多方式來凌辱犯人，使得這項實驗不得不提早結束，因為情況已經失控了。

我在看一場高爾夫球賽時，感受到了團體的力量。高爾夫通常是個人對個人的比賽，它吸引人之處在於觀眾可以更進一步了解選手。高爾夫的選手來自世界各地，膚色不同，語言、口音、體型、年齡、人格和技巧都不同，唯一相同的是每個人都很想要贏，因為獎金非常高。

但是偶爾高爾夫球會變成團隊的比賽。2003 年 11 月的總統盃比賽就是十二名美國選手對上十二名來自六個不同國家的選手所組成的「國際隊」。在決賽的那一天，兩組分數非常接近，這時國際隊的一名隊員普來斯（Nick Price）失誤了一桿；假如他那桿打進洞，他的隊伍就贏了。因為他的失誤，所以兩隊無法分出勝負，因此普來斯氣得當場把球桿折斷。

　　我常看到球員在最重要的關頭失誤，有時也看到他們把情緒顯露出來。但我從沒看過有人氣到折斷球桿。普來斯平常是個很容易相處的人，從來不失去他的「酷」。但是團隊比賽引發出比個人賽更高的情緒，即使這個團隊是由六個不同國家的選手臨時組成，有些人甚至在比賽開始前都不認得對方。

　　在我們過去的演化歷史中，「我們」是個真正的團體，每個成員都彼此認得，大部分都有血緣關係。我們對團體的強烈情緒來自那些遠古的祖先，就跟蜜蜂犧牲生命去保衛蜂巢的本能是一樣的。

指認凶手的時候到了

　　心智系統在使孩子能夠適應文化以及經營人際關係時的運作方式是不同的；這兩種系統運用的是不同的記憶。社會化是種強有力的學習方式，常在無意識中進行。童年時有很多重要的事情發生，然而我們在當時並沒察覺到，後來也無法回憶。

　　我在本章的一開頭就說，社會化不能解釋人格的差異，因為它使同一文化的人（或同一文化中某社會類別的）在行為上更相似。就像我們在了解環境的效應前必須釐清基因對人格的效果一樣，我們在了解第三種系統可以做什麼之前，也必須先了解關係系統與社會化系統的效應。

　　我們很難區分這三種系統彼此間的關係，以及它們與基因之間的關係，主要是因為它們常常聯手製造出單一成果。許多不同的視覺機制可以聯合起來產生一個三度空間的視覺；同樣地，好幾個不同的心智機制也可以同時影響一個社會行為，例

如情緒的表現。在任何一個時間點，你決定隱忍你的怒氣還是把它爆發出來，有部分是由你的天性本質決定。同時也取決於你成長的文化環境；在有些社會中，人們是不可以隨便表露情緒的。它當然也取決於你是在跟你的父親還是你的老闆說話，以及你是自己一個人還是團體的一分子。它同時還取決於你長期人格的發展過程；而這就是下一章的主題。

到現在為止，我所做的只是把可能性排除，我抓出留下錯誤線索的嫌犯，並將它們的面具剝去、把它們剔除。現在，我終於可以指認凶手了，這個造成人類個別差異的心智系統。

第九章

地位系統

　　科學家聽取英國哲學家奧坎（William of Occam, 1300-1349）的忠告，不要將事情複雜化，所以許多人花了一生的時間將十磅的數據壓縮成五磅的理論。他們如果聽從愛因斯坦的話，效果會更好。愛因斯坦也是給同樣的忠告，但是表達的方式比較好。他說「盡量把事情簡化，但是不要太簡化」（make things as simple as you can, but no simpler）。

　　這對前面我所談到的兩個系統都是很好的忠告，但是兩者單獨都不能解開這本書的主要懸疑：為什麼在一個家庭長大的同卵雙胞胎有這麼不一樣的人格？社會化系統使兩個一起長大的雙胞胎在行為上和人格上更相似。關係系統對人格沒有長期的效應──只有短期的──它使人們跟不同的社交夥伴在一起時，行為恰當。要解開這個謎，我們需要第三個系統，我把它叫做地位系統。

　　地位系統的工作就是嬰兒的第三項任務：成功地競爭。我現在談的是團體內的競爭；古典的達爾文式競爭，在團體中爭的是地位，它的目標是比其他的成員更好。演化心理學家賽蒙斯（Donald Symons）說：「不管在哪哩，人類都在追求地位。」而達爾文理論對此也有一個很好的解釋：地位愈高的人，享用到的資源愈多。

　　但是對人類來說，競爭地位是一件複雜的事。社會上並沒有清楚的遊戲規則告訴你該怎麼做，也沒有一套放諸四海皆準的方法。地位系統的責任就是找出一個長期的行為策略，替你量身訂做一套可行的方法。

　　心智器官是專業化的資料收集者，每個器官都對特定的線

索很敏感。關係系統和社會化系統收集的都是別人的資料，而地位系統的工作比較困難，它收集的是你自己的資料。孩子在成長過程中，很重要的是要認識自己是什麼樣的人：體型大還是小？身體強還是弱？動作快還是慢？腦筋聰明還是愚笨？外表美麗還是平凡？沒有這些資訊，他們就不能決定要不要去統御別人，要不要束手就擒，要提供還是聽從別人的建議，要拒絕現任情人以期待將來會遇到更好的，還是眼前有的就將就要了。

　　在童年和青春期時，人們收集自己和別人相較之下的資料，尤其是那些長大後會成為競爭對手的人。有了這些資料，他們就著手進行一個長期計畫來修正自己的行為。他們之所以會這樣做，原因就是地位系統。

團體壓力的實驗

　　有一個方法可以區辨心智器官，就是去看它們所提供的動機。社會化系統使你想跟你所屬團體中的成員一樣；地位系統使你想比你所屬團體中的成員更好。假如你認為這兩種動機不能共同存在，一定是你的心智把你從它的郵寄名單中刪除了。

　　五十年前，社會心理學家艾胥（Solomon Asch）做了一項很有名的實驗（你有注意到嗎？在這本書中有多少指標性的實驗是社會心理學家做的），受試者的任務很簡單：只要判斷某條線和另外三條線中的哪一條一樣長就可以了。這個實驗是團體預測，受試者要和其他六、七個人一起受測，每個人都要大聲說出自己的答案。你如果聽說過這個實驗，你就知道其他那

六、七個人其實不是真正的受試者，而是實驗者的同謀，他們的任務是在受試者不知情的情況下說出錯誤的答案。

艾胥的實驗有時稱為「團體壓力」實驗，但並沒有真的對受試者施加壓力；那些假的受試者只是被動地坐在那裡，不苟言笑。這個壓力是來自受試者本身，因為他想要跟別人一樣，他會屈從於團體一致的錯誤答案，最後自己也給了錯誤的答案。❷然而，所有受試者在實驗後都清楚表示，他們當時感到很為難。每位受試者都經歷了內心的衝突：到底是要跟別人一樣呢？還是要說出正確答案？

這兩個心智系統——社會化系統提供你要跟別人一樣的動機，地位系統要你比別人更好（在這個實驗中是比別人正確）——會給你相互矛盾的建議。「行為是許多心智模組內在角力的最後結果，」平克在《心智探奇》中說，「會有怎麼樣的行為有很多種可能，而行為的規範則由其他人的行為來定義。」通常內在的角力是很安靜地在進行，你不會知道的；只是偶爾爭吵的聲音會超越意識的門檻，這時你才會知道。有時，這個吵鬧音甚至會大到使你晚上睡不著覺。

----

❶ 譯註：這個實驗的做法是六、七個人圍著一張橢圓形的會議桌而坐。因為是圓形所以沒有頭尾之分，實驗者就指著真正受試者旁邊的人說，從你這裡開始，順時針或逆時針輪下去，使真正的受試者永遠都是最後一個回答。這種安排使受試者在非常自然的情境下聽到其他人的答案，他不會起疑心。當全體一致都說出錯誤的答案時，他開始對自己的判斷失去信心：為什麼明明是第二條跟目標線條一樣長，大家卻都說第三條呢？參與的假受試者愈多，受試者對自己的判斷愈沒有把握，愈會順從大家，犧牲自己的原則。

高處不勝寒

　　假如要順從別人的動機和要比別人好的動機是來自天生就有的內在機制，那麼就不需要外在的獎賞或懲罰。但是沒有獎懲的話，你怎麼知道你的目標有沒有達到？答案是，你會從環境得到回饋──社會回饋。你的行為不符合團體的常模，就會遭到排斥，會減低團體對你的接受度。所以，社會化系統可以利用團體的接受度來知道自己做得好不好。地位系統則需要不同的訊息。就如演化心理學家寇克派屈克（Lee Kirkpatrick）和艾力斯（Bruce Ellis）所指出的，贏得團體的接納和在團體中爬到高位不是同一件事，甚至作用的方向相反。「可能會高處不勝寒；爬到了頂端會很寂寞，因為劇烈的競爭會使你失去很多朋友。」寇克派屈克和艾力斯認為，我們天生就有一套「社會量尺」（sociometer）來衡量各種社會情境的成功和失敗。這套尺度包括一個通報主人之團體接受度的設備，以及提供地位訊息的設備。

　　這個說法獲得一項研究證據的支持：研究者給大學生兩種不同的（假的）社會回饋：一個是團體接受或拒絕的回饋，另一個是他們影響團體中其他成員能力的回饋。研究者發現，這兩種回饋對於受試者的自尊有著相互獨立的效應：一個人可以因為自己被團體接受而高興，同時又為他在團體中的地位低下而覺得很不舒服；或是因團體對自己的接受度低而覺得不高興，同時又為自己在團體中的地位很高而心情愉快。

　　這兩種不同的自尊為我們解決了一個操場上的謎：為什麼

霸凌不會覺得自己不好？一個專門欺負弱小的孩子不會受到歡迎，所以許多發展心理學家都以為他們的自尊一定很低。但是他們沒有；那些具有攻擊性的成人也沒有缺乏自尊。喜歡打人的人在團體接受度上可能有負回饋，但他們的統御階級很高，而這個正回饋補償了很多負回饋的感覺。大部分的自尊測驗會同時檢視這兩種回饋效應。

寇克派屈克和他的同事把這兩種回饋效應區分開來。他們給受試者（也是大學生）兩種不同的自尊測驗，一個是讓受試者評估覺得自己被社會接受的程度，另一個是讓他們評估覺得自己比別人優越的程度。然後，假設受試者的論文被評了低分，並讓每位受試者都可以給那個虛構的評分者一個稍有攻擊性的懲罰。（這個懲罰是假設讓評分者接受一項辣度的味覺測試，評分者必須吃下多少辣椒醬，由受試者決定。）

實驗結果再度支持了「地位和接受度是不同的」的假設。覺得自己地位比別人高的受試者，比一般人更有攻擊性；覺得自己在社交上被人接受的受試者，攻擊性比一般人低。如寇克派屈克和他的同事所指出的，只有對那些可以欺負得了別人的人，攻擊性才是一項有用的策略；也就是有自信可以打敗對手的人，才敢有攻擊性。反過來說，對於那些認為自己的社會接受度很高的人來說，攻擊性的代價太大，會弄壞他在團體中可靠、合群的好名聲。

個人型或合作型的社會文化

在人類團體中的地位不是只有上或下而已，它有許多層

面，也與情境有關。在操場上有高地位的孩子是因為他的體型大、力量強，但是他在課堂中可能因為回答不出老師的問題而地位低。研究者在各種不同的情境中評估孩子自我認為的地位，以測量他們的「學業自尊」及「運動自尊」。

　　學業自尊的測量給了我們另一種方式來看當地位系統跟社會化系統相對立時會怎麼樣。一個學業在中上程度的孩子通常有中上的學業自尊。但是假如你把這個孩子放到資優班，他在那兒就只是個一般的學生而已，他的學業自尊會下降。那麼，這會使得學業成績變糟嗎？不會。因為他還有獲得別的支持；這孩子被社會化，他認同他團體的常模行為。有二十五年的研究發現，孩子在都是好學生的班上學到比較多的東西，原因是對學業成就的態度是文化的一部分，而孩子透過社會化習得這些態度。

　　地位系統和社會化系統的內在鬥爭，其實是受到社會化的影響。跨文化心理學家將世界的文化分成個人型（或競爭型）及合作型兩類。在個人型的競爭社會中（例如我們的社會），人們拚命地競爭地位；在合作型的社會中，順從是美德。艾胥的團體順從實驗在許多國家都做過，那些結果支持了這個區別：在合作的文化中，順從度很高。很有趣的是，自從艾胥在1950年代做了他的實驗之後，美國的順從度降低了；現在很少美國受試者會屈服於團體的一致性。美國文化在這五十年間顯然愈來愈走向個人主義。

　　孩子會內化這些文化價值，因為他們在不同社會中合作或競爭而得到回饋。但是即使在一個不表揚個人成就的社會中，

每個人對自己的長處都有不同的看法。即使在強調順從的社會中，資源也不是平均分配的。事實上，大多數合作的社會都允許多妻（至少在傳教士到達之前是如此）。一個男人依財富和地位，可能有兩個太太，或一個太太，或沒有太太。

相似性假設

　　社會化系統和地位系統提供不同的動機去對不同的回饋起反應，關於這點，我已經給你看了證據。現在該來仔細檢視地位系統，看它是怎麼運作的。我在本章的開頭說，孩子必須在他們長大時，學習知道自己是什麼樣的人：是大還是小？強還是弱？快還是慢？聰明還是愚笨？漂亮還是平庸？問題是孩子怎麼知道他是高大、強壯、聰明和美麗的呢？所以他們需要與跟同樣年齡、同樣性別的人一起比較。

　　孩子會很自然地去找跟他們同樣性別、年齡相仿的孩子一起玩，他們有動機去收集這方面的資料。這就是 1954 年社會心理學家費斯汀傑（Leon Festinger）所提出的「社會比較理論」（social comparison theory）的基礎。其中的原則有一項是「相似性假設」（similarity hypothesis）：人們喜歡跟與自己相似的人比較，也就是說，同一個社會類別的人。

　　全世界的兒童都最喜歡跟自己同樣性別、年齡相仿的玩伴。根據人類學家懷汀（Beatrice Whiting）和跨文化心理學家愛德華（Carolyn Edwards）的說法：

　　　當孩子與同樣性別、年齡相仿的孩子互動時，可以比較自

己和玩伴的外表、行為，以及喜歡和討厭的事物。這些經驗讓孩子了解自我，同時也了解同性的行為。

在童年的中期，也就是佛洛伊德說的「潛伏期」（latency period），男孩和女孩很自然地會分成兩個單一性別的團體。如同發展心理學家所觀察到的，男生的團體比較大（女生通常會分裂成兩個或三個人的小組），而且比較有階層性。男生比較在意競爭和地位，玩起來也比較粗野。男生和女生不再一起玩的一個原因是，這時的男生比較粗野，而女生不喜歡推擠的遊戲。這種所謂的「打著玩」（play fighting）在大多數的哺乳類幼兒身上都會看到，從小狗到黑猩猩都有。在幾乎所有的動物中，雄性做這種粗野的「打著玩」比雌性多。

在幾乎所有的動物中，雄性也比雌性有攻擊性，但是翻跟斗打著玩的行為不可跟攻擊性混在一起，雖然偶爾它也會升級成攻擊性。孩子了解這兩者的差別，如果超越了這個界線，孩子會生氣。在粗野的打著玩後，孩子還會繼續玩在一起。在出現攻擊性的行為後，就會各走各的路，不再玩在一起。

孩子也會從事很多不粗野的遊戲活動，但是大約在四歲或五歲時到達高峰期之後，在童年的中期就會逐漸減少。相反地，粗野的打著玩在開始上學之前很少見，之後頻率會逐漸增加，直到青春期之前。因為這兩者的形態非常不同，所以演化發展心理學家派利格林尼（Anthony Pellegrini）和史密斯（Peter Smith）假設這種行為有特殊目的：「我們認為粗野的翻滾遊戲可能在同儕團體中具有社會功能，尤其是男生，用這個方法建

立和維持階層性的統御關係。」在遊戲時，較強壯的孩子會特別小心以免傷到朋友，但是研究報告指出，「許多孩子說他們可以從這些遊戲中知道自己和同儕的強度」。

雖然粗野的翻滾遊戲在青少年期比較少見，但是它比童年期來得嚴重；這在同時有真正攻擊行為的青少年中很普遍，而且更容易升級成為攻擊行為。它的目的還是一樣，但是現在的代價更高了。有人研究十二、三歲男生在操場玩的情形，結果發現，一旦比較弱的男孩顯現出苦惱、痛苦的表情時，這時打架就立刻變得像在鬧著玩，以維持他們的友誼。但是假如在打架時他沒有表現出痛苦或苦惱的表情，強壯的男生會加強力量，直到對方表露出苦惱、痛苦的樣子才作罷。

請注意，最強的孩子在弱的孩子一討饒後就停手。當我說這一章是有關古典達爾文理論的競爭時，「大自然的牙齒與爪子是鮮紅色的」這句話可能會跳進你的腦海中。但是比較可能見血的競爭是團體間的競爭，而非團體內的競爭。團體內的謀殺的確有，但不是慣性行為，因為靠團體才能存活的動物需要同伴（也可能彼此有血緣關係）來共同抵禦外侮。團體內的攻擊行為通常會被壓制。那些最依賴團體來演化生存的種族（無疑地，人類就是），會有達成這個目的的本能。一旦弱的一方顯現出臣服的行為時，強的一方會停手。就像臣服的狼或狗會翻過身來，讓強者看到牠身體最脆弱的肚子。在一個團體裡或在兩個彼此認識的動物之間，這種看似自殺的行為其實可以避免攻擊，而不是招來攻擊。強者的目標是統御，而不是殺戮。

我最聰明？

　　當你問一個四歲男孩，在他的托兒所裡誰最強壯或最聰明時，你得到的答案會是「我！」。地位的社會量尺一開始就把老大設定為「我」。即使過了很多年，這種傾向還是偏高。人們常會高估自己，不管在堅毅、聰明、外貌、誠實、善良、開車的技術等等各方面隨便你說，我們都認為自己比別人強。唯一的例外是憂鬱症病人。但是憂鬱症病人並非真的低估自己；他們對自己的評估其實很正確，只是在那種情況下這不是件好事。

　　不過，我們的社會量尺不會永遠都固定在出廠時的預設值。一個四十多公斤的瘦弱孩子如果想要挑戰他所遇到的每一個人，很可能會很短命。一個人必須要知道，自己在有些領域裡可以成功地與別人競爭，在其他領域則最好不要去逆強。童年就是找出這些領域的最佳時機，因為童年時的錯誤比較不會造成不可挽回的後果。

　　那個回答你說自己是托兒所中最強的孩子，他表現出來的行為卻不是如此：當比他高大、強壯的同學來搶他玩具時，他低著頭交出玩具。在這個年紀，我們可以很清楚地看見統御和臣服的行為；然而此時孩子還不了解自己在整個團體中的地位。統御和臣服是兩個個體互動的結果，是由關係系統控制的（我在第七章說過），並從一出生就開始運作了。統御階層就是從這些互動中產生的以團體為廣度的大型結構。我們需要更高層次的認知能力，才能了解這個結構以及自己在其中的位置，所以地位系統是三個系統中最慢發展的。

　　進幼稚園的時候（大約五歲或六歲），男生對自己比別人強壯多少已經有點概念。到一年級時，他們對自己的評估已經相當正確了（雖然還是太過樂觀），也能夠評估班上男生的強弱；但要知道自己和別人誰比較聰明還需要一些時間，因為必要的資訊還不夠。然而到了二、三年級，他們就可以排序了。在這裡我聚焦在強悍和攻擊性上，因為這兩個方面的研究資料最多，也因為它們跟達爾文的適者生存理論最有關，尤其是男性。

　　對一個男生來說，攻擊是否是一個成功的行為策略，一部分取決於他的先天體型，一部分取決於後天的環境因素。一個人的體型大小除了受基因的影響外，也與營養不良、寄生蟲、疾病和受傷有關，而這些後果在我們祖先的時代比現在嚴重得多。此外，高大和強壯不是絕對的，而是看你跟誰比較。運氣好的話，跟你比較的可能是體型瘦小的伍迪·艾倫——或是大塊頭的 NBA 球星俠客·歐尼爾（Shaquille O'Neal）。一個在遊戲團體裡是老大的孩子，在別人的團體裡可能是老二、老三甚至老四。不同的文化也有差異。攻擊性在有的文化中很有用，在其他文化中就不見得。

　　我在前面的章節提到，孩子在家中的經驗不會影響家門之外的攻擊性。會統御弟妹的老大與同儕在一起時，不見得比老么更有攻擊性。在父母面前行為良好的孩子，在操場上可能是霸凌。我的結論是，孩子在家庭中的經驗對他們的行為只有短暫的、情境特殊的效應。現在的問題是，孩子在家庭以外的經驗會不會有長期的效應？為了要讓你相信地位系統有我所說的

力量,我需要提出證據,說明孩子跟同儕在一起時的經驗(這裡指的是攻擊性和統御性)的確會對人格產生長期的效應。

有一個方式是去證明童年時期社會地位的高或低對成年後的人格有影響。比同年齡的孩子長得高大、強壯或比較成熟所帶來的社會經驗,對男生的人格會有持久的效應嗎?現在有很多的證據顯示,體型大小、強壯程度和地位,與成年後的人格有關係(高大強壯的男人通常有比較高的地位,也比較有競爭性和攻擊性),但我現在需要的是童年期的體型大小或強壯程度和長大後人格之間的關係。

身高決定一切?

身高的長期追蹤研究可以提供這個關係,這是由於一個大家都知道的事實:一般來說,高個子的薪水比矮個子多。這差異並非小到可以忽略;身高差一吋,年薪的差別可以高達八百美元。雖然演化心理學家對這項發現並不感到驚訝,經濟學家卻覺得不可思議。這些領薪水的員工不是在打籃球,也不是在換電燈泡;大部分人是坐辦公桌的。假如他只是坐在桌子後面,為什麼高的人要領比較多的錢?

最近有三位經濟學家——帕斯科(Nicola Persico)、波斯特威特(Andrew Postlewaite)和西佛曼(Dan Silverman)——想要回答這個問題。他們很幸運地取得兩個大型資料庫的資料,記錄著近 4500 名白種英、美男性的薪水和三十歲、十六歲時的身高,以及一半受試者在七歲和十一歲時的身高(參與實驗時若已過了七歲或十一歲,就沒有這些資料了)。此外,受試者的

背景資料也都相當完整。

這些經濟學家非常努力地分析資料，連電腦都差點燒起來了，但他們還是不知道為什麼高個子的薪水較高。他們發現的是另一個想不透的現象：老闆給多少薪水並不是依照那些人成年後的身高，而是青春期的身高。雖然成年時身高比一般人高的人，很可能青春期時也比別人高，但是他們的高矮排行改變了，這使得經濟學家可以用統計方法，把身高在不同年齡時的效應分離出來。他們發現，薪水最高的不一定是那些在三十歲時身高最高的人；是十六歲時最高的人。而一旦在統計上控制了十六歲時的身高，七歲和十一歲的身高就沒有什麼效應了。

經濟學家試了好幾種假設來說明他們所謂的「青春期身高效應」（teen height premium）。這無法用童年的健康差異來解釋，也與受試者父母的社經地位無關。在他們檢視的所有因素中，最有關係的是高中時課外活動的參與程度，尤其是體育活動；這大約可解釋三分之一的青春期身高效應。請注意，參與體育活動需要具備體型和力量的優勢，而高中運動員通常在同儕中的地位較高。

他們的結論是，老闆付高薪並不是因為員工的身高較高，而是某種有關青春期的身高較高、對運動很在行，並會持續到成年期的東西。那會是什麼呢？

經濟學家可以在一個很古老的小型研究中找到答案。不，這個研究不是社會心理學家做的，而是發展心理學家瑪莉·瓊斯（Mary Cover Jones）在 1957 年發表的。據我所知，瓊斯的那篇研究論文從來不曾被重複驗證過——除了這三位經濟學家的

間接證明之外。

　　瓊斯研究了發育較慢（骨骼成熟度在同齡者中排行末 20％）和較快（前 20％）的青少年。這些男孩的體型非常不同；在十四歲時差距最大，發育快的平均比發育慢的高約二十公分、重約十五公斤。

　　在青少年時期，體型、力量和運動能力的顯著差異，與人格及社會行為的差異息息相關。在受過訓練的觀察者評估下，早熟孩子的「自我接受度」（self-acceptance）得分較高；相反地，晚熟的孩子很渴望給人留下好印象、緊張、不停地說話，出現了瓊斯形容為「尋求他人注意力」的行為。身材矮小的孩子常被高大的同學欺負；其他的研究者發現，這些孩子的心智問題比其他孩子多。

　　晚熟的孩子到他們三十歲和瓊斯面談時，身高、體重都已趕上來了，兩組人平均身高只差不到兩公分，教育程度也相似，但是早熟者在事業上比較早爬到理想的地位。而他們的人格仍然有顯著差異（這是用一般的人格測驗所測量出來的結果）；早熟者在跟統御有關的人格測驗項目上得分較高。

　　瓊斯的研究以及三位經濟學家所做的研究吻合得天衣無縫。長得高大、孔武有力，又是傑出運動員的這些特質，使孩子在同儕中有較高的地位，對他們的人格也有長遠的效應，使他們對自己比較有信心、比較會去統御別人、比較有競爭力、比較可能成為領袖。這些人格特質會使老闆留下深刻的印象。也會使選民留下深刻印象；在美國的總統大選中，高的人通常會贏。

　　這個青春期的身高比童年期的身高還重要的發現，表示人格到了十六歲還可以塑造。這與人格發展長期研究的結果一致，我在第一章有談到。我認為地位系統作用的腳步比較慢，比社會化系統慢。對男生來說，十六歲去發展他的自我肯定還不算太晚。但是對日本企業主管的兒子來說就太晚了；還記得前面提過，跟著父母搬到美國住了幾年後又回到日本去的孩子。對於新移民要學會新環境的語言而不帶有任何口音，也是太晚了。每一個系統有自己的發展進度表。

　　人格在童年和青春期會因經驗而改變。那些認為人格是童年期受到家庭經驗所塑造的學者，是被人格的連續性所矇蔽了。膽怯的孩子長大後會成為膽怯的大人，誠實的孩子長大後會成為誠實的大人，這種連續性主要來自基因對人格特質的影響。

旁觀者清的訊息

　　對女生來說，在團體中的地位也是很重要的：漂亮的女生比較有機會跟地位高的人成雙成對。對過去的女生來說，有地位高的伴侶也是有演化優勢的（關於這個主題已經有很多討論文章，在此我不多說）。

　　要在擇偶上做出明智的選擇，這個女生必須知道自己在擇偶市場中的地位。假如她高估了自己，她可能拒絕了一些不該拒絕的機會，而機會稍縱即逝，不會再來；假如她低估了自己，她可能跟第一個上門的男士結婚，錯過了更好的人。演化心理學家鄧巴注意到，配偶地位高的女生多半很年輕就結婚

了，這表示那些還沒有找到白馬王子的女生在等待，說不定理想伴侶晚一點就會出現。但是時光不留情。莎士比亞非常了解人性，他深深了解這種兩難。他在《皆大歡喜》（*As You Like It*）一劇中，描寫一個人想說服一位名叫菲比（Phoebe）的年輕女士去接受地位比她低的人的追求。他告訴她，她長得不怎麼好看，因此追求者會有限：「趁有人要時，趕快脫手出貨，不是每個市場都歡迎妳。」

你看，這裡有一個問題，而莎士比亞看到了。菲比怎麼知道她有多好看？在莎士比亞的時代已經有鏡子了，但是鏡子也不能告訴女生她所需要的訊息。男生可以透過競爭遊戲知道，跟別人比起來，自己在身高、強弱及速度上的排名是多少，但女生要怎麼知道自己跟別人比起來有多好看呢？

影響美麗的條件，就跟影響人在求偶市場身價、地位的條件一樣。體型大小、力量強弱及速度是例外，而不是常態。假如你是一個小孩，你怎麼知道上天給了你什麼恩賜？你怎麼知道你擁有很多上天的恩賜，如幽默感、計畫未來的能力？假如你生在還沒有學校制度的古代，你怎麼知道你有多聰明？你怎麼知道你排解他人紛爭的能力？怎麼找路去某處，又怎麼原路回家？或是辨識什麼食物是可以吃的能力有多好？你需要知道跟別人比起來你有多好，但是在缺乏標準的情況下，這種比較很不準確。

但是別人可以看得很準確。所謂旁觀者清，別人看你可是比你看自己更清楚。在求偶市場或決定團體中的地位時，關鍵的不是你如何看自己，而是別人如何看你。當你長大後需要選

303

擇一個好的人生策略時，你最需要的訊息是別人如何看待你。

我再度在早期社會心理學家的話中找到了智慧。下面是喬治·米德（George Herbert Mead）在 1934 年所說的：

一個人是間接而不是直接地從所屬社會團體中其他分子的獨特看法，或從所屬社會團體整體的一般看法，來經驗到自己是誰。

社會學家范因（Gary Fine）更簡明地表達了同樣的意思：「他人是個體知曉自己是誰的一面鏡子。」范因的「他人」就是米德的社會團體分子。

所以，地位系統也是一個集合的資料，是統計上的平均數。你父母告訴你的話不重要（他們可能認為你可愛極了，但又怎麼樣？），你兄弟告訴你的話也不重要（他們只是在取笑你），你最好的朋友告訴你的話也不重要，重要的是你所屬團體的成員如何看待你，因為這比較正確，也比較有預測的效力。

當然，孩子不可能知道自己最該做的事是去知道別人如何看待他，然後把資料平均起來，得到他在團體中地位的值。但是他們其實不必這樣做；有個心智器官在替他們做。這個心智器官就像身體器官一樣，是千百萬年來天擇的結果，而天擇比任何一個小孩都聰明。康斯邁德和托比解釋演化如何產生這種器官（演化無法預測未來會怎麼樣，但是它有很多關於過去發生什麼事的資訊）：

　　天擇運作的方式不是推論或模擬，而是拿一個真正的問題實際做實驗，然後保留得到最好結果的設計。天擇是把世界上幾百萬的個體，在幾千個世代所做的各種設計的結果綜合起來，看它們在統計上的表現。它不是看個體在短期內所得到的成果，也不是看當地所造成的效應，它是看有機體在真實環境中求生存所發展出來的應變策略。它看這些不同應變策略所得出來的最好結果，然後取它們的統計值。

　　所以天擇會問：「孩子可以取得什麼樣的資料，來幫助他形成最好的長期行為模式？」天擇做了這個實驗並得出答案。這時天擇會問：「孩子的人格是被他在家庭中的經驗來塑造比較好呢？還是家庭外的經驗？」天擇又做了這個實驗並得出結果。這個能夠表現超越別的候選人的心智器官，不會被隨機事件或被誤導的經驗所影響，它會盡量收集相關的資料，收集的時間也盡量拉長，因為醜小鴨是有可能變成天鵝的。父母的偏愛，對於孩子預測自己將來的生活並沒有任何幫助；但是許多不同的人對他另眼相看，這就是個有用的訊息。在家裡被兄姊使喚，這對孩子來說沒有訊息量；但是被他其他同齡孩子欺負，這就有訊息量了（即這個訊息就有預測力，就有用了）。偶然一次被霸凌毆打是一個隨機事件，但是多年來一直被許多人欺負，這就有訊息量，這個訊息就有用了。

　　在人類嘗試錯誤的實驗中，凡是因隨機事件而修正長期行為的器官，很容易就被尋求系統化趨勢的器官所取代。同樣地，一個以跟父母或兄弟姊妹的經驗來修正長期行為的器官，

也會被用更好的預測數據的器官所打敗。這個器官收集資料的地點，是孩子將來要跟別人競爭的地方，這種資料才有預測性。

　　大部分的動物，包括人類在內，都會區分親戚和非親戚；牠們在分享資源上會偏向親戚，但是在交配上會偏向非親戚。既然親戚與非親戚的分野已經有了，為什麼不利用它來降低從父母和兄弟姊妹處得來訊息的價值呢？或許從父母和手足處所得來的訊息，被其他地方送進來的訊息給抵消掉了。但是在理論上找不到任何理由，為什麼這個系統不能區辨出各種不同來源所送進來的訊息，並都仰賴某些訊息而忽略另一些呢？

　　我所提出的心智系統是專門接受環境中的某些訊息的：這些訊息可以幫助孩子在童年時嘗試某些策略，假如效果不好就拋棄，再試新的策略，或是後來有更好的策略出來就轉用它。這個系統需要很大的大腦能量才能運作，需要很長時間才能發展完成，然而人類兒童兼具了這兩個要件。

長相的社會效應

　　長得漂亮的人在嬰兒期、童年和成人期都會得到比較好的待遇。父母、老師、同儕、老闆都會比較注意、比較重視他們，這表示大家相當一致地知道誰好看、誰不好看。而且大部分人也會以貌取人，就像從書皮去判斷一本書好不好看一樣。這的確不公平，但是演化並不在乎公平與不公平。

　　和你預期的一樣，長得好看的人比較有自信。有一個實驗是實驗者在假的面談當中突然站起來離開了房間，女的受試者

被迫坐在房間裡等待實驗者回來。長得比較不好看的女生等了九分鐘後才開始抱怨，而長得漂亮的才了等三分二十秒就開始抱怨了。這個自信不是來自長相好看本身，而是來自長相好看的社會效應。在童年期和青春期，長得好看的女孩在同儕中有較高的地位。事實上，女孩子長得好看的效應就跟男生長得高壯一樣。

　　問題是，假如事情不是誰統御誰那麼簡單時，孩子怎麼知道自己的地位在哪裡？我在前一章提到注意力結構：團體中地位高的人（不論是兒童還是大人、人類還是猿類）都從地位低的人那兒接收到很多的注目禮。我也告訴過你，我們有個目光偵測器，就是巴隆科恩在他閱讀別人心智模式中所提的那個心智模組。這個目光偵測器在別人注視你時，會發出「嗶」的警告聲。

　　被別人行注目禮會使你比較有自信，比較敢在團體中發言。加拿大有一個媒體實驗室的研究者用遠距多媒體會議方式，使與會者透過錄影機面對面地對談。研究者操控影像，使正在發言的人有時正對著與會者（即所謂的受試者），有時他的目光看起來飄向別處。結果，受試者接受到這個影像直接注目的次數愈多，他愈勇於發言。目光注視到受試者的時機並沒有關係，是誰在注視他也沒有關係，只有被注視的次數有關係。在我們的意識層面之下有一個計次器，它決定了你在開會時會一言不發，還是你會說出一些將來會後悔的話。

　　這個計次器是地位系統的一個部件；它會計算你被注視的次數，就像計票機計算選舉票數一樣。這個計次器並不是新發

明；這種計票功能，在非人類的動物身上也觀察得到。有兩位英國的生物學家最近提出證據證明「動物的團體決策」（group decision-making in animals）。他們解釋，一般來說，動物團體也會以民主的方式來做決策，而不是只聽從領袖，因為就整體來說，團體一定比單一成員擁有更多、更好的訊息。所以什麼時候出發、走哪條路的決策，應由多數來決定；換句話說，用計票的方式決定。非洲水牛就是看大多數牛群注視的方向，來決定要往哪個方向移動。

偷窺別人的心智

計算自己接受到多少次的注視，是孩子和大人評估自己地位的方式。對地位系統來說，這是一個很敏感的線索。但是光是注視還不夠。人類的社會生活很複雜；地位是多重向度的；孩子可用的策略是無限的。我們需要比較詳細、精緻的資訊，而這些資訊是沒有辦法用簡單的計票方法來傳遞的。

孩子所需要的理想資訊是別人怎麼看待他，也就是一般人對他的看法。他們需要有方法去偷窺別人的心智，找出別人究竟是怎麼看待他的。

我們已知正常發展的孩子（沒有自閉症的孩子）可以閱讀別人的心智。一個四歲大的孩子會知道，假如安在莎莉不注意的時候偷偷把球藏起來，那麼莎莉就不會知道球在哪裡。大約到了這個年齡的孩子也知道，說謊可以把假的訊息帶入別人的心智中，這就表示他知道別人也可以對「他」有所看法。

我們閱讀別人心智（這非常重要）的能力，有部分就是知

道別人怎麼想我們的。這個能力發展得很慢，從來不會非常準確，而且有些人的這個能力比別人好，但是大部分的青少年及成人都知道別人對他們的反應為何。我們通常會知道跟我們講話的人喜不喜歡我們、重不重視我們，或覺不覺得我們很性感。

　　沒錯，有些人有時會送出錯誤的訊息。但是我們知道這個訊息是錯的，就表示我們一定有一個接收和解釋訊息的方法。進來的訊息有很多形式：目光注視、面部表情、肢體語言、動作和語言。心智器官很自然地會將各個管道進來的訊息組合在一起，告訴我們事情發生在三度空間的哪裡的機制，可以告訴我們它是視覺、聽覺還是觸覺。

　　先前我提到一套心智設備叫做「社會量尺」。想出這個裝置的理論家給了它一個簡單的工作：它們只要舉拇指或倒拇指來表示某個社會生活做得怎麼樣就好了。我所提出的地位系統中的這個部件，可是比社會量尺精細多了。它可以收集和處理訊息，並且提出比較詳細的報告。它也可以做舉拇指或倒拇指的動作——所以，它也是一個社會量尺———以及其他更複雜的工作。

　　下面是我認為它是怎麼運作的：地位系統是設計來收集和儲存有關自己的訊息，它非常聰明地利用了關係系統中的特質（關係系統是設計來收集別人訊息的）。這兩個系統密切合作：當你的關係系統在收集有關我的資料，並且儲存在你的「他人資訊庫」的網頁時，我的地位系統在試著找出你的網頁上寫了關於我的什麼；你將你所知道我的訊息分開儲存，你不會將他

人的資料弄混，但是我從你資料庫中我的網頁上拿到關於我的訊息，將它與我從別人資料庫中所取得的關於我的資料放在一起，現在我就有了從別人的眼中我是什麼樣的資訊了。

閱讀心智的機制

　　這聽起來非常複雜嗎？我想假如我一步步把演化如何產生這個心智系統展示給你看，你就明白了。這是從動物能夠辨識並記得族群裡的成員開始——牠們的配偶、子女或敵人。一旦這個能力出現後，動物就可以收集特定個體的訊息，並將它儲存在心智資料庫中。對社會動物來說，這是個很有用的能力。

　　接下來的發明可能就是最近發生的事情了：在我們跟黑猩猩分家的六百萬年前，類人猿類逐漸發展出可以閱讀別人心智、知道別人在想什麼的能力，而且愈來愈好。無疑地，這是一個很有用的能力，但是有很長的時間，只有關係系統在用這些資訊。

　　現在我們有了閱讀心智的機制，外加一個充滿了他人資料的心智資料庫。當你把它們綜合起來時，你得到了什麼？合理的下一步就是：去閱讀別人心智資料庫中你的網頁上所登載的你的訊息的能力。你說說看，這個能力有多好用？

　　我認為，大腦中有個機制可以知道別人怎麼想你、怎麼看你。它從眾多不同的來源收集資料，使它可以提供一個有關自己的圖像。很不幸，這個機制不是很完美——你的圖像有點模糊——這就是為什麼詩人羅勃・伯恩斯（Robert Burns）要把他的錢討回來。「噢，看自己能像別人一樣看我，是多麼地不容

易！」他抱怨說。天擇盡力提供我們看清自己的能力，但是不得不有些妥協。理由是我們閱讀別人的資料庫時無法如我們希望的那麼準確，因為別人不讓我們仔細讀。對我來說，知道你怎麼想我的，對我有利；但是對你來說，不讓我知道你怎麼想我的，對你比較有利。

這個圖像可能有點模糊，但它還是有顏色、音調、意義、見解上的細微差異，而且也是多重向度的。地位系統利用這個訊息去量身打造一個人的長期行為策略。它利用童年期和青少年期所收集來的資料（有多少人打得過我？別人看我多少次？別人認為我給的忠告有用嗎？），並納入個體已有的人格特質及環境給予的機會去塑造及修正人格。它下了一個賭注——賭金很高，而且有時會輸——它認為這是最好的方法，最能夠在成人世界獲勝。

如果沒有心智閱讀機制，我所提出的系統效果便不會好。它可以仰賴目光注視及個體在統御競爭中輸贏的次數，但是你幾乎無法依賴這些去制定出長期行為的修正模式。因此，我不認為沒有心智閱讀機制的動物，會有跟人類地位系統一樣的心智器官。所以我預測，非人類的動物（即使是黑猩猩）也沒有像人類這樣的人格心智系統，可以依在少年團體中地位的高低經驗而修正人格。在非人類的靈長類中，跟猴王有關的行為與情境有關；在上面稱王並不能產生長期的效應。你可能覺得不可思議，但是這對非人類的靈長類是很合理的。畢竟，動物在團體中統御階層的地位常會突然改變，動物必須要適應這個改變。根據靈長類動物學家狄瓦的說法，當黑猩猩王被趕下台

時，牠馬上失去稱王的自信。

人類也是，必須適應地位所帶來的改變。那麼，為什麼演化要給我們一個依照童年和青春期經驗來塑造人格的系統呢？答案是，在人類演化的過程中，如果能根據長期經驗去修正社會行為是有利的。當心智閱讀機制可以提供比目光注視及統御競爭次數更精細的多向度資訊時，個體就可以依照這些精細的資訊去修正自己的社會行為，並且做好長期的準備以登上期待已久的團體地位。

無懈可擊的不在場證明

我已描述了一個心智系統，它可以利用個體的體型大小、力量強弱以及美貌與否來塑造或修正人格。這個系統以前也曾被別人提出來過，我在這裡只是顯示它可以怎麼運作。我的這個系統是由許多已經證實存在於心智系統中的部件所組成的，這些部件在心智系統中有別的功能，如語言。

現在，大問題來了。這個心智系統是我所要找的壞人嗎？在偵探小說《五條紅鯡魚》中，偵探彼得‧溫西（Peter Wimsey）排除了五名可能的嫌疑犯之後，面臨了一個障礙：看來第六名嫌犯有一個無懈可擊的不在場證明。在彼得破案之前，他必須推翻這個不在場證明，他必須要證明這第六名嫌疑犯事實上有可能犯這個罪。

我也面臨了同樣的難題。我所描述的這個地位系統可以把個體的大小、強弱、美麗都考慮進去來塑造人格，問題是同卵雙胞胎在這些方面是一樣的，因此別人對他們的反應是一樣

的。雙胞胎有著相同的社會經驗，接受相同的社會回饋；當然，他們不會有一模一樣的社會經驗，但是他們的經驗應該比不是同卵雙胞胎的更相似。假如他們的經驗更相似，這個地位系統應該使他們在人格上更相似，而不是不相似。

但是就像第六名嫌疑犯的不在場證明，結果發現問題不只如此。不，我不否認同卵雙胞胎的社會經驗比不是雙胞胎的人更相似。我在第二章談到同樣相似的環境假設時就說了。雖然如此，地位系統仍然可能是我們所要找的壞人。這顯然要花一些唇舌來解釋，但是我會比彼得・溫西還要快。

一開始，先讓我們看看行為遺傳學家怎麼處理人格的各個變項。同卵雙胞胎（100％基因相同）在人格上比異卵雙胞胎（50％基因相同）相似。行為遺傳學家用這個比較大的相似性來估算可遺傳性──相同和不同基因所帶來的變異性。

假如人格受到社會經驗的影響，而社會經驗有部分又受到可遺傳性（如身高、強弱和美貌）的影響，那麼，沒有錯，同卵雙胞胎的社會經驗會使他們在人格上更相似。但是這個比較大的相似性本來就已包括在基因對人格影響的估計裡面了──在行為遺傳學的批評者看來，這是錯的。這就是為什麼人格的可遺傳性有點被高估了；或許真正的可遺傳性（基因直接的作用）應該只有 0.30 或 0.35，而不是 0.45。目前所使用的行為遺傳學方式，無法區辨出基因的直接效應和間接效應。行為遺傳學的批評者認為這是一項嚴重的缺失。

但是，就像我在第二章中說的，這不關我的事。相反地，它使整件事情對我來說更容易。我有興趣的是同卵雙胞胎人格

的差異，別人對他們一視同仁的這個事實，不能解釋為什麼他們的人格有不同，而只能解釋他們的相似性，而這個相似性是被歸因到基因的。我的興趣在基因所不能解釋的部分。這個所謂的行為遺傳學方法上的缺失（高估了可遺傳性）事實上簡化了我的工作，因為我有興趣的變異性，也就是那個不能被解釋的變異性，已經把同卵雙胞胎受到相似待遇的效應減掉了。

因為人的社會經驗在某些程度上是與他們基因的相似或相異有相關，這種經驗的結果不能歸因到不能解釋的變異性上。這是遺傳性的關係。在某種程度上，不能解釋的變異性有部分是來自人的社會經驗，而這個經驗一定與基因沒有相關。因此，我所尋找的是跟遺傳性無關的經驗。基因的差異使人們彼此不同，但是還有別的東西使他們更不相同，所以即使是同卵雙胞胎，他們在人格上也不相同。那麼，這個地位系統──從複雜的社會回饋得來的自我知識來塑造人格的系統──還提供了什麼嗎？

是的，我相信它有，理由有三個：第一個理由是有關另一個心智系統是如何運作的──關係系統。這兩個系統攜手合作而產生同卵雙胞胎之間的差異。關係系統使我們可以辨識某一個體，並區分出他跟別人的不同。它使我們有動機去找出即使看起來很相似的兩個人的不同，並且記住這個不同（包括不是雙胞胎但是長得非常相似的人，例如高爾夫球選手尼克‧普萊斯〔Nick Price〕和尼克‧法爾度〔Nick Faldo〕，我剛開始看球賽時，常把這兩個人弄錯）。假如你的好朋友或親戚中有同卵雙胞胎，我相信你可以區分得出兩人，雖然你不見得說得出他

們兩人究竟哪裡不一樣。其實你怎麼區辨他們都沒關係，重點是一旦你學會了區辨他們，你的關係系統中的資料庫就替他們解立了個別的網頁，可以分別儲存他們兩人的資訊：欠你人情的是唐諾，不是喬治；咬你耳朵一口的是尚，不是強納森。

結果是當唐諾想要讀你在你的心智資料庫中所登錄的他的訊息時，他會看到跟喬治看到的不一樣的資訊，尚跟強納森也會看到不一樣的東西。他們沒有得到同樣的社會回饋，因為在你的系統關係中，他們是不同的網頁。我們的關係系統對人的差異的興趣，遠大於人的相似處。

第二個理由跟地位的本質有關。在男生的團體中，最強的人只有一個；在女生的團體中，最漂亮的也只有一個。假如在這團體中有同卵雙胞胎（就算他們兩人都很強悍或都很美麗），在注意力結構上的排名還是會不同。那個接受到比較多注目禮的雙胞胎在團體中說話會比較大聲，這又會使他接受到更多的注目禮。所以，起初一點點的差別，以後就會愈來愈大。團體中別人的意見或問題就會轉向那個比較敢說話的雙胞胎，他就慢慢變成兩人之中的發言人了。

我在本書一開始時談到拉列和拉丹這對連體雙胞胎，他們在分割手術失敗後死亡。拉丹對記者說：「我們是兩個完全不同的個體，我們只是黏在一起而已。」她就是兩人中比較愛說話、被朋友形容為「比較友善」的那一個。

第三個理由跟社會回饋的本質有關。地位系統的目的是讓孩子知道自己是誰，從而校正他們的社會行為。這個系統收集社會線索的資料，而資料是由別人提供的。它不要其他來源的

資料。但是社會線索有時很模糊，而別人所提供的線索背後有自己的動機與目的。最後就導致這個系統可以得出跟基因完全無關的結果來。每個人都禮讓你，是因為你長得又高又大，還是因為你有個長得又高又大的兄弟？每個人都對你很好，是因為你長得漂亮，還是你老爸是村中有權有勢的人？假如社會線索是同樣的，那麼地位系統會同等對待這兩種可能性。

在上面的例子中，這兩種可能性的確是相同的。但是你從團體成員中所重複接收到的社會線索，可能沒有任何演化上的重要性，因為它們是隨機的。你在宴會中不小心擇了一跤，跌到鮭魚慕斯中；你對空射了一箭，碰巧就射中了鳥；你無心說了一句話，結果竟然應驗成真。像這種事情會透過耳語、閒話的傳播而帶給你一個不實的名聲，你愈否認，名聲愈高。

這個事件可能是隨機的，但它的結果卻不是。地位系統的設計是不會被隨機的事件所挾持，它尋找有一致性、有趨勢性、有連貫性的事件來做指標。不過偶發事件可能會使你團體中的人認為你很聰明、很愚笨，很好笑或很勇敢，而且會一直如此認為下去。我在第二章就說過，隨機事件可能改變一個人的一生，我舉的例子是我替一位朋友寫關於狗的分類廣告，結果這件事使我走上寫書的路。有些隨機事件是單獨發生的（只發生一次），但是有些卻會在一生中不斷地反覆出現。會造成人格長期改變的是第二種的隨機事件，因為它對個人經驗有長期效應。塑造人格的不是事件本身，而是這個事件所帶來的持續性經驗。它的結局看起來是隨機，但事實上是一個有次序歷程的結果。幫助朋友寫則找狗主人的分類廣告，在我生命中是件

無關緊要的事，但是它的反彈效應卻是重要的。我的朋友在她資料庫中「茱蒂‧哈里斯」的網頁上登錄了「文筆很好」，幾個月以後，當她又需要找人寫東西時，她就想到了我。

我認為這個地位系統的確是我們一直在找的壞人，它可以製造出跟基因無關的人格差異，可以製造出兩個同卵雙胞胎間人格的差異。

父母對孩子行為的效應

這個在發展上不可預測的迂迴被稱為「發展的雜音」，它對同卵雙胞胎身體上影響的差異很小，包括大腦在內。有些同卵雙胞胎行為上的差異是這個發展雜音的結果。跟雙胞胎很親密的人會注意到這個差別，並把它登錄在不同的人際關係網頁上。同卵雙胞胎沒有得到完全相同的社會回饋的原因是他們並非完全相同，因為發展雜音的關係。

雙胞胎的父母會注意到雙胞胎的不同而對他們有不同反應。有些研究者宣稱，他們發現雙胞胎父母的差別待遇，會造成雙胞胎人格上的不同。他們把這個相關解釋成因果關係；父母的行為變成了原因，而孩子的人格變成了結果。他們認為以同卵雙胞胎為研究，就控制了基因的因素，因此任何差異都是來自環境差異。假如他們能找出環境差異中有父母的差別待遇時，他們認為這就是原因了——至少是原因之一。

很抱歉，這還是行不通。研究者控制了基因的效應，但是他們沒有控制「孩子對父母」的效應。父母對孩子的態度有部分是取決於孩子的行為。假如同卵雙胞胎的行為不一樣，父母

很可能會做出不同的反應，而不是父母的行為導致這個不同。行為的差異可能來自發展的雜音，或是研究者所未考慮到的環境因素。

現在有太多的證據指出，父母對於孩子人格的塑造沒有很大的影響。假如父母對同卵雙胞胎的那一點點差異會造成雙胞胎之間行為的差異，那麼為什麼父母對待兄弟姊妹的差異這麼大（例如出生別），卻沒有造成可測量的人格差異呢？假如依照有組研究者所說，母親對雙胞胎之一的偏愛，會造成他們在學業上表現的差異，那麼為什麼那些增加母親對孩子關心的介入專案，對孩子的在校行為又沒有效果呢？

無疑地，母親關心孩子會增進親子關係。因為我們對某人的了解增多，關係系統會調整我們對他的行為，但是並不會形成長期的行為修正。父母對孩子行為的效應會依情境而不同，特別對關係本身或父母跟孩子互動時的情境。行為學習的情境效應對一般人不是很顯著，因為孩子的基因影響他在每個情境中的行為。他們在每個情境中的行為又可能受到基因以外的生物因素的影響；這個生物因素可能是發展雜音或是疾病、受傷，導致即使是同卵雙胞胎，也會產生不同行為。

父母對孩子的行為的確有長期的效應，但是這個效應是間接的：透過社會化系統。父母可以決定孩子在哪裡、被誰社會化。他們決定了孩子所處的社會、成長的文化，以及就讀哪一所學校。就某種程度來說，父母甚至決定了孩子會變成哪個團體的成員。

然而，父母確實無法經由地位系統對孩子的人格發展造成

影響。地位系統會將近親送進來的訊息打折扣，或是跟其他不重要的訊息放在一起去平均。別人對你的看法不太可能跟你母親對你的看法一樣。母親不見得是萬事通 ❷。

螞蟻的群落

我畫了一個草圖來呈現可以從長期收集來的資料中製造出看似隨機行為的系統。現在我要說的隨機，其實一點都不隨機：它是這個系統設計來要做的，或是原來不可預測的副作用。演化可能給了我們一個心智器官去擴大我們跟別人之間行為和人格的差異，因為變異性本身在演化上是有益處的。

我在前一章提到自我組織的系統或團體。下面是關於自我組織的一個很好的定義：

自我組織是一個系統的整體形態經由系統低層部件之間的無數互動所產生的歷程。此外，低層部件的互動規則完全依照局部的訊息而定，而非參照整體的形態。簡單地說，這個形態是系統互動所產生的，而非外在力量加諸系統而產生的。

這個形態取決於系統部件如何互動的規則。假如這個系統是生物性的，那麼互動規則就是由天擇來規範，透過天擇的嘗試和錯誤，演化出對系統有利的規則。假如這個系統是個有機體，就會演化出對這個體有利的規則。假如這個系統是一群動

---

❷ 譯註：美國有個電視節目叫「Father Knows Best」，作者則改寫為「mother knows best」。

物，則會演化出對系統部件有利的規則。

　　許多自我組織的系統使用正回饋的規則。魚類和鳥類被同類吸引而一起行動；這些動物遵循一個規則：「我去你所去的地方」（I go where you go）或「我做你所做的事情」（I do what you do）。

　　但是另外有些系統是依賴負回饋的規則：「我不做你所做的事」（I don't do what you do），或「我做你所不做的事」。（I do what you don't do）嗅覺系統就是個很好的例子，它使哺乳類可以區辨出幾千種不同的氣味。嗅覺系統是依「一個神經元，一個嗅覺受器」的原則建構的。每個神經元都有一個受器，決定自己的反應模式。這種負回饋會產生下面這個效應：在某個神經元上，某個特定的嗅覺基因會在那個神經元上產生蛋白質。這就好像一個工人告訴另外一個工人：「這裡我來做就好，你去別的地方做別的事」。

　　我用「工人」（worker）這個詞是有意義的，因為大部分自我組織的生物系統都是以螞蟻為例。聖經說叫我們去看看螞蟻，不過所用的句子卻有些不必要的侮辱：「你看看螞蟻，你們這些懶惰的人，去學習牠們的方式。」假如你讀到了這裡，你就不是懶惰的人，沒有理由要覺得比螞蟻不如。從另一方面來說，螞蟻的腦容量跟一粒鹽差不多，牠的資源比你少太多，而且牠也在做牠的事。

　　然而，螞蟻跟人一起競爭這個地球的統御權。牠們雖然很小，但是數量很多，而且分布得很廣；牠們的總體生物能量跟人類的一樣。螞蟻成功的祕訣在於牠們可以形成所謂「群落」

的複雜社會團體。聖經的意思應該是叫我們去看螞蟻的群落，而不是看個別的螞蟻。就如生態學家威爾遜和賀多伯勒（Bert Hölldobler）所觀察到的：「螞蟻本身是很令人失望的，牠根本不是我們所想像的螞蟻。」當把螞蟻的群落當作整體來看時，就很令人折服了。

在電影《小蟻雄兵》中，伍迪‧艾倫配音飾演一隻不快樂的工蟻：

我不了解這種盲目的熱情、這個超級有機體，它究竟是什麼？我試著去了解，但是無法懂。我應該為這個群落賣命嗎？那誰來管我的需求？我為人人，誰來為我？

簡單地說，這就是演化的兩難：我應該盡量想辦法成功，即使犧牲團體成員也在所不惜？還是我應該盡力去支持、保衛我的團體？我的目標是盡量使我的基因傳下去，假如團體不存在了，我的基因也沒有存活的機會。

對人類來說，「覆巢之下無完卵」是真正的兩難，但是對螞蟻卻不是，這是因為牠們生殖的獨特性（螞蟻、蜜蜂、黃蜂等膜翅目昆蟲都是）。對我們哺乳類來說，這些昆蟲決定性別的方式很奇怪：有受精的卵孵育成雌性，沒有受精的卵變成雄性。因此雄性只有一套染色體，雌性有兩套。所以蟻后的女兒比人類的手足在基因上更為親近，兩隻雌的工蟻（所有的工蟻都是雌的）有75％的基因相同。在基因的相似性上，牠們介於人類的手足和同卵雙胞胎之間。

　　這表示雌蟻跟她的姊妹間所共享的基因，比她自己的孩子還多（假如她有孩子的話）。為了要盡量讓自己的基因傳下去，這隻螞蟻應該幫助牠媽媽製造更多的姊妹。這正是螞蟻的行為。螞蟻群落的社會系統（一隻會下蛋的蟻后統領著不會生育的工蟻）如此成功，以致於牠們在歷史上獨立演化出來十幾次。

　　螞蟻微小的大腦給牠指令，使牠一生致力於維持、保衛以及擴張（如果可能的話）自己的群落。就如威爾遜和賀多伯勒所說的，單獨一隻螞蟻沒有什麼看頭，但牠們都毫不猶豫地為自己的姊妹犧牲生命；那些去外面覓食的工蟻，死亡率是每小時6％。

　　這種社會昆蟲為什麼這麼成功，就是因為分工，所有的螞蟻都分擔養兒育女的辛勞。蟻后產卵，大部分的螞蟻分擔了其他工作，例如挖地道、清除垃圾、照顧幼蟲、保衛疆土以及覓食。在大部分的蟻類中，幼蟲負責巢內的工作，而年紀愈長，就愈做外面的工作。有的蟻類是終其一生都做同樣的工作。不論哪一種，牠們的工作不是基因決定的，而是環境的因素；因為螞蟻的基因都相同。這就是讓人想不透的地方：牠們都有幾乎相同的基因，卻做著不同的工作。

　　就如聖經所指出的，螞蟻是在沒有人監督、沒有人領導、沒有人統治的情況下，就自動自發地去做自己的工作。蟻后只管下蛋，其他什麼都不管。那麼，這些不同的工作是怎麼分配的？蟻窩中重要的工作是怎麼完成的？答案是：透過正回饋和負回饋。螞蟻是對別的螞蟻及環境所送出的訊號作回應。假如去外面覓食的螞蟻發現了一個豐富的食物來源（如人類的野

餐），牠們馬上召集所有的螞蟻來把食物搬回窩去；這是正回饋。假如蟻窩被雨水浸壞了，螞蟻就會暫停覓食，先修補窩巢；這個工作是依賴負回饋。就像溫度計一樣，一旦修好了，這個修補的刺激就消失，螞蟻就會去做其他的事。

我會對螞蟻的社會和人類社會的相似性感興趣，原因是最近刊登在《科學》期刊上的一篇文章：「社會昆蟲網路」（Social Insect Networks），作者是生物學家佛威爾（Jennifer Fewell），她用「網路」（network）這個詞來描述昆蟲群落中成員間的簡單互動最後卻形成群落整體的效應。她解釋道，在昆蟲群落中，自我組織可以得出「比部件總和更大的整體」（the whole is greater than the sum of parts），如整體行動、社會階層及分工。佛威爾認為，分工是負回饋的產物。一隻螞蟻的表現會減少另一隻螞蟻去做這個工作的機會，因為牠不再需要做了。但是為了維持穩定的分工，正回饋還是一樣需要：

大部分的分工模式也包括正回饋的迴路，而這種行為表現會增加再做這種行為的機率。即使初期的行為只有一點點隨機的差異，這種自我增強會導致分工去做不同的事情，並製造出一個愈來愈快、愈穩定的分工系統……。其他的社會動物也會分工，包括人類。舉個例子來說，同住一間公寓的室友要分擔家務，當水槽裡的碗盤愈堆愈高，刺激也就持續增高，直到有名室友受不了了，他就會捲起袖子去洗碗。髒碗盤的消失也是一種刺激，進而降低其他室友將來會主動洗碗的可能性。結果就會產生一名洗碗專家（雖然他很不情願），及其他不洗碗的人。

　　假如上面這段描寫的是你，每次都是你在洗碗，你是否很高興知道這並不是你室友的錯；或者說，也不是你的錯。不是你天生愛洗碗，這是系統衍生出來的結果。去怪系統吧！

基因表現的改變

　　遺傳學家過去一向認為，物種間及物種內的差異都是由於基因的不同。現在發現，這兩種差異是來自不同的「基因表現」（gene expression）。當一個基因表現出來，或說被啟動時，就表示它被當作一個模板（template）去製造某種蛋白質。基因在人的一生中不斷地被啟動和關閉，在某些細胞中會被表現出來，而在某些不會。兩個不同的人身上有一個相同的基因，它可能會在一個人身上表現，而在另一人身上卻不會。

　　基因的表現受到環境因素的影響；也就是說，受到經驗的影響。研究蜜蜂的學者發現，照顧卵和幼蟲的「保姆」蜜蜂與外出覓食的蜜蜂，這兩者的基因表現不同。工蜂通常都是先從「保姆」蜜蜂做起，等到大一點之後才外出覓食。蜜蜂工作的改變，會伴隨著牠們小小的腦中某些基因表現的改變。

　　這種基因表現的改變是工作改變的因，還是果？答案是兩者皆是。假如把蜂巢中所有年長的蜜蜂都移走，那麼留在巢中年輕的蜜蜂會分配工作：有的去找花蜜，有的留在巢中照顧小的。保姆和覓食者之間大腦基因表現的差異，在牠們即使年齡相同時就已經存在。比一般年齡更小的時候就得去覓食，會啟動牠們大腦中的覓食基因。

　　這表示洗碗的和不洗碗的人大腦中的基因表現不同，即使

他們出生時有一模一樣的基因。

人類團體的分工

　　分工是人類團體演化出來的特性；無疑地，它一直都是如此。英國的演化生物學家馬特‧瑞德利（Matt Ridley）認為，分工使我們人類在演化上非常成功：

　　在人類社會中，一個成功的社會是有分工的社會，因為每個人都有自己的特長；這些特長通常在很小的時候就顯現出來，雖然那時他的大腦心智還在發展。有專長的社會全體成員集合起來的表現，一定比每個人每樣都會但不專精的效果好。

　　這段話有使你想起來什麼事嗎？沒錯，就是心智；或是身體，或是汽車。這些都是模組──由各個專門設計來做某個特殊工作的設施組合而成的東西。瑞德利將人類社會的分工連接到身體的器官上：「分工使得身體的發明有意義；每種器官、每條肌肉、每顆牙齒、每根神經、每塊骨頭，都在整個身體這個大企業上扮演著各自的角色。」

　　瑞德利並沒有說自己是最早提出「一個整體的社會大於它的部件總和」的人；他把功勞歸給在 1776 年就說了非常相似的話的蘇格蘭哲學家兼經濟學家亞當‧史密斯（Adam Smith）。但是亞當史密斯的年代比達爾文早了一百年，他完全不知道所謂的天擇和演化。他有可能知道嗎？顯然他似乎已有類似的想法；他把分工歸因到自我得利，而非個人為了使社會得利的大

公無私：

　　我們有晚餐吃，並不是因為屠夫、釀酒工人、麵包師傅的善心，他們這樣做是為了自身的利益。我們說他們是為了自己，而不是慈善行為。絕對不要告訴別人我們需要什麼，永遠都要說這樣做對他們有什麼好處。

　　史密斯也認為，自我利益可以得出分工：「在一個狩獵的部落社會中，一個很會製造弓箭的人，用他造的箭去換肉，可能比自己去打獵來得有利。」

　　人類是自私的，不像螞蟻，因為我們所住的團體並不是全然由近親組成的。這是我們的物種在生物界為什麼這麼成功的原因：我們可以形成大的團體，並非一定要血親才行。但結果就是我前面提到的兩難：我們會犧牲團體利益，或是盡量支持及保衛團體，以求得最高的自我成功。對人類來說，這是一個真正的兩難。不同的人對這個問題有不同的解決方法；有人願意為團體而戰、犧牲生命，也有人像伍迪・艾倫一樣，連為團體工作都不願，更不要說為了團體犧牲：「並不是我怕死，只是當事情發生的時候，我不想在場。」

　　人們願意為團體工作甚至犧牲，這個動機是社會化系統所提供的；這是一個古老的系統，可以追溯到團體內的所有成員都是近親的時代。相反地，地位系統提供的動機是完全自私的，這個自私造成了人類團體內的分工。地位系統完全不在乎團體的利益，它只問：「我如何能在競爭中占上風？」要找出

答案，需要自我覺識及自我知識。所以地位系統搜尋由他人提供的自我知識的線索，然後藉以做出長期策略，使個體只在有機會贏的地方去競爭，盡量避免到別的領域去比賽。結果，個體會尋求還未被占領的地方；他在別的領域變成專家。亞當史密斯把這種歷程的長期結果描述得非常好，所以我引用他的話：

　　每個人天生能力的差別其實比我們所見的小；當各行各業的專家在成長的時候，他們的不同天才不是他們成為專家的因，而是分工的果。最不相同的人之間的差異，比如說，哲學家和街上的苦力，並不是天生的，而是來自後天的習慣、習俗和教育。他們在初來乍到這個世界的頭六年或八年非常相似，連他們的父母或玩伴都看不出有什麼不同。八歲以後，他們開始進入各種不同的領域學習，他們不同的才能才開始顯現出來，而且差異愈來愈大。

　　不論是偶然還是必然，演化提供靈長類動物一個可以增加行為多樣性的心智器官，結果就是智人不但在團體中生存得很好，而且還生活在大型的團體中。生活在大團體中的好處是可以消滅小的團體，而這是我們跟螞蟻共享的另一個特性。

最有利的表現

　　有時候，在團體中盡量避免與眾不同的行為對自己是有利的；這就是社會化的工作。比如說，如果每個人都說相同的語

言、有相同的口音，最有助於團體內的溝通。較好的溝通，對個人及團體都有利。

在其他時候，個體盡量表現得和別人不同，對自己最有利。當人格上的差異不是由於基因的關係時，通常就是不同行為所導致的結果；後來人格差異會變成行為不同的原因，因為每個人成年後會有不同的人生道路。這些不同一直持續存在的原因，可能是大腦中不同的基因被啟動或加速表現的關係。

地位系統運作的結果，使得即使是同卵雙胞胎都會發展出不同的人格。這與他們在同一家庭或不同家庭長大無關，也與他們屬於同一團體或不同團體無關。他們的好朋友看得出來他們是不同的人，所以他們是不是同卵雙胞胎都無所謂了。每個人都會被看成是獨立的個體，不論他是否為雙胞胎之一，或兄弟姊妹中的一分子，或是一群朋友中的一個人；因為我們的關係系統非常辛苦地把他們一個個區分出來。人在人格上有差別，排除了生物因素之外，這個差別是你大腦中的關係系統及我心智中的地位系統通力合作的結果。

關係系統和地位系統的合作，不僅造成同卵雙胞胎的差異，也造成所有人的差異。它們的合作不只造成雙胞胎彼此不同，也使每個雙胞胎跟其他的每一個人都不同——跟團體中的每一個人、跟相同年齡和性別的每一個人。也就是說，每個人都跟將來要相互競爭的人不同。

第十章

大結局

　　古典英國懸疑小說的結局，通常都是偵探把所有角色集中在古堡的圖書室，解釋壞人如何犯案，以及為什麼線索放對了地方以後，意義就浮出。如果是美國偵探私家偵探尼洛‧伍爾夫（Nero Wolfe）的故事，場景就會搬到他在曼哈頓一棟三層樓建築一樓的寬敞辦公室內。伍爾夫很少離開他的家，所以他通常是讓所有嫌疑犯加上一、兩個警察到辦公室來。然後，他問一些問題、做一些歸納和演繹，於是，很快地就水落石出了。壞人通常會否認、憤怒、悲傷、抗拒，有時想要逃走，但是很快地，就會被警察逮捕，戴著手銬押了出去。

　　我現在在我的辦公室裡寫作。我的辦公室比伍爾夫的小又擠，是位於紐澤西州市郊一幢兩層樓房子的一樓。我在想，不知警察會不會帶足夠的手銬來，因為這裡有三個壞人：三個心智器官或系統。這三者都影響了社會行為，這三者都向別人收集訊息，雖然只有地位系統是造成同卵雙胞胎人格差異的元凶，但若沒有關係系統的幫忙也成不了事。這三個系統留下了一大堆混淆的線索，在沒有了解它們的本質前是不可能解開這個謎的。

　　這三個系統工作的方式不同（見下面的圖表），它們從環境收集不同的資訊，以不同的方式處理這些資料，也提供不同的動機和不同的情緒。有時它們會意見不同，偶爾，兩個心智機制會送出相互抵觸的指令；如同小說家福克納（William Faulkner）所說的，人的心與它自己相衝突——這是人類生活中很熟悉的部分。

	關係系統	社會化系統	地位系統
目標	建立和維持良好的關係。	成為團體中的一分子。	比競爭者更好。
動機	收集別人的資料並與他人共享。	與團體關係密切、被團體成員接受、順從團體的常模行為，保衛所屬團體。	競爭、增進自己的地位、從與別人的比較中知道自己的斤兩。
情緒	愛、恨、依賴、信任、攻擊、慾望、嫉妒等等。	對別的團體有敵意、團體榮譽感、被排斥時會不快樂。	野心、嫉妒、榮譽、欺騙、尷尬、憤怒，或因為失去地位而不快樂。
典型行為	嬰兒依附行為、交朋友、統御競爭、求偶、聊天八卦。	採納團體成員的行為、語言、口音、衣著、態度，捍衛自己的團體。	將自己與同儕配對比較，與自己可能贏過的人競爭，避開可能會輸的對象。
典型錯誤	基本歸因錯誤。相信並傳播不可靠的閒話。	低估團體內的變異，自認為所屬團體是好的而其他團體是壞的。	高估自己，低估對手。
重要部件	與人相關訊息的心理資料庫、面孔辨識模組、心智閱讀機制、關係的社會量尺。	分類模組、計算平均傾向、團體接納的社會量尺。	心智閱讀機制、目光偵測器、詳細測出多向度地位資訊的社會量尺。
資料收集	有關特定對象的資料，基於個人經驗或是道聽途說。	社會類別中成員的資料。	在所屬社會類別中與別人相較的資料。
資料處理	關於每個人的資料都分開儲存。	社會類別中成員的資料是平均後得出的原型。	綜合從不同對象收集而來的資料、計算被注視的次數、評估在階層中的地位。
意識層次	完全可以意識提取。	這個系統完成的大部分工作是意識心智無法提取的。	雖然有些工作（如計算被注視的次數）是潛意識的，大部分的工作還是可被意識提取。
發展的時刻表	一出生就可以運作，而且終其一生不歇。	三歲左右開始運作，到青春期時大致完成，終其一生都能參與新的團體，但是年老後熱忱會降低。	三歲時就可看到競爭，但是這個系統的其他部件發展得很慢。青春期時常見策略的改變，到成年期仍可能改變。

大自然的恩賜

我的目的是解釋那些不能被歸因到基因差異的人格變異性（個體間大或小的差異）。行為遺傳學家已證明，這個差異不是來自個體生長家庭的不同，因為兩個人之間的變異性非常相似，不論他們是否在同一家庭長大。我不停地尋找可能的解釋，包括基因與環境的互動，以及家庭中環境的差異。但是這些都不是真正的凶手，所以我必須提出一個以前不曾提出的理論；至少是最近沒有被考慮過的理論。下面是 1799 年美國政治哲學家傑佛遜（Thomas Jefferson）所說的：

我認為人會形成社會，是上天賜予人的那些特質使他可以適合社會。

傑佛遜是對的，人會形成社會（人是團體動物，有著高度的社會生活），他們的確受到上天的恩賜使他們有能力和動機去適應團體生活。你不覺得傑佛遜在達爾文解釋大自然是怎麼回事之前六十年就提到「大自然的恩賜」（endowed by nature），是件很有趣的事嗎？

我是昨天才碰巧看到上面這段話，所以我不能說是傑佛遜給了我靈感使我想出這個理論，即大自然給了人類許多先天的本質，使人類適合在社會中生存。我的靈感來自比較近代的啟發，特別是平克教授在語言學上的研究，和巴隆科恩教授在心智閱讀機制上的研究。這些理論家首先提出，使用語言和閱讀

別人的心智都是特別的能力，都有自己的心智系統。他們把這個系統拆開來看它是怎麼運作的，用了許多不同領域的證據來支持他們的理論。

學習語言的能力是使人類適合社會生活的一個先天的恩賜。了解別人心中在想什麼，也是在社會中生存必須要有的能力。使人類適合社會生活的其他三件事，還有形成並維持人際關係的能力、調整自己的行為以符合社會的常模與習俗，以及與團體中其他成員競爭，假如可能，贏過他們。

沒有兩個人是相同的

下面是我認為「壞人」是如何造成人格差異的。也就是說，嬰兒是怎麼發展、怎麼被社會化的，每個人又怎麼得到獨特的人格特質。

嬰兒從一出生就對聲音很敏感，尤其是像語音的聽覺刺激。他們也對臉的視覺刺激很敏感。他們會研究所見到的人臉，並很快就學會辨認常見的臉。在六個月之前，他們就會對不同的人有不同的行為。跟一個抑鬱的人在一起，嬰兒是沉靜的；跟一個歡樂的人在一起，嬰兒是活潑的。從母親身上，嬰兒期待食物與安慰；從兄姊身上，嬰兒期待娛樂。對不同的人會做出不同反應，是架構在一個先天的行為本質上。一個生來比較遲鈍的嬰兒，對每一個人的反應都會比天生活力充沛的嬰兒低。至於基因如何製造出這兩種完全不同的反應，我們一無所知。

到了一歲的時候，嬰兒的人際關係系統已經是火力十足在

運作了。嬰兒的心智中已經有很多有關人的資料庫，他的語言系統正在開始啟動，社會化系統正在開始分類他所認識的人，計算他所屬社會團體中的平均數（原型）。但是嬰兒在這個時候仍然不知道自己是屬於哪一個類別。

到了兩歲，他們開始知道自己所屬的類別。三歲時，他們已經知道自己是孩子，不是大人，也知道自己是男孩還是女孩。一旦孩子知道自己的類別，他們開始會做出跟所屬類別的常模一樣的行為，而且會偏好自己的類別。但是自我分類要看情境而定。一個孩子可能把自己歸類為女孩（而不是男孩），但是在其他情境中又會把自己定位為孩子（而不是大人），有時會把自己定位為種族、宗教或是某個團體的成員。長大的一個意義就是去適應自我分類的改變。當一個人不再把自己分類為孩子而是青少年時，他必須去調整自己的行為以適應一個全新的常模。然後，當他把自己分類為大人時，這個常模又改變了，他變成大人了，也著實讓他的父母鬆了一口氣。

社會化的效應是孩子的行為愈來愈像跟他同性別的同儕；這就是為什麼行為遺傳學家偶爾會發現，同卵雙胞胎或兄弟姊妹間有非基因上的相似性，而這個相似性只能歸因到環境的共享。他們所共享的環境是文化的或次文化的，即兄弟姊妹一起長大的社區、學校、社會階級及種族團體的文化。有時在人格和智力測驗上會看到小的次文化的效應，而大的次文化效應則在青少年犯罪和口音上可以看到。兄弟姊妹幾乎都說同樣的口音，而這口音不見得與父母的一樣。

我曾被引述說，我主張孩子是被他的同儕所社會化。從

某個方面來看，這是對的，但是他們不是被他們與同儕的互動或與同儕的關係所社會化。使他們變成跟相同性別的同儕更相似的是，他們對某一社會類別的認同；他們自願（被社會化系統所驅動）去依照所屬社會類別中的原型行為來修正自己的行為，以使自己與團體中的成員一樣。與同儕的互動是一個有用的回饋，讓他們得以知道自己的行為有多符合常模。然而，如果有必要的話，他們也可以停止互動以達到這個目的。

社會類別替孩子界定了誰是盟友，誰又是敵人。他們想要成為團體的一分子，做團體成員所做的事情，但是同時又希望比團體中的其他人更好，尋求更高的地位。這兩個相互抵觸的動機同時存在，讓我們知道大腦中不只一個心智系統。這個競爭的動機來自地位系統。小男孩互相競爭高下來搶龍頭寶座，他們在遊戲時，了解自己跟別的同齡孩子比起來有多強壯。

但是人類在很多不同的領域競爭，只從強弱比賽得來的訊息是不夠的。地位系統很慢才啟動，有個原因是，它大部分所需的訊息是靠心智閱讀的機制所提供，這個機制大約長到四歲左右才開始運作，而真正運作到得心應手卻需要許多年的磨練。雖然心智閱讀機制是演化來為關係系統提供資訊的，它同時也提供重要的訊息給地位系統：別人怎麼看待自己。在別人眼中，自己與別的男孩、女孩、別的孩子或別的青少年比較時所占的地位。這個訊息會決定自己在團體中的地位。

訊息一直不斷進來，至少在青少年期，可能一直持續到成年期。人們可以根據這些新的訊息修正自己的行為策略。假如我打不過我的對手，或許我可以試試其他方法來贏過他們。或

許我可以做最滑稽的、最聰明的，或是最會辨識植物的，或最
會打高爾夫球的。我不是最美麗的？或許我可以試試去做最兇
悍的。人類有許多方法可以找出自己最拿手的能力，但是由於
基因和環境的限制，使得一些選擇變得不實際。也有人受到限
制，選擇的範圍比別人小。莎士比亞的「理查三世」是個駝背
的瘸子，莎士比亞在劇中讓他說說他自己：「我既然不能成為一
個好人，我就決定去做一個最壞的人。」

　　同儕對地位系統很重要，就像他們對社會化系統很重要
一樣，但是理由不同。對地位系統而言，與孩子同性別的同儕
是他的競爭對手，孩子要去找出在跟別人比時，自己的排名在
哪裡。但是告訴他他跟別人比的地位在哪裡的訊息，不一定全
部來自同儕；它可以來自社區中的每一個人，愈多訊息愈好。
我懷疑從近親那裡得來的訊息會被打折扣，因為它常常是不正
確、有偏見的。但是即使是不打折扣，長期看來也不會很重
要，因為孩子愈大，與近親相處的時間就愈少。

　　人的人格有差異，部分原因是人有不同的基因；部分原因
是即使基因相同，大腦還是有些不同；還有部分原因是即使相
同基因的人，也會有不同的社會經驗；更有部分原因是，人的
團體自然會出現分工和變異性。

　　同卵雙胞胎有不同的社會經驗，因為他們團體的人把他
們看成兩個不同的個體。他們一開始時的差異可能僅是發展上
的雜音，但是認識他們的人會找出這些細微差別，藉以辨識雙
胞胎。這是關係系統的工作之一：區辨出不同的個體。假如我
在生尚的氣，我不要犯錯打了強納森一拳。所以在我的人際關

係資料庫中，這兩個人有著不同的網頁。尚的地位系統想要讀我的資料庫中對尚登錄了什麼，而強納森的地位系統想要知道我的資料庫中又對強納森登錄了什麼。因為我對尚和強納森的看法不同，他們的地位系統就會接收到不同的訊息。他們也從每個認識他們的人那裡接收到不同的訊息。尚所習得的自我知識，就與強納森所習得的不同。

分工是人類團體自然出現的特性，就像蟻窩中會自然出現分工的現象一樣。社會化系統會促使孩子去跟別人一樣（我做別人所做的事），地位系統會促使孩子去找出自己最好的能力，或許是別人沒有做過的事（我做別人不做的事）。

上述這些都會造成或放大同卵雙胞胎之間的差異。如果這些差異持續下去，就會變成大腦差異的因和果。不同的行為會引發大腦中不同的神經連接、不同的突觸形成，以及不同的基因表現，而這些大腦的改變又會使這些行為持續出現。

我所描述的這三個系統，每一個都會使人們去調適或利用自己社會環境中的某一部分。大自然（也就是演化）給予了人們適應社會的能力，這個與生俱來的能力使人們在不同的社會情境中舉止恰當，人們會依文化習俗對自己的行為進行長期調整。所以，同一團體的人會愈來愈相似。人們也找出與對手競爭的不同方式，所以在另一方面變得愈來愈不相似。結果就是，沒有任何兩個人有著同樣的人格——沒有兩個人是相同的。

追逐錯誤線索的心理學家

伍爾夫仰賴當地的警察把壞人抓到監獄去關；除此之外，

警察對他來說沒有什麼用處。就像大部分偵探小說中的偵探都不是警察，伍爾夫很看不起警察，他認為警察心胸窄小，只會單方向思考，輕率下結論，他們的調查只為了證明自己的結論是對的。

我承認我也曾對專業的人丟過石頭，但我不要你有這種印象，即我認為大部分的專業人士都不知道自己在幹什麼。相反地，專業人士提供了每一條可用的線索，不過，這些線索來自許多不同的來源；除了演化心理學和行為遺傳學，還有社會心理學、發展心理學、心理語言學、神經生理學、人類學、靈長類動物學和昆蟲學。學術界，就像人的心智一樣，是由許多專家所組成的。我發現不屬於學術界最重要的一個好處，就是可以不變成某一領域的專家。專家常用放大鏡去看他們的領域，他們看到非常小的地方裡的每一個細節。有時候，像我這種博而不精的人可以派上用場。

然而，學術界的心理學家浪費時間去追逐錯誤的線索，並不是專家本身的問題。基本上是因為心理學家不懂得行為遺傳學。非行為遺傳學家的學者常常看不起行為遺傳學，這情形自1940年來一直都是如此；當時只要稍微暗示人的一些差異是來自基因的關係，馬上就會被認為是政治不正確，不能被社會接受。雖然現在已經可以大聲說出「基因」這兩個字，但是大部分的心理學家仍然故意忽略行為遺傳學家的方法和發現。每次他們張開嘴談長方形的長和寬時，就顯露出他們的無知。

不去考慮基因的影響，就不可能知道環境的影響是什麼。這就好像你想知道你賺了多少錢，所以你去看年終還剩多少

錢，而不去考慮你在年初時的資產和負債。要研究個別差異，就必須想辦法控制基因的效應，不然研究結果沒有意義。很遺憾的是，大部分個別差異的研究並沒有達到這項標準。人們相信這些研究的結果是因為它們符合人們的預期，也因為很多研究都得到相同的結果。但是不管這種論文堆得有多高，沒有價值的論文仍然沒有價值。而基於沒有價值的研究理論自然也沒有價值。

讓我舉個例子。1991 年，發展心理學家貝爾斯基（Jay Belsky）和史坦伯格（Laurence Steinberg）以及人類學家德瑞浦（Patricia Draper）提出了一個女性擇偶策略的「演化理論」。他們認為，對女人來說，沒有最好的擇偶策略，所以演化提供了女人兩種可能的策略：長期的和短期的。那麼，應該選擇哪一種呢？根據這個理論，答案取決於這個人在嬰兒期和童年期所經驗到的家庭環境。早期在壓力環境中成長的女孩（例如沒有父親的單親家庭或父母不合常吵架的家庭）會選擇短期的擇偶策略；性早熟，遇到一個男孩就跟他上床，然後拍拍屁股走人，再找另一個男孩。在良好家庭中長大的女孩會採取長期的擇偶策略；她們性成熟得較晚，慎選親密伴侶，會找一個很像老爸的男人跟他廝守一輩子。

許多演化心理學家覺得這個理論很吸引人，尤其是有關沒有父親的單親家庭那部分。對他們來說，這個很有道理；假如你住在一個沒有安全感的環境，你又何必浪費時間去等待安全感？趁你有能力時，趕快去繁殖。這個理論似乎解釋了女孩如何去適應她們真實環境的惡劣或良好，而且這個說法也獲得很

多數據的支持。一般來說，在沒有父親或問題家庭長大的孩子的確早熟些、較早發生性行為、性伴侶較多，也較難與人建立起親密關係。

這個理論的支持者認同基因在性成熟及青春期方面扮演了關鍵的角色；我們老早知道早熟的母親容易有早熟的女兒。他們也認同早熟的女孩比較早有性行為，但是認為這不可能僅是基因的關係，因為當母親到達青春期的年齡這個變項受到控制之後，沒有父親和問題家庭的效應仍然存在。

然而這些女孩也遺傳到母親的體質以及外表的特徵。那麼她們的父親呢？難道女孩沒有從父親那兒繼承到任何東西嗎？

當然有。有組醫學遺傳學家最近找到一個女孩子從父親那兒得來的基因（在 X 染色體上），這個基因對男性和女性都有心理上和生理上的效應。遺傳到這個基因的某種變異性的男生通常很衝動、有攻擊性、親密關係不穩定——所以將來他的孩子在成長過程中比較可能沒有父親的陪伴。遺傳到這個基因的女性通常比較早到達青春期、較早有性行為，性伴侶也比較多。研究者在此只看一個基因；其實一定還有別的基因跟這也有關。但是研究顯示，「父親缺席效應」（father absence effect）很可能有基因上的解釋。

這個女性擇偶策略的演化理論最大問題是引用了錯誤的研究。女孩生理成熟和性行為的個別差異被歸因到她們童年早期的家庭環境，但是研究者所用的方法並沒有顯示他們所發現的差異是來自家庭環境，而不是這些女孩子基因上的差別。研究者應該以同卵雙胞胎或在同一家庭長大的手足，來看家庭環境

是否對兩個兄弟姊妹都有同樣的效應。他們沒有這樣做，他們只看一個家庭中的一個孩子。最後，行為遺傳學家大衛·洛做對了這個實驗。他發現環境因素的確與開始發生性行為的年齡有點關係，但是他的證據顯示，這些環境因素是在青春期的時候作用，而不是童年的早期，而且牽涉到文化或次文化的影響（即手足在家庭以外所共享的環境）。

這並不是唯一的例子；演化心理學家也因為缺乏行為遺傳學的知識，而濫用了「演化」這個詞。另一個例子是蘇洛威在他的書《生而叛逆》中的出生別理論。蘇洛威宣稱他以演化理論解釋了兄弟姊妹間的人格差異，而許多演化心理學家也贊同他。他們接受了蘇洛威對於行為遺傳學證據的錯誤解釋——在一起長大會使兄弟姊妹較不相似——因為那個故事聽起來就像是達爾文的理論：兄弟姊妹之所以不相似，是因為他們彼此競爭。但是我在第四章告訴你的證據顯示，兄弟姊妹會不同並不是因為他們一起長大，也不是因為彼此競爭的關係。不論手足有沒有一起長大，也不論他們是合作還是競爭，環境對人格的影響都是一樣的。

你知道我並不是行為遺傳學家；我的興趣在環境，不在基因。但是我發現，目前的環境理論是錯的，大多數是因為理論學家沒有好好注意基因的因素。他們沒有使用可測出基因貢獻的研究方法，他們不了解（或沒有嘗試去了解）使用這個方法的研究結果。

自從 1940 年代末期以來，大部分心理學領域的理論家和研究者都低估了基因對行為的影響。當看到孩子跟父母有相同的

優點或缺點時，他們把這個相似性歸因到孩子從父母身上學習；當看到孩子在學校裡表現出跟在家裡一樣的優點或缺點時，他們把這個相似性歸因到類化——在家中習得的行為被帶到學校去。他們在這兩點上都錯了。基因對行為的影響是父母和子女行為相似最主要的原因，也是孩子在不同的社會情境中行為相似的主要原因（其他原因則是文化和次文化的效應）。基因的影響也是人格從童年到成年有延續性的主要原因。當人格特質很早就出現且持續到成年期時，這是因為遺傳性，而不是早期的環境。

別擔心，環境對行為還是有很大的影響。演化為人類提供了心智，讓我們從一出生就可以從環境中收集特定的訊息。問題不在於孩子會不會對環境反應——他們當然會！而是：他們收集什麼樣的訊息？又怎麼運用？我的答案是，他們收集最新的相關訊息，而使用這些訊息的方式是符合演化意義的。假設一個大人的行為取決於他幾歲以前跟父母相處的經驗，這不但低估了孩子，也低估了演化本身。為什麼演化心理學家會落入這種陷阱呢？因為他們也很難放棄對後天教養假設的信念。

破解教養的迷思

為什麼父母深信自己在孩子生命中的重要性？為什麼父母深信孩子未來成功與否，取決於現在他們在家中的行為？我沉思了許久，還是沒有定論，然而以下是我的前三種假設。

第一個假設是，這可能來自社會心理學家放在「自我偏見」（self-serving bias）這個大帽子底下的一組相互有關的錯覺。大

多數人高估自己的重要性及他們對事情的主控能力。不僅是教養孩子，這種錯覺也出現在他們的所有行為上。同時，人們傾向於相信好的結果都是因為自己的關係，而壞的結果都是別人的責任。所以，假如父母認為孩子長大後成材了（大部分的父母真的這麼想），他們就會認為是自己的功勞。另一個自我偏見是傾向於覺得自己的優點是獨一無二的。所以假如孩子長大後很成功，父母會認為這是他們教養孩子的方式成功，或是他們用的方式是獨一無二、有原創性的；雖然事實上他們扶養孩子的方式跟隔壁鄰居完全沒有兩樣。

第二個假設是演化提供了父母照顧孩子的本能。受到父母妥善照顧的類人猿類嬰兒，存活率遠大於那些被父母疏忽不管的，而存活下來的嬰兒繼承了父母想要照顧孩子的心智機制。照顧自己孩子的本能是與生俱來的，但是感覺父母親很重要並不需要是天生的；我們有意識的心智習慣為我們自己所做的事杜撰出虛構的解釋。

我的第三個假設是，覺得父母很有影響力是我們文化的特性。父母的功勞，反面就是父母的錯；孩子只要有任何問題，一定都是父母的錯。把這種想法帶入歐美文化的是佛洛伊德。但是，佛洛伊德的理論多半是在二十世紀初期提出的，而「都是父母的錯」的想法直到 1940 年代後期、二次世界大戰之後才流行起來。推波助瀾的還有兩件事：當人們察覺到納粹的所作所為和他們那麼做的原因，便無法接受行為的基因解釋；以及美化版的佛洛伊德理論進入了親子教養類的書籍中，在美國最有名的便是小兒科醫生史巴克（Benjamin Spock）。

　　這兩個文化的影響綜合起來，造成一般中產階級教養觀念的變動。在 1940 年代初期，當我還小的時候，社會對不良少年的看法還是「天生壞種」。我小時候很不聽話，因此我父母得到很多人的同情，而不是責難；別人覺得我父母很不幸，而不是有罪。十年之後，罪惡感就變成了為人父母逃不掉的夢魘。就如丹麥社會學家鄧西克（Lars Dencik）所觀察的：「指控我們沒有好好照顧孩子、顧及他們最佳利益，這些責難近幾年來一直折磨著父母與孩子的照顧者；這個罪惡感其實非常新，以前是沒有的，在我們的摩登世代是相當獨特的一種感覺。」

　　在北美及西歐的中產階級家庭，摩登世代在二次世界大戰結束不久後就開始了，並帶來一些新的文化迷思。就好像傳統文化的人會把孩子的缺陷歸因到母親懷孕時所吃的食物或所看的東西，或者是遭到心生嫉妒的鄰居施法所致，或是上帝的懲罰，現代文化的人把孩子的缺陷歸因到父母親在孩子出生後沒有帶好孩子。

　　新的教養神話可以取代舊的迷思。現在幾乎每個人都相信很多事不是真的。理查三世真的像莎士比亞所寫的是個壞人，還是如《時間的女兒》一書中偵探格倫所說的是個可敬的人？我不知道，但是這個答案不能用投票來表決。

佛洛伊德的「關係」

　　即使那些不曾為人父母的人，也把自己的成敗歸到父母頭上。最經典的例子就是詩人拉金（Philip Larkin）最著名的牢騷：「你的父親和母親，他們把你弄得一團糟。」雖然他承認自己應

承擔大部分的過錯，但是他從來不曾想過，他的缺點可能是從父母身上遺傳到的。

　　當然，拉金也是他所屬文化下的產物。但除了文化的迷思，還有別的。在為什麼我們會變成現在這樣的理論中，反思——有意識地去思考自己——扮演了某種角色。假如佛洛伊德的理論沒有打動人的心弦，他不可能這麼成功。佛洛伊德說的話有些是真的。我認為是他所畫的那張畫，一個由許多相互鬥爭的部件所組成的複雜心智，有時是在意識之下運作著。這個人一點都不謹慎地引用證據。整個來說，他所造成的傷害比他的好處多。但他碰巧做對了一些事。雖然佛洛伊德不是第一個去談天生驅力及潛意識歷程的人，但他卻是第一個引起人們注意驅力和潛意識的人。

　　不過，不是潛意識心智支持著佛洛伊德的理論；相反地，他最大的盟友是意識的心智。我在第一章提到鄧巴的聊天研究。鄧巴和他的學生聽別人談話，發現三分之二的談話時間都花在「社會新聞上，誰對誰做了什麼」。這些談話的人都不在談公事，而是在談別人的事，他們在交換儲存在人際關係資料庫裡的那些訊息。假如我們大部分的談話內容是來自關係系統，這就表示關係系統占據我們大部分的意識思想，所以是我們可以提取到的記憶。

　　雖然佛洛伊德談到很多潛意識，他的理論幾乎都與「關係」有關，而關係系統幾乎都是公開運作的。那個使他全神貫注的動機、性和攻擊性，都是來自關係系統的機制，而且可以從意識的心智中去提取。佛洛伊德從他的受試者（我不知道該不該

稱他們為病人，因為佛洛伊德似乎不那麼認為）口中所引導出的談話都是有關「關係」的，所以一個人跟他父母的關係是他童年記憶的主體，或是他心智資料庫中爸爸和媽媽的網頁是滿滿的，你也不用驚訝。

跟關係系統相反，社會化系統的工作都是在意識下進行的。我們並不知道我們怎麼被社會化的。事實上，我所描繪的社會化系統跟佛洛伊德的「超我」很像，兩者的功能很相似。但佛洛伊德顯然錯把超我的形成歸因到與自己同性別的父母。孩子藉由認同同性別的父母以學習他應有的行為，這是佛洛伊德的理論中少數可以被驗證的預測，而研究結果並沒有支持這項預測；沒有父親的男孩並沒有因而缺少男子氣概，在健全家庭長大的孩子也沒有因而比較男性化或女性化。事實上，根據兩位做了很多相關研究的發展心理學家的證據顯示，男孩在行為上會模仿其他孩子的父親，就跟模仿自己的父親一樣。

佛洛伊德認為小孩子從認同父母來學習自己的行為，這個看法可能是基於十九世紀末他在維也納觀察鄰居和同事的孩子所得來的概念，當然也包括他自己童年的記憶。這些孩子還太小，不能上學，可能比現在的孩子跟同儕接觸的機會少。許多孩子似乎都是老大或是獨子，所以他們也沒有弟妹可一起玩。孩子會模仿他生活週遭的人，而這些孩子可以模仿的對象非常少。在《教養的迷思》中，我提到一個跟黑猩猩一起長大的孩子，結果他模仿了黑猩猩；而不是如他父母所希望的，黑猩猩模仿孩子的行為。假如一個孩子沒有兄姊可模仿，他會去模仿大人，所以在發展心理學的教科書中，都有一張小男孩模仿父

親刮鬍子或小女孩模仿母親穿高跟鞋的圖片。但是孩子很快就知道模仿大人的行為是行不通的，即使在家中也不行。他們可以在遊戲時假裝是大人，然而孩子很早就知道真實生活和遊戲的假裝是不同的。無論如何，他們所假裝的大人並不是他們的父母，而是父母的原型。這個原型來自社會化系統，是所有父母親加起來的平均值；這個原型跟其他孩子的父母和他自己的父母一樣地像。

　　我提出的第三個心智器官是地位系統，在佛洛伊德的理論中並沒有可以相對應的。佛洛伊德把爭取地位的動機歸因到性方面去，我非常不同意，雖然地位有助於讓你得到你想要的性伴侶。我們早在童年就希望得到高的地位，並且終其一生都是如此；即使是養老院的老人也會在乎自己的地位。我認為對人類來說，地位本身是一種目標。它能使你在成年期得到你所想要的性伴侶，這就證明了它有演化上的原因，但是不要把演化上的原因和人的動機相混淆。地位也會使你得到你所想要的飲食，但是想要爭取地位的動機並不是肚子餓或口渴的附屬品。饑與渴反而會阻礙你追求地位；性也會，你看柯林頓總統就知道了。

　　地位系統就跟關係系統一樣，是在意識的層次中進行。佛洛伊德以為他必須解釋為什麼有些事是在意識下進行，但是近代的心理學家和哲學家把這個問題反過來問：為什麼事情需要有意識？這是哲學家的問題，我把它留給哲學家去處理。心理學家的問題比較窄，至少是可以回答的：為什麼有些功能是在外面公開進行，有些卻在底下暗盤交易？從我的目的來說，這

個問題還可以更窄一點：既然大腦意識的工作空間這麼有限，為什麼卻把這麼多的寶貴空間給了關係系統和地位系統？

我認為其中一個理由與語言有關。在我們能夠把想法、感覺或一丁點訊息變成語言說出來時，它必須要先能在意識心智中提取。假如意識賦予我們能力去用文字溝通，那麼它就使我們可以說閒話哈拉。所以意識對關係系統的用處就是使它可以收集（並交換）訊息，並使這些訊息可以儲存在人際關係資料庫中。它對地位系統的用處是相似的。我們取得關於自己的訊息的一個方法，就是透過口語溝通。

關係系統和地位系統都動用到心智閱讀；的確，沒有它，地位系統就不能運作。這表示把意識賦予這兩個系統還有別的原因。演化心理學家韓福瑞（Nicholas Humphrey）假設，意識使我們可以反思自己，進而使我們可以看入別人的心智。韓福瑞認為，除非我們有能力去內省自己的心智歷程，否則我們無法了解別人如何想。

最後一個理由是跟記憶有關，尤其是外顯和程序記憶的區辨（在第八章有詳細解釋）。外顯記憶的定義就是意識心智的範疇；程序記憶一般來說不是。對特定事件的記憶是外顯的；而程序記憶是有關一再重複出現的事件，而不是特定事件。外顯記憶登錄的是那個特定事件的獨特之處；而程序記憶登錄的是一連串事件的相同之處。關係系統需要外顯的記憶，因為相關的經驗並不會一而再、再而三地發生，它可能只發生一次。地位系統則同時運用到外顯記憶和程序記憶。

外顯記憶還有別的功能；它不是只用在社會目的，或只發

生一次的事件上。事實的記憶（語意記憶）也是可被意識心智提取的，所以也是外顯的。還有很多心智系統是我在這本書中沒有談到的；它們有其他的任務，並收集其他的資訊，例如某個植物是有毒的，最近的水源在哪裡。這種知識也可以用口語的方式來傳遞，與別人共享這個有用的知識。

解開人格差異之謎

我對人格差異之謎的解答是，本案有三個壞人：三個心智系統各自進行各自的功能。合起來看時，它們就能回答人格發展是如何（how）、為何（why）、何時（when）、何處（where）發生的。它們可以解釋，為什麼孩子在成長時跟同儕有某些地方相似，有某些地方不相似？為什麼他們同時想跟人家一樣，又想跟人家競爭？為什麼他們跟不同的人在一起時會有不同的行為？為什麼在不同的情境中，行為也不同？我的三個系統理論可以解釋行為遺傳學家的發現和社會學家的觀察，並與演化心理學家所提出的看法一致，也受到神經生理數據的支持（即人的心智是各種特別功能設備的大集合）。

但是我能證明它嗎？在本書的一開始，我引用了福爾摩斯的名言：「當你去除掉不可能的，剩下來的不管多麼不太可能，就是真相。」萬一還有別的可能性而福爾摩斯沒有排除，因為他沒有想到，那又該怎麼辦呢？在科學上，我們只能說這個理論解釋了大部分的證據，或是它比目前現有的理論能提供比較好、比較令人滿意的解釋。

一個在學術上令人滿意的理論，必須符合愛因斯坦的法則：

盡量讓事情簡單到不能再簡單。我會第一個承認我的人格發展理論是不簡單的，因為沒有任何一個更簡單的理論行得通；而我用了半本書的篇幅來顯示這點。

雖然可能會有一個更簡單的新理論突然跳出來取代我的理論，但目前這是不太可能的。我很擔心的是，我的理論會被更複雜的所打壓。生物的歷程比我們想像得更花俏、更複雜，而大腦更是一個生物歷程的大雜燴。作為一個理論家和作家，我希望事情簡單明瞭，就必須省略一些例外以及太過複雜的東西。例如，我提到大腦中的梭狀迴是專化來辨識面孔的部位，但是神經科學家發現，這個區域同時也處理其他種類的辨識；它專門區辨為數眾多的相似物件，如集郵人士對郵票的辨識、鳥類學家對鳥的辨識。

更重要的是，雖然我把這三個系統清楚分割，很容易分辨，但是事實上，它們不可能被切割得這麼乾乾淨淨。系統可能有重疊的地方，設施有共享的地方，它們之間的邊界可能不是這麼清楚。我們的心智真的能在統御一個競爭者（關係系統）跟三人團體中的老大（地位系統）之間做出區隔嗎？關係系統真的只是一個系統嗎？有些演化心理學家認為，關係系統是由好幾個不同的模組在經營的；一個管擇偶交配，一個管友誼，一個管互惠交換，一個管親子關係等等。我把它當作一個系統，是因為所有類型的關係都仰賴對個體的辨識和記憶，也因為收集人際關係資料的動機跟學習生字一樣：我們並不需要有特別目的才能去習得資訊，或許將來會有用，現在誰也說不準。當我們第一次遇見某人時，通常並不知道他以後會不會成

為我們的朋友、情人或生意夥伴，但這並不妨礙我們開始收集有關他的訊息。假如一個人以前是朋友，後來變成情人，我們也不需要重新收集他的資料才知道他是什麼樣的人。某人是我們的朋友，我們對他有所了解，即便以後我們不是朋友了，他的資料還是在那裡，以後可能還是有用。

從另一方面來講，一旦我們跟某人有了特定的關係，我們會更有興趣收集他的訊息，並會以不同的方式利用這些訊息。我們在擇偶時，某人是近親的這個訊息會有用。假如我們考慮分享時，這個訊息又有另外的用途。在本章開頭，我給了關係系統一個社會量尺，所以它只能用舉大拇指或倒大拇指的方式來表示目前檢視的這個關係是好還是不好。但是一個社會量尺可能不夠；測量不同的關係可能需要不同的度量衡工具。擇偶的社會量尺是設計來告訴我們另一個人是否願意跟我們上床，這對判斷某個人會不會信任我們作為他的貿易夥伴，就沒有什麼幫助。

假如你認為我的理論並不需要如此複雜，你就等著看五十年以後的理論會有多複雜。

驗證心智運作的方法

演化心理學家托比和康斯邁德說，科學家不會做研究去找出他們確定存在的東西。我希望這本書能激勵科學家對這三個心智系統進行研究；他們可能並不懷疑，或隱約懷疑這三個系統的存在。

或許我可以提供一些建議。對於心智運作的研究，腦部造

影技術非常有用：不同的心智歷程運作時，會使大腦不同的部位亮起來。這個技術可以用來測試我的理論，例如當人們接收到不同的社會回饋訊息時，大腦會有什麼變化？最近有項研究要求受試者想像自己被某個團體排斥，接著進行腦部掃瞄，結果顯示大腦中有兩個區域被活化了（前扣帶腦皮質〔anterior cingulated cortex〕以及右腹前額葉〔right ventral prefrontal cortex〕）。身體感到痛苦時，大腦中的這兩個區域也會亮起來。所以被人排斥會痛苦，在團體中被貶抑會痛苦，發現你喜歡的那個人不喜歡你也會痛苦。但是或許這些事情讓你感到痛苦的方式不同。我的理論預測，團體接受度、地位、人際關係成功與否的回饋，在大腦中應該會造成不同的反應。

要了解心智機制，第二個有用的方法是檢驗那些因先天異常或傷害而導致運作方式異於常人的大腦。巴隆科恩從自閉症孩子的身上得到了心智閱讀模式的概念；自閉症的孩子缺乏閱讀別人心智的能力。

不幸的是，我們不能藉由自閉症孩子來區辨我所提出的三個系統，因為他們的缺陷太廣泛，這三個系統都被波及到。自閉症會影響到社會生活的每個層面。自閉症的孩子對人沒有興趣，不能形成正常的關係，他們不與人為伍，也不與人競爭，而造成這種嚴重後果的神經異常分布得很廣。

那麼牽涉層面沒那麼廣的社會障礙呢？那些關係系統失能的人，他們的社會化系統和地位系統都能正常運作嗎？你是說，那些沒有被社會化卻很擅長競爭的人嗎？是的，沒錯。研究者有發現這種個案，我也到處提到這些例子，例如不被同儕

接受的孩子還是可以交到好朋友，反之亦然。許多傳說也支持這種對比，好比「盜亦有道」這句諺語就表示，不遵從社會行為常模的人也能夠有成功的關係。

然而，我的理論不預期社會生活的這三個領域完全是不相關的。有些弱點（比如說語言障礙，或是無法正常閱讀別人的心智）會立刻影響其他兩個系統的功能。其他特徵也會對社會成功或失敗有很大的效應，例如身體的外觀。長得好看的人通常地位比較高，團體接受度也較高。

我想，要取得支持我所描繪的這三個系統確實存在的證據，應該很容易，因為有許多方法可以做。比較困難的是驗證我所說的解決人格差異之謎的方式，即人格上不能解釋的變異性，特別是顯現在同一家庭長大的同卵雙胞胎的人格差異。從某些方面來說，這個差異源自環境，它不是發展雜音的結果，我把它歸因到地位系統的作用。

兩樣生活，兩條路

我用下面這個真實的故事來說明驗證這個理論的困難。《波士頓環球報》（*Boston Globe*）的一篇報導提到康瑞（Conrad McKinney）和派瑞（Perry McKinney）這對五十六歲的同卵雙胞胎，標題寫著：「兩樣生活，兩條路」。他們都在美國新罕布夏州出生、長大，就讀相同的學校，坐在同一間教室裡。他們的學業表現中等，行為卻令老師頭痛。最後老師終於受不了，於是將雙胞胎分開；派瑞留級在五年級，康瑞升上六年級。根據記者的報導，這是他們人生的轉捩點：康瑞高中畢業，而派

瑞在十一年級就中輟了。今天，康瑞是個成功的商人，他經營一家私人偵探社；派瑞是個無家可歸的酗酒遊民兼，睡在橋下的垃圾堆中。

　　首先，這個故事告訴我們，基於道德考量的因素，我們不能做這樣的實驗來驗證我的理論；我們不能操弄一個人的生活和未來。所以，要驗證我的理論必須仰賴「大自然」的實驗。大自然在康瑞和派瑞身上所做的殘忍實驗，與我的理論一致：假如你改變團體看待這個孩子的方式，而這個改變既確實又持久，結果就會導致孩子人格的改變。一個孩子被留級，這個公開事件會使他遭到團體的另眼對待。因此，當這個孩子閱讀同學的心智來得知別人如何看待自己時，他得到的訊息就是「笨蛋」、「廢物」。

　　但是大自然的實驗通常缺乏科學上的嚴謹。當老師決定讓雙胞胎之一留級時，他們是擲銅板決定讓派瑞留級嗎？不太可能。比較可能的是，派瑞的學業成績可能比康瑞差，或是比康瑞調皮，甚至有可能派瑞已經顯示出他的心智有問題，後來這個心智問題愈來愈嚴重而已。

　　雖然同卵雙胞胎的基因相同，但他們的大腦有一點不同，可能是因為發展上的雜音，或是輕微的受傷或感染。這些神經生理的些微差異會造成行為差異，這表示如果同卵雙胞胎的行為有差異，通常不可能知道是因為他們的經驗所致，還是他們大腦既有的差異。假如人們對待他們的方式不同，而他們的行為也不同，那麼他們受到的差別待遇是造成行為差異的因，還是果呢？即使是長期追蹤的研究，都不能回答這個問題。研

究者可能發現，老師或同儕在第一個時間點對雙胞胎的差別待
遇，跟雙胞胎在第二個時間點的行為差異有相關。但老師或同
儕很可能是對雙胞胎在第一個時間點就已經存在的行為差異作
反應，只是研究者沒看出來罷了。有些行為問題和心理疾病在
早年的症狀較輕微，並會隨著年齡漸長而加劇，這並不代表惡
化的情形是由於孩子的經驗造成的；也可能是神經生理上的問
題。

　　在解釋康瑞和派瑞的故事時，還有另一個問題，就是留級
會影響到孩子生活的很多層面，不是只有一個。告知主人別人
怎麼看待他的地位系統，可能不是使派瑞墮落的唯一原因；社
會化系統可能也扮演了某種角色。留級的孩子雖然個頭比其他
同學高大，在統御階層上的地位可能比較高，但是通常也比較
不被同學接受。被排擠的孩子通常會聚在一起，形成自己的團
體——大部分的情況是反社會團體。《波士頓環球報》的記者
提到，派瑞留級後所結交的朋友都比康瑞的朋友更粗暴、更吵
鬧、更愛冒險。這表示不良少年的同儕團體對派瑞的社會化，
可能是他變成現在這個樣子的原因之一。派瑞在親密關係上也
是厄運連連；他的太太在二十九歲時因為血癌過世。所以，三
個系統聯手把派瑞打到了橋底下的遊民群中。

　　我在第四章指出，出生別的研究可以驗證家庭環境是否
會造成兄弟姊妹之間的人格差異。這個方法的好處是（據我所
知），老大和老么在基因或發展雜音方面並沒有系統化的差異，
所以可以提供我們一個控制生物差異同時又能改變家庭內環境
變項的好方法。這個因果問題，用一個非常普遍的大自然實驗

就能解決了：兄弟姊妹一個接著一個地以隨機的順序出生。假如出生別理論者是對的（假如老大和老么的人格有系統化的差異），我們就知道這些差異一定是環境差異的果，而不是因。

現在我在尋找一個可以控制生理差異同時改變家庭外環境的方法；這就很難找到了。凡是跟生理差異無關的環境差異，通常是因人而異，而且不是系統化的，因此對研究者來說不太有用。到現在為止，我最多只能找到像是身高和力氣這些跟家庭外環境經驗的系統化差異有關的特徵；假設這些系統化的差異與特殊的人格特質沒有基因上的關係。「假設」在此是個警告。雖然理論上不太可能，但是一個人遺傳到使他們長得高壯的基因，同時也遺傳到使他們具有攻擊性的基因，並非完全不可能。另一個可能是，發展上的噪音以類似的方式影響了心理和生理的特徵。

雖然我的理論原則上是可以驗證的，但是執行上的困難和道德議題卻不容易解決。研究者不太可能找到又快又容易的檢驗方法。然而，或許這個理論可以提供一個觀察人格發展和社會行為的新方法。這個觀點可以使我們更容易了解既有的研究，並為未來的研究提供更好的策略。

現在你應該知道，如果沒有控制基因的效應，人類行為的研究是沒有意義、沒有用的。行為遺傳學家呼籲了許多年，我完全同意他們的觀點，但這只是一個開始。研究方法必須對情境效應敏感，因為人在不同情境中會有不同的行為，面對不同的社會夥伴也會有不同的行為。理想的研究方法不但要控制基因的效應，同時也要能評估當行為隨情境轉換時，基因所扮演

的角色。

　　但光是控制基因和情境仍然不夠。社會化系統和地位系統效果之間的混淆（使孩子適應所屬的文化以及使孩子發展出獨特人格的這兩種歷程之間的混淆），一直阻礙著我們有所進展。所以我們才會相信，孩子一生中最重要的是要有成功的關係。研究者若能區分出這三個系統的效應，我猜必能有很大的進展。只有當我開始思考這三個不同的系統提供了不同的動機、從環境中收集不同的訊息，我才了解演化如何製造出我們這樣遵守社會規範的個體來。人類真是大自然最了不起的一件作品！

留待別人去驗證

　　我寫本書的目的之一，是提供你做研究的一種健全態度。研究者是人，他們會犯錯，他們有自己的希望和需求、自己的信念。做研究是很辛苦的事，很少僅僅是為了好奇心。研究者做研究是為了謀生、建立聲譽、證明自己的理論是對的（或證明對方理論是錯的），或以上皆是。

　　許多年前，修習實驗心理學課程的大學生得進行老鼠跑迷宮的實驗。助教告訴學生說，那些老鼠是經過特別育種的：有得學習得很快，有的學習得特別慢。有一半的學生分別被分配到五隻學習能力強的聰明老鼠，其他學生則分配到五隻學習較慢的笨老鼠。

　　學生讓老鼠跑迷宮，並記錄跑的速度和次數。結果聰明老鼠比笨老鼠更快學會如何跑出迷宮。牠們犯的錯誤較少、跑得

比較快，也比較不會逗留在起跑點附近遲遲不肯動作。

　　事實上，這些老鼠全部都來自同樣的基因群，並隨機分派給學生。所謂聰明的老鼠跑得比較好，是因為學生期待牠會比較好。因為老鼠不可能知道人們預期牠會有怎樣的表現，所以這個預期的效應一定是來自學生。學生也不知道自己的表現有什麼不同，但他們就是傾向於偏往他們期待的方向。這就是所謂的「潛意識的實驗者偏見」（unconscious experimenter bias）。

　　這究竟是怎麼回事？可能是學生對待老鼠的方式有所不同；或許學生比較喜歡「聰明」的老鼠，對牠比較溫柔，所以老鼠就不那麼害怕。偏見也可能來自記錄數據甚至在改正錯誤的過程中。假如學生不小心寫錯了一個數字，如果這個數字跟他預期的不同，那麼他比較會注意到這個錯誤而立刻改正它。

　　研究者的預期或希望會影響研究結果的例子有很多。任何醫學研究者都知道，要真正避開研究者偏見的唯一方法，就是嚴格執行「雙盲」或「三盲」研究。例如檢查病人的醫生及做統計分析的人，都不該知道這個病人接受的是藥物還是安慰劑。

　　想出新理論的人，是最不該去驗證這個理論的人。一個新理論應該由沒有任何利害關係的獨立研究者來驗證。這也是分工：提出理論的和驗證理論的，應該由不同的人來做。

　　「一個好的理論應該走在證據的前面，」演化心理學家米勒（Geoffrey Miller）在最近的一次訪談中說，「應該把頸子伸出去說，這是我對世界的看法，然後留待別人去驗證它。」

　　我，也留待別人去驗證我的理論。

參考書目

Abramovitch, R. (1976). The relation of attention and proximity to rank in pre-school children. In Chance, M. R. A., and Larsen, R. R., eds., *The social structure of attention* (153–176). London: Wiley.

Abramovitch, R., Corter, C., Pepler, D. J., and Stanhope, L. (1986). Sibling and peer interaction: A final follow-up and a comparison. *Child Development* 57, 217–229.

Adler, A. (1927). *Understanding human nature.* New York: Greenberg.

Adler, P. A., Kless, S. J., and Adler, P. (1992). Socialization to gender roles: Popularity among elementary school boys and girls. *Sociology of Education* 65, 169–187.

Adolph, K. E. (1997). Learning in the development of infant locomotion. *Monographs of the Society for Research in Child Development* 62, no. 3 (serial no. 251).

Adolph, K. E. (2000). Specificity of learning: Why infants fall over a veritable cliff. *Psychological Science* 11, 290–295.

Allen, W. (1975). *Without feathers.* New York: Random House.

Allik, J., and McCrae, R. R. (2004). Toward a geography of personality traits. *Journal of Cross-Cultural Psychology* 35, 13–28.

Allport, G. W., and Odbert, H. S. (1936). Trait-names: A psycho-lexical study. *Psychological Monographs* 47, no. 211 (whole issue).

Andersson, B.-E. (1992). Effects of day-care on cognitive and socioemotional competence of thirteen-year-old Swedish schoolchildren. *Child Development* 63, 20–36.

Andreasen, N. C. (1999, Feb. 25). Understanding the causes of schizophrenia. *New England Journal of Medicine* 340, 645–647.

Angier, N. (2000, May 30). A conversation with Geoffrey Miller: Author offers theory of gray matter of love. *New York Times*, F2.

Arcus, D. M. (1991). Experiential modification of temperamental bias in inhibited and uninhibited children. Unpublished doctoral dissertation, Harvard University.

Arcus, D. M. (2001). Inhibited and uninhibited children: Biology in the social context. In T. D. Wachs and G. A. Kohnstamm, eds., *Temperament in context* (43–60). Mahwah, NJ: Erlbaum.

Asch, S. E. (1952). *Social psychology*. Englewood Cliffs, NJ: Prentice-Hall.

Bach, J. F. (2002, Sept. 19). The effect of infections on susceptibility to autoimmune and allergic diseases. *New England Journal of Medicine* 347, 911–920.

Bagwell, C. L., Newcomb, A. F., and Bukowski, W. M. (1998). Preadolescent friendship and peer rejection as predictors of adult adjustment. *Child Development* 69, 140–153.

Barkley, R. A., Shelton, T. L., Crosswait, C., Moorehouse, M., Fletcher, K., Barrett, S., Jenkins, L., and Metevia, L. (2000). Multi-method psycho-educational intervention for preschool children with disruptive behavior: Preliminary results at post-treatment. *Journal of Child Psychology and Psychiatry* 41, 319–332.

Barkow, J. H. (1976). Attention structure and the evolution of human psychological characteristics. In Chance, M. R. A., and Larsen, R. R., eds., *The social structure of attention* (203–219). London: Wiley.

Barkow, J. H. (1992). Beneath new culture is old psychology: Gossip and social stratification. In J. H. Barkow, L. Cosmides, and J. Tooby, eds., *The adapted mind: Evolutionary psychology and the generation of culture* (627–637). New York: Oxford University Press.

Barkow, J. H., Cosmides, L., and Tooby, J., eds. (1992). *The adapted mind: Evolutionary psychology and the generation of culture*. New York: Oxford University Press.

Baron-Cohen, S. (1995). *Mindblindness: An essay on autism and theory of mind*. Cambridge, MA: MIT Press.

Baron-Cohen, S. (1999, Apr. 22). Peering into a child's priorities (review of *The Nurture Assumption*). *Nature* 398, 675–677.

Baron-Cohen, S., and Staunton, R. (1994). Do children with autism acquire the phonology of their peers? An examination of group identification through the window of bilingualism. *First Language* 14, 241–248.

Bastian, M. L., Sponberg, A. C., Suomi, S. J., and Higley, J. D. (2003). Long-term effects of infant rearing condition on the acquisition of dominance rank in juvenile and adult rhesus macaques (*Macaca mulatta*). *Developmental Psychobiology* 42, 44–51.

Bateson, P. (2002, Sept. 27). The corpse of a wearisome debate. *Science* 297, 2212–2213.

Baumeister, R. F., Smart, L., and Boden, J. M. (1996). Relation of threatened egotism to violence and aggression: The dark side of self-esteem. *Psychological Review* 103, 5–33.

Begley, S. (1998, Sept. 7). The parent trap. *Newsweek*, 52–59.

Bellew, G. (ca. 1955). *The kings and queens of Britain*. London: Pitkin Pictorials.

Belsky, J., Steinberg, L., and Draper, P. (1991). Childhood experience, interpersonal development, and reproductive strategy: An evolutionary theory of socialization. *Child Development* 62, 647–670.

Bergman, T. J., Beehner, J. C., Cheney, D. L, and Seyfarth, R. M. (2003, Nov. 14). Hierarchical classification by rank and kinship in baboons. *Science* 302, 1234–1236.

Bickerton, D. (1983, July). Creole languages. *Scientific American* 249, 116–122.

Bjorklund, D. F., and Pellegrini, A. D. (2002). *The origins of human nature: Evolutionary developmental psychology*. Washington, DC: American Psychological Association.

Blake, J. (1989, July 7). Number of siblings and educational attainment. *Science* 245, 32–36.

Blanchard, R. (2001). Fraternal birth order and the maternal immune hypothesis of male homosexuality. *Hormones and Behavior* 40, 105–114.

Bloom, P. (2000). *How children learn the meanings of words*. Cambridge, MA: MIT Press.

Bloom, P. (2004). *Descartes' baby: How the science of child development explains what makes us human*. New York: Basic Books.

Bond, R., and Smith, P. B. (1996). Culture and conformity: A meta-analysis of studies using Asch's (1952b, 1956) line judgment task. *Psychological Bulletin* 119, 111–137.

Bonda, B. D. (1997). Cooperation and competition in peaceful societies. *Psychological Bulletin* 121, 299–320.

Boozer, M., and Cacciola, S. E. (2001). *Inside the 'black box' of Project Star: Estimation of peer effects using experimental data*. Center Discussion Paper no. 832, Economic Growth Center, Yale University (http://papers.ssrn.com/sol3/papers.cfm?abstract_id=277009).

Bouchard, T. J., Jr. (1997). Experience Producing Drive Theory: How genes drive experience and shape personality. *Acta Paediatrica* 86, suppl. no. 422, 60–64.

Bouchard, T. J., Jr., and Loehlin, J. (2001). Genes, evolution, and personality. *Behavior Genetics* 31, 243–273.

Bouchard, T. J., Jr., Lykken, D. T., McGue, M., Segal, N. L., and Tellegen, A. (1990, Oct. 12). Sources of human psychological differences: The Minnesota study of twins reared apart. *Science* 250, 223–228.

Boynton, R. S. (1996, Oct. 7). The birth of an idea. *The New Yorker*, 72–81.

Bradley, S. J., and Zucker, K. J. (1990). Gender identity disorder and psychosexual problems in children and adolescents. *Canadian Journal of Psychiatry* 35, 477–486.

Bretherton, I. (1985). Attachment theory: Restrospect and prospect. In I. Bretherton and E. Waters, eds., Growing points of attachment theory and research (3–35). *Monographs of the Society for Research in Child Development* 50, nos. 1–2, (serial no. 209).

Brooks, J., and Lewis, M. (1976). Infants' responses to strangers: Midget, adult, and child. *Child Development* 47, 323–332.

Brown, C. (2004, Sept. 15). "It may not be Red Sox–Yankees, but Ryder Cup rivalry is real." *New York Times* (http://www.nytimes.com/2004/09/15/sports/golf/15golf.html).

Brown, D. E. (1991). *Human universals*. New York: McGraw-Hill.

Bruer, J. T. (1999). *The myth of the first three years*. New York: Free Press.

Bugental, D. B. (2000). Acquisition of the algorithms of social life: A domain-based approach. *Psychological Bulletin* 126, 187–219.

Buss, D. M. (1994). *The evolution of desire*. New York: Basic Books.

Buss, D. M. (1995). Evolutionary psychology: A new paradigm for psychological science. *Psychological Inquiry* 6, 1–30.

Camazine, S., Deneubourg, J.-L., Franks, N. R., Sneyd, J., Theraulaz, G., and Bonabeau, E. (2001). *Self-organization in biological systems.* Princeton, NJ: Princeton University Press.

Campbell, K. E., Kleim, D. M., and Olson, K. R. (1986). Gender, physical attractiveness, and assertiveness. *Journal of Social Psychology* 126, 697–698.

Capron, C., and Duyme, M. (1989). Assessment of the effects of socio-economic status on IQ in a full cross-fostering study. *Nature* 340, 552–554.

Carpenter, G. (1975). Mother's face and the newborn. In R. Lewin, ed., *Child alive.* Garden City, NY: Doubleday.

Caspi, A., McClay, J., Moffitt, T. E., et al. (2002, Aug. 2). Role of genotype in the cycle of violence in maltreated children. *Science* 297, 851–854.

Caspi, A., Moffitt, T. E., Morgan, J., et al. (2004). Maternal expressed emotion predicts children's antisocial behavior problems: Using monozygotic-twin differences to identify environmental effects on behavioral development. *Developmental Psychology* 40, 149–161.

Caspi, A., and Roberts, B. W. (2001). Personality development across the life course: The argument for change and continuity. *Psychological Inquiry* 12, 49–66.

Caspi, A., Sugden, K., Moffitt, T. E., et al. (2003, July 18). Influence of life stress on depression: Moderation by a polymorphism in the 5-HTT gene. *Science* 301, 386–389.

Casselbrant, M.L., Mandel, E. M., Fall, P. A., Rockette, H. E., Kurs-Lasky M., Bluestone, C. D., and Ferrell R. E. (1999, Dec. 8). The heritability of otitis media: A twin and triplet study. *Journal of the American Medical Association* 282, 2167–2169.

Cernoch, J. M., and Porter, R. H. (1985). Recognition of maternal axillary odors by infants. *Child Development* 56, 1593–1598.

Chagnon, N. A. (1983). *Yanomamö: The fierce people.* 3rd ed. New York: Holt, Rinehart and Winston.

Chagnon, N. A. (1992). *Yanomamö: The last days of Eden.* San Diego, CA: Harcourt Brace Jovanovich.

Champoux, M., Hibbeln, J. R., Shannon, C., Majchrzak, S., Suomi, S. J., Salem, N., Jr. and Higley, J. D. (2002). Fatty acid formula supplementation and neuromotor development in rhesus monkey neonates. *Pediatric Research* 51, 273–281.

Chance, M. R. A. (1976). Attention structure as the basis of primate rank orders. In Chance, M. R. A., and Larsen, R. R. eds., *The social structure of attention* (11–28). London: Wiley. Originally published in 1967.

Cheever, John (1991). *The journals of John Cheever.* New York: Knopf.

Cherny, S. S., Fulker, D. W., Corley, R., Plomin, R., and DeFries, J. C. (1994). Continuity and change in infant shyness from 14 to 20 months. *Behavior Genetics* 24, 365–380.

Child, I. L. (1950). The relation of somatotype to self-ratings on Sheldon's temperamental traits. *Journal of Personality* 18, 440–453.

Chisholm, J. S. (1999). Attachment and time preference: Relations between early stress and sexual behavior in a sample of American university women. *Human Nature* 10, 51–83.

Cohen, J. D., and Tong, F. (2001, Sept. 28). The face of controversy. *Science* 293, 2405–2407.

Colapinto, J. (2000). *As nature made him: The boy who was raised as a girl.* New York: HarperCollins.

Collins, W. A., Maccoby, E. E., Steinberg, L., Hetherington, E. M., and Bornstein, M. H. (2000). Contemporary research on parenting: The case for nature *and* nurture. *American Psychologist* 55, 218–232.

Collins, W. A., Maccoby, E. E., Steinberg, L., Hetherington, E. M., and Bornstein, M. H. (2001). Toward nature *with* nurture. *American Psychologist* 56, 171–173.

Comings, D. E., Muhleman, D., Johnson, J. P., and MacMurray, J. P. (2002). Parent-daughter transmission of the androgen receptor gene as an explanation of the effect of father absence on age at menarche. *Child Development* 73, 1046–1051.

Conradt, L., and Roper, T. J. (2003, Jan. 9). Group decision-making in animals. *Nature* 421, 155–158.

Cosmides, L., and Tooby, J. (1994). Origins of domain specificity: The evolution of functional organization. In L. A. Hirschfeld and S. A. Gelman, eds., *Mapping the mind: Domain specificity in cognition and culture* (85–116). Cambridge, England: Cambridge University Press.

Cosmides, L., Tooby, J., and Barkow, J. H. (1992). Introduction: Evolutionary psychology and conceptual integration. In J. H. Barkow, L. Cosmides, and J. Tooby, eds., *The adapted mind: Evolutionary psychology and the generation of culture* (3–15). New York: Oxford University Press.

Cowan, P. A., and Cowan, C. P. (2002). What an intervention design reveals about how parents affect their children's academic achievement and behavior problems. In J. G. Borkowski, S. L. Ramey, and M. Bristol-Power, eds., *Parenting and the child's world: Influences on academic, intellectual, and social-emotional development* (75–97). Mahwah, NJ: Erlbaum.

Crews, F. (1996). The verdict on Freud. *Psychological Science* 7, 63–68.

Cronin, H. (1991). *The ant and the peacock.* Cambridge, England: Cambridge University Press.

Dall, S. R. X., Houston, A. I., and McNamara, J. M. (2004). The behavioural ecology of personality: Consistent individual differences from an adaptive perspective. *Ecology Letters* 7, 734–739.

Dalton, R. (2004, Oct. 21). Quarrel over book leads to call for misconduct inquiry. *Nature* 431, 889.

Daly, M., and Wilson, M. (1988, Oct. 28). Evolutionary social psychology and family homicide. *Science* 242, 519–524.

Davies, H. T. O., Crombie, I. K., and Tavakoli, M. (1998, Mar. 28). When can odds ratios mislead? *British Medical Journal* 316, 989–991.

Dawkins, R. (1989). *The selfish gene.* 2nd ed. New York: Oxford University Press.

Dawson, G., Carver, L., Meltzoff, A. N., Panagiotides, H., McPartland, J., and

Webb, S. J. (2002). Neural correlates of face and object recognition in young children with autism spectrum disorder, developmental delay, and typical development. *Child Development* 73, 700–717.

Deater-Deckard, K., and Plomin, R. (1999). An adoption study of the etiology of teacher and parent reports of externalizing behavior problems in middle childhood. *Child Development* 70, 114–154.

DeCasper, A. J., and Fifer, W. P. (1980, June 6). Of human bonding: Newborns prefer their mother's voice. *Science* 208, 1174–1176.

Deeks J. (1998, Oct. 24). Odds ratios should be used only in case-control studies and logistic regression analyses. *British Medical Journal* 317, 1155–1156.

Dencik, L. (1989). Growing up in the post-modern age: On the child's situation in the modern family, and on the position of the family in the modern welfare state. *Acta Sociologica* 32, 155–180.

DeRubeis, R. J., and Crits-Christoph, P. (1998). Empirically supported individual and group psychological treatments for adult mental disorders. *Journal of Consulting and Clinical Psychology* 66, 37–52.

de Waal, F. (1989). *Chimpanzee politics: Power and sex among apes.* Paperback ed. Baltimore: Johns Hopkins University Press.

De Wolff, M., and van IJzendoorn, M. H. (1997). Sensitivity and attachment: A meta-analysis on parental antecedents of infant attachment. *Child Development* 68, 571–591.

Diamond, J. (1992). *The third chimpanzee.* New York: HarperCollins.

Diamond, M. (1997). Sexual identity and sexual orientation in children with traumatized or ambiguous genitalia. *Journal of Sex Research* 34, 199–211.

Dick, D. M., and Rose, R. J. (2002). Behavior genetics: What's new? What's next? *Current Directions in Psychological Science* 11, 70–74.

Dickens, C. (1860–1861). *Great expectations.* (Available on several sites on the World Wide Web.)

Dishion, T. J., Duncan, T. E., Eddy, J. M., Fagot, B. I., and Fetrow, R. (1994). The world of parents and peers: Coercive exchanges and children's social adaptation. *Social Development* 3, 255–268.

Doligez, B., Danchin, E., and Clobert, J. (2002, Aug. 16). Public information and breeding habitat selection in a wild bird population. *Science* 297, 1168–1170.

Dolnick, E. (1998). *Madness on the couch: Blaming the victim in the heyday of psychoanalysis.* New York: Simon & Schuster.

Doyle, A. C. (1975). The sign of four. In *A Study in Scarlet and The Sign of Four.* New York: Berkley Prime Crime. Originally published in 1890.

Doyle, A. C. (1994). *The Adventures of Sherlock Holmes.* New York: Berkley Prime Crime. Stories originally published in the 1890s.

Draper, P. (1997). Institutional, evolutionary, and demographic contexts of gender roles: A case study of !Kung bushmen. In M. E. Morbeck, A. Galloway, and A. L. Zihlman, eds., *The evolving female: A life-history perspective* (220–232). Princeton, NJ: Princeton University Press.

Draper, P., and Cashdan, E. (1988). Technological change and child behavior among the !Kung. *Ethnology* 27, 339–365.

Dunbar, R. (1996). *Grooming, gossip, and the evolution of language*. Cambridge, MA: Harvard University Press.

Dunn, J. (1985). *Sisters and brothers*. Cambridge, MA: Harvard University Press.

Dunn, J., and Plomin, R. (1990). *Separate lives: Why siblings are so different*. New York: Basic Books.

Dyson, F. (2002, Jan. 24). Why am I me? *Edge: The World Question Center* (http://www.edge.org/q2002/q_dyson.html).

East, P. L., and Rook, K. S. (1992). Compensatory patterns of support among children's peer relationships: A test using school friends, nonschool friends, and siblings. *Developmental Psychology* 28, 163–172.

Eckerman, C. O., and Didow, S. M. (1988). Lessons drawn from observing young peers together. *Acta Paediatrica Scandinavica* 77, 55–70.

Edwards, C. P. (1992). Cross-cultural perspectives on family-peer relations. In R. D. Parke and G. W. Ladd, eds., *Family-peer relationships: Modes of linkage* (285–316). Hillsdale, NJ: Erlbaum.

Ehrlich, P. R. (2000, Sept. 22). The tangled skeins of nature and nurture in human evolution. *The Chronicle of Higher Education* (http://chronicle.com/free/v47/i04/04b00701.htm).

Eibl-Eibesfeldt, I. (1989). *Human ethology*. Hawthorne, NY: Aldine de Gruyter.

Eibl-Eibesfeldt, I. (1995). The evolution of familiality and its consequences. *Futura* 10, no. 4, 253–264.

Eimas, P. D., and Quinn, P. C. (1994). Studies on the formation of perceptually based basic-level categories in young infants. *Child Development* 65, 903–917.

Eisenberg, N., Cumberland, A., and Spinrad, T. L. (1998). Parental socialization of emotion. *Psychological Inquiry* 9, 241–273.

Eisenberger, N. I., Lieberman, M. D., and Williams, K. D. (2003, Oct. 10). Does rejection hurt? An fMRI study of social exclusion. *Science* 302, 290–292.

Ellis, B. J. (1992). The evolution of sexual attraction. In J. H. Barkow, L. Cosmides, and J. Tooby, eds., *The adapted mind: Evolutionary psychology and the generation of culture* (267–288). New York: Oxford University Press.

Ellis, B. J., McFadyen-Ketchum, S., Dodge, K. A., Pettit, G. S., and Bates, J. E. (1999). Quality of early family relationships and individual differences in the timing of pubertal maturation in girls: A longitudinal test of an evolutionary model. *Journal of Personality and Social Psychology* 77, 387–401.

Ernst, C., and Angst, J. (1983). *Birth order: Its influence on personality*. Berlin, Germany: Springer-Verlag.

Esterson, A. (1993). *Seductive mirage: An exploration of the work of Sigmund Freud*. Chicago, IL: Open Court.

Etcoff, N. L. (1999). *Survival of the prettiest: The science of beauty*. New York: Doubleday.

Fagen, R. (1993). Primate juveniles and primate play. In M. E. Pereira and L. A. Fairbanks eds., *Juvenile primates* (182–192). New York: Oxford University Press.

Fahlke, C., Lorenz, J. G., Long, J., Champoux, M., Suomi, S., and Higley, J. D. (2000). Rearing experiences and stress-induced plasma cortisol as early risk factors for excessive alcohol consumption in nonhuman primates. *Alcoholism: Clinical and Experimental Research* 24, 644–650.

Falbo, T. (1997). To rebel or not to rebel? Is this the birth order question? *Contemporary Psychology* 42, 938–939.

Falbo, T., and Polit, D. F. (1986). Quantitative research of the only child literature: Research evidence and theory development. *Psychological Bulletin* 100, 176–189.

Farah, M. J. (1992). Is an object an object an object? Cognitive and neuropsychological investigations of domain specificity in visual object recognition. *Current Directions in Psychological Science* 1, 164–169.

Farah, M. J., Wilson, K. D., Drain, M., and Tanaka, J. N. (1998). What is "special" about face perception? *Psychological Review* 105, 482–498.

Farragher, T. (1998, Aug. 30). Two lives, two paths: For twins, one succeeds while one goes homeless. *Boston Globe*, A1.

Feinstein, A. R. (1985). *Clinical epidemiology: The architecture of clinical research.* Philadelphia: W. B. Saunders.

Fellman, J. (1998). Eliezer Ben-Yehuda and the Revival of Hebrew (http://www.us-israel.org/jsource/biography/ben_yehuda.html).

Festinger, L. (1954). A theory of social comparison processes. *Human Relations* 7, 117–140.

Fewell, J. H. (2003, Sept. 26). Social insect networks. *Science* 301, 1867–1870.

Fine, G. A. (1981). Friends, impression management, and preadolescent behavior. In S. R. Asher and J. M. Gottman, eds., *The development of children's friendships* (29–52). Cambridge, England: Cambridge University Press.

Fine, G. A. (1986). The dirty play of little boys. *Society/Transaction* 24, 63–67.

Fiske, S. T. (1992). Thinking is for doing: Portraits of social cognition from daguerreotype to laserphoto. *Journal of Personality and Social Psychology* 63, 877–889.

Fiske, S. T., and Taylor, S. E. (1991). *Social cognition.* 2nd ed. New York: McGraw-Hill.

Fleming, A., Corter, C., Surbey, M., Franks, P., and Steiner, M. (1995). Postpartum factors related to mother's recognition of newborn infant odours. *Journal of Reproductive and Infant Psychology* 13, 197–210.

Forgatch, M. S. and DeGarmo, D. S. (1999). Parenting through change: An effective prevention program for single mothers. *Journal of Consulting and Clinical Psychology* 67, 711–724.

Fox, N. A., Kimmerly, N. L., and Schafer, W. D. (1991). Attachment to mother/attachment to father: A meta-analysis. *Child Development* 62, 210–225.

Freud, A., and Dann, S. (1967). An experiment in group upbringing. In Brackbill, Y., and Thompson, G. G., eds., *Behavior in infancy and early childhood* (494–514). New York: Free Press. Originally published in 1951.

Frith, C. D., and Frith, U. (1999, Nov. 26). Interacting minds—A biological basis. *Science* 286, 1692–1695.

Frith, U., and Frith, C. (2001). The biological basis of social interaction. *Current Directions in Psychological Science* 10, 151–155.

Gadagkar, R. (2004, Dec. 3). Sex . . . only if really necessary in a female monarchy. *Science* 306, 1694–1695.

Garcia, J., and Koelling, R. A. (1966). Relation of cue to consequence in avoidance learning. *Psychonomic Science* 4, 123–124.

Garcia, J., McGowan, B. K., and Green, K. F. (1972). Biological constraints on conditioning. In M. E. P. Seligman and J. L. Hager, eds., *Biological boundaries of learning* (21–43). New York: Appleton-Century-Crofts.

Gilbert, D. T., and Malone, P. S. (1995). The correspondence bias. *Psychological Bulletin* 117, 21–38.

Gladwell, M. (1998, Aug. 17). Do parents matter? *The New Yorker*, 54–64.

Gladwell, M. (2000). *The tipping point: How little things can make a big difference.* Boston: Little, Brown.

Glyn, A. (1970). *The British: Portrait of a people.* New York: G. P. Putnam's Sons.

Goffman, E. (1959). *The presentation of self in everyday life.* Garden City, NY: Doubleday Anchor.

Goldsmith, S. (2004, Apr. 28). Frank's War: How a Berkeley scholar's groundbreaking research sparked one of the nastier academic debates in recent memory. *East Bay Express*, 1, 13–23 (http://www.eastbayexpress.com/issues/2004-04-28/feature.html).

Golombok, S., Cook, R., Bish, A., and Murray, C. (1995). Families created by the new reproductive technologies: Quality of parenting and social and emotional development of the children. *Child Development* 66, 285–298.

Golombok, S., MacCullum, F., Goodman, E., and Rutter, M. (2002). Families with children conceived by donor insemination: A follow-up at age twelve. *Child Development* 73, 952–968.

Goodall, J. (1986). *The chimpanzees of Gombe: Patterns of behavior.* Cambridge, MA: Harvard University Press.

Goossens, F. A., and van IJzendoorn, M. H. (1990). Quality of infants' attachments to professional caregivers: Relation to infant–parent attachment and day-care characteristics. *Child Development* 61, 550–567.

Gordon, D. M. (1999). *Ants at work: How an insect society is organized.* New York: Free Press.

Gottesman, I. I. (2001). Psychopathology through a life span–genetic prism. *American Psychologist* 56, 867–878.

Gottfredson, M. R., and Hirschi, T. (1990). *A general theory of crime.* Stanford, CA: Stanford University Press.

Grafton, S. (1989). *"F" is for fugitive.* New York: Bantam Books.

Grafton, S. (1998). *"N" is for noose.* New York: Fawcett Crest.

Gray, P. (1999). *Psychology.* 3rd ed. New York: Worth.

Greenspan, S. I. (1997, Nov. 21). Twin studies, heritability, and intelligence. *Science* 278, 1384–1385.

Greenwald, A. G., and Banaji, M. R. (1995). Implicit social cognition: Attitudes, self-esteem, and stereotypes. *Psychological Review* 102, 4–27.

Grimshaw, G. M., Adelstein, A., Bryden, M., and MacKinnon, G. E. (1998). First-language acquisition in adolescence: Evidence for a critical period for verbal language development. *Brain and Language* 63, 237–255.

Grossman, D. C., Neckerman, H. J., Koepsell, T. D., et al. (1997, May 28). Effectiveness of a violence prevention curriculum among children in elementary school: A randomized controlled trial. *Journal of the American Medical Association* 277, 1605–1611.

Haidt, J. (2001). The emotional dog and its rational tail: A social intuitionist approach to moral judgment. *Psychological Review* 108, 814–834.

Halberstadt, J., and Rhodes, G. (2000). The attractiveness of nonface averages: Implications for an evolutionary explanation of the attractiveness of average faces. *Psychological Science* 11, 285–289.

Hamilton, W. D. (1964). The genetical evolution of social behaviour (I and II). *Journal of Theoretical Biology* 7, 1–52.

Hare, B., Brown, M., Williamson, C., and Tomasello, M. (2002, Nov. 22). The domestication of social cognition in dogs. *Science* 298, 1634–1636.

Harris, B. (1979). Whatever happened to Little Albert? *American Psychologist* 34, 151–160.

Harris, C. S. (1963, May 17). Adaptation to displaced vision: Visual, motor, or proprioceptive change? *Science* 140, 812–813.

Harris, C. S. (1965). Perceptual adaptation to inverted, reversed, and displaced vision. *Psychological Review* 72, 419–444.

Harris, J. R. (1995). Where is the child's environment? A group socialization theory of development. *Psychological Review* 102, 458–489.

Harris, J. R. (1998a). *The nurture assumption*. New York: Free Press.

Harris, J. R. (1998b). The trouble with assumptions (commentary on target article by Eisenberg, Cumberland, and Spinrad). *Psychological Inquiry* 9, 294–297.

Harris, J. R. (1999, June 29). Children don't do things half way. Online interview on *Edge* (http://www.edge.org/documents/archive/edge58.html).

Harris, J. R. (2000a). Research on child development: What we can learn from medical research. Paper presented at a meeting of the Children's Roundtable, Brookings Institution, Washington, DC, Sept. 28 (http://xchar.home.att.net/tna/brooking.htm).

Harris, J. R. (2000b). Socialization, personality development, and the child's environments: Comment on Vandell (2000). *Developmental Psychology* 36, 711–723.

Harris, J. R. (2000, appeared in print in 2004). Personality and birth order: Explaining the differences between siblings (commentary on target article by Townsend). *Politics and the Life Sciences* 19, 160–163.

Harris, J. R. (2002). Beyond the nurture assumption: Testing hypotheses about the child's environment. In J. G. Borkowski, S. L. Ramey, and M. Bristol-Power, eds., *Parenting and the child's world: Influences on academic, intellectual, and social-emotional development* (3–20). Mahwah, NJ: Erlbaum.

Harris, J. R. (2004a). The gift of solitude. In J. Brockman, ed., *Curious minds: How a child becomes a scientist* (227–236). New York: Pantheon.

Harris, J. R. (2004b). Social behavior and personality development: The role of experiences with siblings and with peers. In B. J. Ellis and D. F. Bjorklund, eds., *Origins of the social mind: Evolutionary psychology and child development* (245–270). New York: Guilford.

Harris, J. R., and Liebert, R. M. (1991). *The child: A contemporary view of development*, 3rd ed. Englewood Cliffs, NJ: Prentice Hall.

Harrison, L. J., and Ungerer, J. A. (2002). Maternal employment and infant-mother attachment security at 12 months postpartum. *Developmental Psychology* 38, 758–773.

Harshav, B. (1993). *Language in time of revolution*. Berkeley, CA: University of California Press.

Hemelrijk, C. K. (2002). Self-organization and natural selection in the evolution of complex despotic societies. *Biological Bulletin* 202, 283–289.

Hepper, P. G. (1988). The discrimination of human odour by the dog. *Perception* 17, 549–554.

Hibbeln, J. R., Bissette, G., Umhau, J. C., and George, D. T. (2004). Omega-3 status and cerebrospinal fluid corticotrophin releasing hormone in perpetrators of domestic violence. *Biological Psychiatry* 56, 895–897.

Hoffman, L. W. (1991). The influence of the family environment on personality: Accounting for sibling differences. *Psychological Bulletin* 110, 187–203.

Hold, B. C. L. (1976). Attention structure and rank specific behaviour in pre-school children. In Chance, M. R. A., and Larsen, R. R., eds., *The social structure of attention* (177–201). London: Wiley.

Hölldobler, B., and Wilson, E. O. (1994). *Journey to the ants: A story of scientific exploration*. Cambridge, MA: Harvard University Press.

Horgan, J. (1999). *The undiscovered mind: How the human brain defies replication, medication, and explanation*. New York: Free Press.

Hulbert, A. (2003). *Raising America: Experts, parents, and a century of advice about children*. New York. Knopf.

Humphrey, N. (2004). A self worth having. Online essay on *Edge* (http://www.edge.org/3rd_culture/humphrey04/humphrey04_index.html).

Insel, T. R., and Fernald, R. D. (2004). How the brain processes social information: Searching for the social brain. *Annual Review of Neuroscience* 27, 697–722.

Jackson, D. J., and Huston, T. L. (1975). Physical attractiveness and assertiveness. *Journal of Social Psychology* 96, 79–84.

James, W. (1890). *The principles of psychology*. Vol. 2. New York: Henry Holt.

Jankowiak, W., and Diderich, M. (2000). Sibling solidarity in a polygamous community in the USA: Unpacking inclusive fitness. *Evolution and Human Behavior* 21, 125–139.

Janton, P. (1993). *Esperanto: Language, literature, and community*. Ed. and trans. H. Tonkin. Albany: State University of New York Press.

Jefferson, T., Jr., Herbst, J. H., and McCrae, R. R. (1998). Associations between birth order and personality traits: Evidence from self-report and observer ratings. *Journal of Research in Personality* 32, 498–509

Jenkins, J. J., Rasbash, J., and O'Connor, T. G. (2003). The role of the shared family context in differential parenting. *Developmental Psychology* 39, 99–113.

Johnson, G. J. (2000, appeared in print in 2004). Science, Sulloway, and birth order: An ordeal and an assesssment. *Politics and the Life Sciences* 19, 221–245.

Jones, J. C., Myerscough, M. R., Graham, S., and Oldroyd, B. P. (2004, July 16).

Honey bee nest thermoregulation: Diversity promotes stability. *Science* 305, 402–404.

Jones, M. C. (1957). The later careers of boys who were early or late maturing. *Child Development* 28, 113–128.

Joseph, J. (2002). Twin studies in psychiatry and psychology: Science or pseudo-science? *Psychiatric Quarterly* 73, 71–82.

Josephson, J. R., and Josephson, S. G., eds. (1994). *Abductive inference: Computation, philosophy, technology.* New York: Cambridge University Press.

Judge, T. A., and Cable, D. M. (2004). The effect of physical height on workplace success and income: Preliminary test of a theoretical model. *Journal of Applied Psychology* 89, 428–441.

Juvonen, J., Graham, S., and Schuster, M. A. (2003, Dec.). Bullying among young adolescents: The strong, the weak, and the troubled. *Pediatrics* 112, 1231–1237.

Kagan, J., with Snidman, N., Arcus, D., and Reznick, J. S. (1994). *Galen's prophecy: Temperament in human nature.* New York: Basic Books.

Kagan, J. (1998a, Sept. 13). A parent's influence is peerless: 'Nurture Assumption' ignores more theory than it proposes. *Boston Globe*, E3.

Kagan, J. (1998b). *Three seductive ideas.* Cambridge, MA: Harvard University Press.

Kagan, J. (2003). Biology, context, and developmental inquiry. *Annual Review of Psychology* 54, 1–23.

Kagan, J., and Moss, H. A. (1962). *From birth to maturity: A study in psychological development.* New York: Wiley.

Kagan, J., and Moss, H. A. (1983). *From birth to maturity: A study in psychological development.* 2nd ed. New Haven: Yale University Press.

Kamin, L. (1974). *The science and politics of IQ.* Mahwah, NJ: Erlbaum.

Keeley, L. H. (1996). *War before civilization.* New York: Oxford University Press.

Keller, L., ed. (1999). *Levels of selection in evolution.* Princeton, NJ: Princeton University Press.

Kellogg, W. N., and Kellogg, L. A. (1933). *The ape and the child: A study of environmental influence upon early behavior.* New York: McGraw-Hill.

Kim, K., and Smith, P. K. (1999). Family relations in early childhood and reproductive development. *Journal of Reproductive and Infant Psychology* 17, 133–148.

Kirkpatrick, L. A., and Ellis, B. J. (2001). An evolutionary-psychological approach to self-esteem: Multiple domains and multiple functions. In G. J. O. Fletcher and M. S. Clark, eds., *Blackwell handbook of social psychology: Interpersonal processes* (411–436). Malden, MA: Blackwell.

Kirkpatrick, L. A., Waugh, C. E., Valencia, A., and Webster, G. D. (2002). The functional domain specificity of self-esteem and the differential prediction of aggression. *Journal of Personality and Social Psychology* 82, 756–767.

Kniffin, K. M., and Wilson, D. S. (2004). The effect of nonphysical traits on the perception of physical attractiveness: Three naturalistic studies. *Evolution and Human Behavior* 25, 88–101.

Knowlton, B. J., and Squire, L. R. (1993, Dec. 10). The learning of categories: Parallel brain systems for item memory and category knowledge. *Science* 262, 1747–1749.

Knutson, J. F. (1995). Psychological characteristics of maltreated children: Putative risk factors and consequences. *Annual Review of Psychology* 46, 401–431.

Kolata, G. (2003, Apr. 22). Hormone studies: What went wrong. *New York Times*, F1, F6.

Kondo, S., Schutte, B. C., Richardson, R. J., et al. (2002, Oct.). Mutations in IRF6 cause Van der Woude and popliteal pterygium syndromes. *Nature Genetics* 32, 285–289.

Kunda, Z., and Thagard, P. (1996). Forming impressions from stereotypes, traits, and behaviors: A parallel-constraint-satisfaction theory. *Psychological Review* 103, 284–308.

Lake, R. I. E., Eaves, L. J., Maes, H. H. M., Heath, A. C., and Martin, N. G. (2000). Further evidence against the environmental transmission of individual differences in neuroticism from a collaborative study of 45,850 twins and relatives on two continents. *Behavioral Genetics* 30, 223–233.

Langlois, J. H., Kalakanis, L., Rubenstein, A. J., Larson, A., Hallam, M., and Smoot, M. (2000). Maxims or myths of beauty? A meta-analytic and theoretical review. *Psychological Bulletin* 126, 390–423.

Langlois, J. H., Ritter, J. M., Casey, R. J., and Sawin, D. B. (1995). Infant attractiveness predicts maternal behaviors and attitudes. *Developmental Psychology*, 31, 464–472.

Langlois, J. H., and Roggman, L. A. (1990). Attractive faces are only average. *Psychological Science* 1, 115–121.

Langton, J. (2003). *The deserter: Murder at Gettysburg*. New York: St. Martin's.

Larkin, P. (1989). *Collected poems*. Ed. A. Thwaite. New York: Farrar, Straus and Giroux.

Leary, M. R. (1999). Making sense of self-esteem. *Current Directions in Psychological Science* 8, 32–35.

Leary, M. R., Cottrell, C. A., and Phillips, M. (2001). Deconfounding the effects of dominance and social acceptance on self-esteem. *Journal of Personality and Social Psychology* 81, 898–909.

Leary, M. R., Tambor, E. S., Terdal, S. K., and Downs, D. L. (1995). Self-esteem as an interpersonal monitor: The sociometer hypothesis. *Journal of Personality and Social Psychology* 68, 518–530.

Leinbach, M. D., and Fagot, B. I. (1993). Categorical habituation to male and female faces: Gender schematic processing in infancy. *Infant Behavior and Development* 16, 317–332.

LeVine, R. A., and LeVine, B. B. (1963). Nyansongo: A Gusii Community in Kenya. In B. B. Whiting, ed., *Six cultures: Studies of child-rearing* (15–202). New York: Wiley.

Lewcock, J. W., and Reed, R. R. (2003, Dec. 19). ORs rule the roost in the olfactory system. *Science* 302, 2078–2079.

Lewicki, P., Hill, T., and Czyzewska, M. (1992). Nonconscious acquisition of information. *American Psychologist* 47, 796–801.

Lykken, D. T. (1995). *The antisocial personalities*. Hillsdale, NJ: Erlbaum.

Lykken, D. T., and Tellegen, A. (1993). Is human mating adventitious or the result of lawful choice? A twin study of mate selection. *Journal of Personality and Social Psychology* 65, 56–68.

Maccoby, E. E. (1990). Gender and relationships: A developmental account. *American Psychologist* 45, 513–520.

Maccoby, E. E. (1992). The role of parents in the socialization of children: An historical overview. *Developmental Psychology* 28, 1006–1017.

Maccoby, E. E. (1995). The two sexes and their social systems. In P. Moen, G. H. Elder, Jr., and K. Lüscher, eds., *Examining lives in context: Perspectives on the ecology of human development* (347–364). Washington, DC: American Psychological Association.

Maccoby, E. E. (2002). Parenting effects: Issues and controversies. In J. G. Borkowski, S. L. Ramey, and M. Bristol-Power, eds., *Parenting and the child's world: Influences on academic, intellectual, and social-emotional development* (35–46). Mahwah, NJ: Erlbaum.

Maccoby, E. E., and Jacklin, C. N. (1974). *The psychology of sex differences*. Stanford, CA: Stanford University Press.

Maccoby, E. E., and Jacklin, C. N. (1987). Gender segregation in childhood. *Advances in Child Development and Behavior* 20, 239–287.

Maestripieri, D. (2003). Similarities in affiliation and aggression between cross-fostered rhesus macaque females and their biological mothers. *Developmental Psychobiology* 43, 321–327.

Magnuson, K., and Duncan, G. J. (2002). Family investments in children's potential: Resources and behaviors that promote children's success. Paper presented at the conference of the Joint Center for Poverty Research, Chicago, IL, Sept. 19–20 (http://www.jcpr.org/conferences/SRI_2002/magnuson_duncan.pdf).

Marsh, H. W., and Hau, K.-T. (2003). Big-fish-little-pond effect on academic self-concept: A cross-cultural (26-country) test of the negative effects of academically selective schools. *American Psychologist* 58, 364–376.

Mayberry, R. I. (1976). An assessment of some oral and manual-language skills of hearing children of deaf parents. *American Annals of the Deaf* 121, 507–512.

Mayberry, R. I., Lock, E., and Kazmi, H. (2002, May 2). Linguistic ability and early language exposure. *Nature* 417, 38.

McCall, R. B. (1992). Academic underachievers. *Current Directions in Psychological Science* 3, 15–19.

McCartney, K., Harris, M. J., and Bernieri, F. (1990). Growing up and growing apart: A developmental meta-analysis of twin studies. *Psychological Bulletin* 107, 226–237.

McCrae, R. R. (2004). Human nature and culture: A trait perspective. *Journal of Research on Personality* 38, 3–14.

McCrae, R. R., and Costa, P. T., Jr. (1988). Recalled parent-child relations and adult personality. *Journal of Personality* 56, 417–434.

McCrae, R. R., and Costa, P. T., Jr. (1994). The paradox of parental influence: Understanding retrospective studies of parent-child relations and adult personality. In C. Perris, W. A. Arrindell, and M. Eisemann, eds., *Parenting and psychopathology* (107–125). New York: Wiley.

McCrae, R. R., and Costa, P. T., Jr. (1999). A five-factor theory of personality. In L. A. Pervin and O. P. John, eds., *Handbook of personality psychology*. 2nd ed. (139–153). New York: Guilford.

McCrae, R. R., Yik, M. S. M., Trapnell, P. D., Bond, M. H., and Paulhus, D. L. (1998). Interpreting personality profiles across cultures: Bilingual, acculturation, and peer rating studies of Chinese undergraduates. *Journal of Personality and Social Psychology* 74, 1041–1055.

McDonagh, J. (2000). Science without a degree of objectivity is dead. *American Psychologist* 55, 678.

McDonald, M. A., Sigman, M., Espinosa, M. P., and Neumann, C. G. (1994). Impact of a temporary food shortage on children and their mothers. *Child Development* 65, 404–415.

McHale, S. M., Crouter, A. C., McGuire, S. A., and Updegraff, K. A. (1995). Congruence between mothers' and fathers' differential treatment of siblings: Links with family relations and children's well-being. *Child Development* 66, 116–128.

McNeil, D. G., Jr. (2003, Dec. 16). There is no joy in Toyville: Mighty Santa's striking out. *New York Times*, F5.

Mead, G. H. (1934). *Mind, self, and society from the standpoint of a social behaviorist*. Ed. C. W. Morris. Chicago: University of Chicago Press (http://spartan.ac .brocku.ca/~lward/Mead/pubs2/mindself/Mead_1934_18.html).

Mednick, S. A., Gabrielli, W. F., Jr., and Hutchings, B. (1987). Genetic factors in the etiology of criminal behavior. In S. A. Mednick, T. E. Moffitt, and S. A. Stack, eds., *The causes of crime: New biological approaches* (74–91). Cambridge, England: Cambridge University Press.

Miller, E. M. (1997). Could nonshared environmental variance have evolved to assure diversification through randomness? *Evolution and Human Behavior* 18, 195–221.

Miller, G. F. (2000). *The mating mind: How sexual choice shaped the evolution of human nature*. New York: Doubleday.

Minoura, Y. (1992). A sensitive period for the incorporation of a cultural meaning system: A study of Japanese children growing up in the United States. *Ethos* 20, 304–339.

Mischel, W. (1996). *Personality and assessment*. Mahwah, NJ: Erlbaum. Originally published in 1968.

Mitchell, D. E. (1980). The influence of early visual experience on visual perception. In C. S. Harris, ed., *Visual coding and adaptability* (1–50). Hillsdale, NJ: Erlbaum.

Modell, J. (1997, Jan. 31). Family niche and intellectual bent (review of *Born to Rebel*). *Science* 275, 624–625.

Morelli, G. A. (1997). Growing up female in a farmer community and a forager community. In M. E. Morbeck, A. Galloway, and A. L. Zihlman, eds., *The evolving female: A life-history perspective* (209–219). Princeton, NJ: Princeton University Press.

Muhle, R., Trentacoste, S.V., and Rapin, I. (2004). The genetics of autism. *Pediatrics* 113, e472–e486.

Myers, D. G. (1992). *The pursuit of happiness: Who is happy and why?* New York: Avon.

Myers, D. G. (2002). *Intuition: Its powers and perils.* New Haven, CT: Yale University Press.

Napier, J. R., and Napier, P. H. (1985). *The natural history of the primates.* Cambridge, MA: MIT Press.

Napolitan, D. A., and Goethals, G. R. (1979). The attribution of friendliness. *Journal of Experimental Social Psychology* 15, 106–116.

National Institute of Child Health and Human Development (2001). *Adventures in parenting.* U.S. Department of Health and Human Services.

Neisser, U., Boodoo, G., Bouchard, T. J., et al. (1996). Intelligence: Knowns and unknowns. *American Psychologist* 51, 77–101.

Newport, E. L. (2002). Critical periods in language development. In L. Nadel, ed., *Encyclopedia of cognitive science* (737–740). London: Macmillan.

NICHD Early Child Care Research Network (2003). Does amount of time spent in child care predict socioemotional adjustment during the transition to kindergarten? *Child Development* 74, 976–1005.

Olson, J. M., Vernon, P. A., Harris, J. A., and Jang, K. L. (2001). The heritability of attitudes: A study of twins. *Journal of Personality and Social Psychology* 80, 845–860.

Olweus, D. (1995). Bullying or peer abuse at school: Facts and intervention. *Current Directions in Psychological Science* 4, 196–200.

Omark, D. R., and Edelman, M. S. (1976). The development of attention structure in young children. In Chance, M. R. A., and Larsen, R. R., eds., *The social structure of attention* (119–151). London: Wiley.

Opie, I., and Opie, P. (1969). *Children's games in street and playground.* London: Oxford University Press.

Paris, J. (2000). *Myths of childhood.* Philadelphia, PA: Brunner/Mazel.

Park, R. (2000). *Voodoo science: The road from foolishness to fraud.* New York: Oxford University Press.

Parker, J. G., and Asher, S. R. (1993a). Beyond group acceptance: Friendship and friendship quality as distinct dimensions of children's peer adjustment. In D. Perlman and W. H. Jones, eds., *Advances in personal relationships: Vol. 4* (261–294). London: Jessica Kingsley Publishers.

Parker, J. G., and Asher, S. R. (1993b). Friendship and friendship quality in middle childhood: Links with peer group acceptance and feelings of loneliness and social dissatisfaction. *Developmental Psychology* 29, 611–621.

Paul, A. M. (1998, Jan./Feb.). Kid stuff: Do parents really matter? *Psychology Today* 31, 46–49, 78.

Paul, D. B., and Blumenthal, A. L. (1989). On the trail of Little Albert. *Psychological Record* 39, 547–553.

Paulhus, D. L., Trapnell, P. D., and Chen, D. (1999). Birth order effects on personality and achievement within families. *Psychological Science* 10, 482–488.

Pelaez-Nogueras, M., Field, T., Cigales, M., Gonzalez, A., and Clasky, S. (1994).

Infants of depressed mothers show less "depressed" behavior with their nursery teachers. *Infant Mental Health Journal* 15, 358–367.

Pellegrini, A. D., and Smith, P. K. (1998). Physical activity play: The nature and function of a neglected aspect of play. *Child Development* 69, 577–598.

Persico, N., Postlewaite, A., and Silverman, D. (2004). The effect of adolescent experience on labor market outcomes: The case of height. *Journal of Political Economy* 112, 1019–1053.

Pfennig, D. W., and Sherman, P. W. (1995, June). Kin recognition. *Scientific American* 272, 98–103.

Piaget, J. (1962). *Play, dreams, and imitation in childhood*. Trans. C. Gattegno and F. M. Hodgson. New York: W. W. Norton. English translation originally published in 1951.

Pierson, S., and Cohen, P. (2003). *You have to say I'm pretty, you're my mother*. New York: Simon & Schuster.

Pinker, S. (1994). *The language instinct*. New York: HarperCollins.

Pinker, S. (1997). *How the mind works*. New York: W. W. Norton.

Pinker, S. (1999). *Words and rules: The ingredients of language*. New York: Basic Books.

Pinker, S. (2002). *The blank slate*. New York: Viking.

Pinker, S. (2003). Language as an adaptation to the cognitive niche. In M. H. Christiansen and S. Kirby, eds., *Language evolution: The states of the art* (16–37). Oxford, England: Oxford University Press.

Pitcairn, T. K. (1976). Attention and social structure in *Macaca fascicularis*. In Chance, M. R. A., and Larsen, R. R., eds., *The social structure of attention* (51–81). London: Wiley.

Plomin, R. (1989). Environments and genes: Determinants of behavior. *American Psychologist* 44, 105–111.

Plomin, R., Asbury, K., and Dunn, J. (2001). Why are children in the same family so different? Nonshared environment a decade later. *Canadian Journal of Psychiatry* 46, 225–233.

Plomin, R., and Caspi, A. (1999). Behavioral genetics and personality. In L. A. Pervin and O. P. John, eds., *Handbook of personality: Theory and research*. 2nd ed. (251–276). New York: Guilford.

Plomin, R., and Daniels, D. (1987). Why are children in the same family so different from one another? *Behavioral and Brain Sciences* 10, 1–16.

Plomin, R., DeFries, J. C., McClearn, G. E., and Rutter, M. (1997). *Behavioral genetics*. 3rd ed. New York: W. H. Freeman.

Povinelli, D. J., and Vonk, J. (2004). We don't need a microscope to explore the chimpanzee's mind. *Mind and Language* 19, 1–28.

Quartz, S. R., and Sejnowski, T. J. (2002). *Liars, lovers, and heroes: What the new brain science reveals about how we become who we are*. New York: William Morrow.

Reiss, D., with Neiderhiser, J. M., Hetherington, E. M., and Plomin, R. (2000). *The relationship code: Deciphering genetic and social influences on adolescent development*. Cambridge, MA: Harvard University Press.

Richman, R. A., Gordon, M., Tegtmeyer, P., Crouthamel, C., and Post, E. M. (1986). Academic and emotional difficulties associated with short stature. In B. Stabler and L. E. Underwood, eds., *Slow grows the child: Psychosocial aspects of growth delay* (13–26). Hillsdale, NJ: Erlbaum.

Ridley, M. (1996). *The origins of virtue.* New York: Viking.

Ridley, M. (2003). *Nature via nurture: Genes, experience, and what makes us human.* New York: HarperCollins.

Rilling, M. (2000). John Watson's paradoxical struggle to explain Freud. *American Psychologist* 55, 301–312.

Ritter, J. (2004, May 20). Rebelling against birth order. *Chicago Sun-Times*, 16–17 (http://www.suntimes.com/output/lifestyles/cst-nws-insight20.html).

Rodgers, J. L., and Rowe, D. C. (1988). Influence of siblings on adolescent sexual behavior. *Developmental Psychology* 24, 722–728.

Rogoff, B., Mistry, J., Göncü, A., and Mosier, C. (1993). Guided participation in cultural activity by toddlers and caregivers. *Monographs of the Society for Research in Child Development* 58, no. 8 (serial no. 236).

Romney, K., and Romney, R. (1963). The Mixtecans of Juxtlahuaca, Mexico. In B. B. Whiting, ed., *Six cultures: Studies of child-rearing* (541–691). New York: Wiley.

Rosch, E. (1978). Principles of categorization. In E. Rosch and B. B. Lloyd, eds., *Cognition and categorization* (27–47). Hillsdale, NJ: Erlbaum.

Rosenthal, R. (2002). Covert communication in classrooms, clinics, courtrooms, and cubicles. *American Psychologist* 57, 839–849.

Rovee-Collier, C. (1993). The capacity for long-term memory in infancy. *Current Directions in Psychological Science* 2, 130–135.

Rowe, D. C. (1990). As the twig is bent? The myth of child-rearing influences on personality development. *Journal of Counseling and Development* 68, 606–611.

Rowe, D. C. (1994). *The limits of family influence: Genes, experience, and behavior.* New York: Guilford.

Rowe, D. C. (2000). Evolutionary ecology embraces early experience. *Evolution and Human Behavior* 21, 352–364.

Rowe, D. C. (2001). The nurture assumption persists. *American Psychologist* 56, 168–169.

Rowe, D. C. (2002a). On genetic variation in menarche and age at first sexual intercourse: A critique of the Belsky-Draper hypothesis. *Evolution and Human Behavior* 23, 365–372.

Rowe, D. C. (2002b). What twin and adoption studies reveal about parenting. In J. G. Borkowski, S. L. Ramey, and M. Bristol-Power, eds., *Parenting and the child's world: Influences on academic, intellectual, and social-emotional development* (21–34). Mahwah, NJ: Erlbaum.

Rubenstein, A. J., Kalakanis, L., and Langlois, J. H. (1999). Infant preferences for attractive faces: A cognitive explanation. *Developmental Psychology* 35, 848–855.

Rutter, M. (1983). School effects on pupil progress: Research findings and policy implications. *Child Development* 54, 1–29.

Rutter, M., O'Connor, T. G., and the English and Romanian Adoptees Study Team (2004). Are there biological programming effects for psychological development? Findings from a study of Romanian adoptees. *Developmental Psychology* 40, 81–94.

Sacks, O. W. (1985). *The man who mistook his wife for a hat and other clinical tales.* New York: Summit Books.

Sagi, A., Koren-Karie, N., Gini, M., Ziv, Y., and Joels, T. (2002). Shedding further light on the effects of various types and quality of early child care on infant-mother attachment relationship: The Haifa Study of Early Child Care. *Child Development* 73, 1166–1186.

Sampson, R. J., Morenoff, J. D., and Gannon-Rowley, T. (2002). Assessing "neighborhood effects": Social processes and new directions in research. *Annual Review of Sociology* 28, 443–478.

Saudino, K. J. (1997). Moving beyond the heritability question: New directions in behavioral genetic studies of personality. *Current Directions in Psychological Science* 6, 86–90.

Savin-Williams, R. C. (1979). Dominance hierarchies in groups of early adolescents. *Child Development* 50, 923–935.

Sayers, D. (1968). *Five red herrings.* New York: Avon. Originally published in 1931.

Scarr, S. (1992). Developmental theories for the 1990s: Development and individual differences. *Child Development* 63, 1–19.

Schachter, F. F., and Stone, R. K. (1985). Difficult sibling, easy sibling: Temperament and the within-family environment. *Child Development* 56, 1335–1344.

Schacter, D. L. (1996). *Searching for memory: The brain, the mind, and the past.* New York: Basic Books.

Schacter, D. L. (2001). *The seven sins of memory.* Boston: Houghton Mifflin.

Schlegel, A., and Barry, H., III (1991). *Adolescence: An anthropological inquiry.* New York: Free Press.

Schmitz, S., Saudino, K. J., Plomin, R., Fulker, D. W., and DeFries, J. C. (1996). Genetic and environmental influences on temperament in middle childhood: Analyses of teacher and tester ratings. *Child Development* 67, 409–422.

Schneider-Rosen, K., Braunwald, K. G., Carlson, V., and Cicchetti, D. (1985). Current perspectives in attachment theory: Illustration from the study of maltreated infants. In I. Bretherton and E. Waters, eds., Growing points of attachment theory and research (194–210). *Monographs of the Society for Research in Child Development* 50, nos. 1–2 (serial no. 209).

Schofield, J. W. (1981). Complementary and conflicting identities: Images and interaction in an interracial school. In S. R. Asher and J. M. Gottman, eds., *The development of children's friendships* (53–90). Cambridge, England: Cambridge University Press.

Searby, A., and Jouventin, P. (2003). Mother-lamb acoustic recognition in sheep: A frequency coding. *Proceedings of the Royal Society: Biological Sciences* 270, 1765–1771.

Seeley, T. D. (1997). Honey bee colonies are group-level adaptive units. *American Naturalist* 150, suppl. no. 1, 22–41.

Segal, N. L. (1999). *Entwined lives: Twins and what they tell us about human behavior.* New York: Penguin.

Segal, N. L. (2002). Co-conspirators and double-dealers: A twin film analysis. *Personality & Individual Differences* 33, 621–631.

Segal, N. L., and Hershberger, S. L. (1999). Cooperation and competition between twins: Findings from a prisoner's dilemma game. *Evolution and Human Behavior* 20, 29–51.

Seligman, M. E. P., and Hager, J. L., eds. (1972). *Biological boundaries of learning.* New York: Appleton-Century-Crofts.

Senghas, A., Kita, S., and Özyürek, A. (2004, Sept. 17). Children creating core properties of language: Evidence from an emerging sign language in Nicaragua. *Science* 305, 1779–1782.

Serbin, L. A., Powlishta, K. K., and Gulko, J. (1993). The development of sex typing in middle childhood. *Monographs of the Society for Research in Child Development* 58, no. 2 (serial no. 232).

Shatz, M., and Gelman, R. (1973). The development of communication skills: Modifications in the speech of young children as a function of listener. *Monographs of the Society for Research in Child Development* 38, no. 5 (serial no. 152).

Sheldon, W. H. (1942). *The varieties of temperament.* New York: Harper & Row.

Sherif, M., Harvey, O. J., White, B. J., Hood, W. R., and Sherif, C. W. (1961). *Intergroup cooperation and competition: The Robbers Cave experiment.* Norman, OK: University Book Exchange.

Sherry, D. F., and Schacter, D. L. (1987). The evolution of multiple memory systems. *Psychological Review* 94, 439–454.

Simonoff, E., Pickles, A., Hervas, A., Silberg, J. L., Rutter, M., and Eaves, L. (1998). Genetic influences on childhood hyperactivity: Contrast effects imply parental rating bias, not sibling interaction. *Psychological Medicine* 28, 825–837.

Smith, A. (1776). *An inquiry into the nature and causes of the wealth of nations.* Reprinted in 1904 by Methuen and Co. (http://www.econlib.org/library/Smith/smWN.html).

Smith, J. D. (2002). Exemplar theory's predicted typicality gradient can be tested and disconfirmed. *Psychological Science* 13, 437–442.

Snibbe, A. C. (2003, Dec.). Cultural psychology: Studying the exotic other. *APS Observer* 16, 1, 30–32.

Spelke, E. (1994). Initial knowledge: Six suggestions. *Cognition* 50, 431–445.

Spinath, F. M., and Angleitner, A. (1998). Contrast effects in Buss and Plomin's EAS questionnaire: A behavioral-genetic study on early developing personality traits assessed through parental ratings. *Personality & Individual Differences* 25, 947–963.

Sroufe, L. A., Egeland, B., and Carlson, E. A. (1999). One social world: The integrated development of parent-child and peer relationships. In W. A. Collins and B. Laursen, eds., *Relationships as developmental contexts* (241–261). Mahwah, NJ: Erlbaum.

Staples, B. (2003, July 22). The politician, the mobster and the ties that bind them to each other. *New York Times*, A18.

Stattin, H., and Kerr, M. (2000). Parental monitoring: A reinterpretation. *Child Development* 71, 1072–1085.

Stattin, H. and Magnusson, D. (1990). *Pubertal maturation in female development: Vol. 2. Paths through life*. Hillsdale, NJ: Erlbaum.

Steinhausen, H.-C., Dörr, H. G., Kannenberg, R., and Malin, Z. (2000). Behavior profile of children and adolescents with short stature. *Developmental and Behavioral Pediatrics* 21, 423–428.

Steinmetz, H., Herzog, A., Huang, Y., and Hackländer, T. (1994, Oct. 6). Discordant brain-surface anatomy in monozygotic twins. *New England Journal of Medicine* 331, 952–953.

Stevens, M., Golombok, S., Beveridge, M., and the ALSPAC Study Team (2002). Does father absence influence children's gender development? Findings from a general population study of preschool children. *Parenting: Science & Practice* 2, 47–60.

Stevenson, M. R., and Black, K. N. (1988). Paternal absence and sex-role development: A meta-analysis. *Child Development* 59, 793–814.

Stipek, D. (1992). The child at school. In M. H. Bornstein and M. E. Lamb, eds., *Developmental psychology: An advanced textbook*. 3rd ed. (579–625). Hillsdale, NJ: Erlbaum.

Stocker, C., and Dunn, J. (1990). Sibling relationships in childhood: Links with friendships and peer relationships. *British Journal of Developmental Psychology* 8, 227–244.

Stone, A. A. (1997, Jan./Feb.). Where will psychoanalysis survive? *Harvard Magazine* 99, no. 3, 35–39.

Stoolmiller, M. (1999). Implications of the restricted range of family environments for estimates of heritability and nonshared environment in behavior-genetic adoption studies. *Psychological Bulletin* 125, 392–409.

Stout, R. (1951). *Murder by the book*. New York: Viking.

Sulloway, F. J. (1995). Birth order and evolutionary psychology: A meta-analytic overview (commentary on target article by Buss). *Psychological Inquiry* 6, 75–80.

Sulloway, F. J. (1996). *Born to rebel: Birth order, family dynamics, and creative lives*. New York: Pantheon.

Sulloway, F. J. (1999). Birth order. In M. A. Runco and S. Pritzker, eds., *Encyclopedia of creativity*. Vol. 1 (189–202). San Diego, CA: Academic Press.

Sulloway, F. J. (2000, appeared in print in 2004). Born to Rebel and its critics (reply to Townsend). *Politics and the Life Sciences* 19, 181–202.

Suomi, S. J. (1987). Genetic and maternal contributions to individual differences in rhesus monkey biobehavioral development. In N. A. Krasnegor, E. M. Blass, M. A. Hofer, and W. P. Smotherman, eds., *Perinatal development: A psychobiological perspective* (397–419). New York: Academic Press.

Suomi, S. J. (1991). Uptight and laid-back monkeys: Individual differences in the response to social challenges. In S. E. Brauth, W. S. Hall, and R. J. Dooling, eds., *Plasticity of development* (27–56). Cambridge, MA: MIT Press.

Suomi, S. J. (1997). Long-term effects of different early rearing experiences on social, emotional and physiological development in nonhuman primates. In M. S. Keshaven and R. M. Murray, eds., *Neurodevelopment and adult psychopathology* (104–116). Cambridge, England: Cambridge University Press.

Suomi, S. J. (1999). Attachment in rhesus monkeys. In J. Cassidy and P. R. Shaver, eds., *Handbook of attachment: Theory, research, and clinical applications* (181–197). New York: Guilford.

Suomi, S. J. (2002). Parents, peers, and the process of socialization in primates. In J. G. Borkowski, S. L. Ramey, and M. Bristol-Power, eds., *Parenting and the child's world: Influences on academic, intellectual, and social-emotional development* (265–279). Mahwah, NJ: Erlbaum.

Suzuki, D. T., Griffiths, A. J. F., Miller, J. H., and Lewontin, R. C. (1989). *An introduction to genetic analysis.* 4th ed. New York: W. H. Freeman.

Swim, J. K. (1994). Perceived versus meta-analytic effect sizes: An assessment of the accuracy of gender stereotypes. *Journal of Personality and Social Psychology* 66, 21–36.

Symons, D. (1992). On the use and misuse of Darwinism in the study of human behavior. In J. H. Barkow, L. Cosmides, and J. Tooby, eds., *The adapted mind: Evolutionary psychology and the generation of culture* (137–159). New York: Oxford University Press.

Tajfel, H. (1970, Nov.). Experiments in intergroup discrimination. *Scientific American* 223, 96–102.

Taylor, S. E., and Brown, J. D. (1988). Illusion and well-being: A social psychological perspective on mental health. *Psychological Bulletin* 103, 193–210.

Tesser, A. (1993). The importance of heritability in psychological research: The case of attitudes. *Psychological Review* 100, 129–142.

Tey, J. (1977). *The daughter of time.* New York: Pocket Books. Originally published in 1951.

Thorne, B. (1993). *Gender play: Girls and boys in school.* New Brunswick, NJ: Rutgers University Press.

Tibbetts, E. A. (2002, July 22). Visual signals of individual identity in the wasp *Polistes fuscatus. Proceedings of the Royal Society—Biological Sciences* 269, 1423–1428.

Tienari, P., Wynne, L. C., Moring, J., et al. (1994). The Finnish adoption family study of schizophrenia: Implications for family research. *British Journal of Psychiatry* 164, suppl. no. 23, 20–26.

Tooby, J., and Cosmides, L. (1990). On the universality of human nature and the uniqueness of the individual: The role of genetics and adaptation. *Journal of Personality* 58, 17–67.

Tooby, J., and Cosmides, L. (1995). Foreword to S. Baron-Cohen, *Mindblindness: An essay on autism and theory of mind* (xi–xviii). Cambridge, MA: MIT Press.

Townsend, F. (2000a, appeared in print in 2004). Birth order and rebelliousness: Reconstructing the research in *Born to Rebel. Politics and the Life Sciences* 19, 135–156.

Townsend, F. (2000b, appeared in print 2004). Taking *Born to Rebel* seriously: The need for independent review. *Politics and the Life Sciences* 19, 205–210.

Triandis, H. C. (1995). *Individualism and collectivism*. Boulder, CO: Westview Press.

Trivers, R. (1971). The evolution of reciprocal altruism. *Quarterly Review of Biology* 46, 35–57.

Trivers, R. (1985). *Social evolution*. Menlo Park, CA: Benjamin/Cummings.

Tully, L. A., Arseneault, L., Caspi, A.. Moffitt, T. E., and Morgan, J. (2004). Does maternal warmth moderate the effects of birth weight on twins' attention-deficit/hyperactivity disorder (ADHD) symptoms and low IQ? *Journal of Consulting and Clinical Psychology* 72, 218–226.

Turkheimer, E., and Waldron, M. (2000). Nonshared environment: A theoretical, methodological, and quantitative review. *Psychological Bulletin* 126, 78–108.

Turner, J. C., with Hogg, M. A., Oakes, P. J., Reicher, S. D., and Wetherell, M. S. (1987). *Rediscovering the social group: A self-categorization theory*. Oxford, England: Basil Blackwell.

Ullman, M. T., Corkin, S., Coppola, M., Hickok, G., Growdon, J. H., Koroshetz, W. J., and Pinker, S. (1997). A neural dissociation within language: Evidence that the mental dictionary is part of declarative memory, and that grammatical rules are processed by the procedural system. *Journal of Cognitive Neuroscience* 9, 266–276.

van Balen, F. (1998). Development of IVF children. *Developmental Review* 18, 30–46.

Vandell, D. L. (2000). Parents, peer groups, and other socializing influences. *Developmental Psychology* 36, 699–710.

Vandell, D. L., and Hembree, S. (1994). Peer social status and friendship: Independent contributors to children's social and academic adjustment. *Merrill-Palmer Quarterly* 4, 461–477.

Vandermeer, J. (2004, Jan. 23). The importance of a constructivist view (review of *Niche construction: The neglected process in evolution*, by J. Odling-Smee, K. N. Laland, and M. W. Feldman). *Science* 303, 472–473.

Vertegaal, R., and Ding, Y. (2002). Explaining effects of eye gaze on mediated group conversations: Amount or synchronization? *Proceedings of CSCW 2002 Conference on Computer Supported Collaborative Work* (41–48). New Orleans, LA: ACM Press.

Waring, N.-P. (1996, July 3). Social pediatrics. *Journal of the American Medical Association* 276, 76.

Watson, J. B., and Rayner, R. (2000). Conditioned emotional reactions. *American Psychologist* 55, 313–317. Originally published in 1920 in *Journal of Experimental Psychology*.

Weisfeld, G. E., and Billings, R. L. (1988). Observations on adolescence. In K. B. MacDonald, ed., *Sociobiological perspectives on human development* (207–233). New York: Springer-Verlag.

Wesseling, E. (2004). Judith Rich Harris: The Miss Marple of developmental psychology. *Science in Context* 17, 293–314.

White, K. R., Taylor, M. J., and Moss, V. D. (1992). Does research support claims about the benefits of involving parents in early intervention programs? *Review of Educational Research* 62, 91–125.

Whitfield, C. W., Cziko, A.-M., and Robinson, G. (2003, Oct. 10). Gene expression profiles in the brain predict behavior in individual honey bees. *Science* 302, 296–299.

Whiting, B. B., and Edwards, C. P. (1988). *Children of different worlds: The formation of social behavior.* Cambridge, MA: Harvard University Press.

Wierson, M., and Forehand, R. (1994). Parent behavioral training for child noncompliance: Rationale, concepts, and effectiveness. *Current Directions in Psychological Science* 3, 146–150.

Wilkinson, G. S. (1990, Feb.). Food sharing in vampire bats. *Scientific American* 262, 76–82.

Wilson, D. M., Killen, J. D., Hayward, C., Robinson, T. N., Hammer, L. D., Kraemer, H. C., Varady, A. and Taylor, C. B. (1994) Timing and rate of sexual maturation and the onset of cigarette and alcohol use among teenage girls. *Archives of Pediatrics and Adolescent Medicine* 148, 789–795.

Wilson, D. S. (2002). *Darwin's cathedral: Evolution, religion, and the nature of society.* Chicago, IL: University of Chicago Press.

Wilson, E. O. (1975). *Sociobiology: The new synthesis.* Cambridge, MA: Harvard University Press.

Wilson, M., and Daly, M. (1992). The man who mistook his wife for a chattel. In J. H. Barkow, L. Cosmides, and J. Tooby, eds., *The adapted mind: Evolutionary psychology and the generation of culture* (289–322). New York: Oxford University Press.

Winitz, H., Gillespie, B., and Starcev, J. (1995). The development of English speech patterns of a 7-year-old Polish-speaking child. *Journal of Psycholinguistic Research* 24, 117–143.

Withgott, J. (2002, Aug. 16). Birds spy on neighbors to choose nest sites. *Science* 297, 1107–1108.

Wood, J. V. (1989). Theory and research concerning social comparisons of personal attributes. *Psychological Bulletin* 106, 231–248.

Wright, K. (1997, October). Babies, bonds, and brains. *Discover* 18, 74–78.

Wright, R. (1994). *The moral animal.* New York: Pantheon.

Yan, H., Yuan, W., Velculescu, V. E., Vogelstein, B., and Kinzler, K. W. (2002, Aug. 16). Allelic variation in human gene expression. *Science* 297, 1143.

Young, A. W., Hay, D. C., and Ellis, A. W. (1985). The faces that launched a thousand slips: Everyday difficulties and errors in recognizing people. *British Journal of Psychology* 76, 495–523.

Zaslow, M., Tout, K., Smith, S., and Moore, K. (1998). Implications of the 1996 welfare legislation for children: A research perspective. *Social Policy Report, Society for Research in Child Development* 12, no. 3, 1–34.

Zimbardo, P. G. (1993). Pathology of imprisonment. In B. Byers, ed., *Readings in Social Psychology* (15–19). Boston: Allyn & Bacon. Originally published in 1972.

國家圖書館出版品預行編目資料

每個孩子都不一樣：解開人格差異與形成之謎（暢銷經典版）/ 茱蒂·哈里斯
（Judith Rich Harris）著；洪蘭譯. – 再版. – 台北市：商周出版：家庭傳
媒城邦分公司發行，2007（民 96）面；公分. –

譯自：*No Two Alike: Human Nature and Human Individuality*

ISBN 978-986-477-620-7（平裝）

1. 差異心理學　2. 個性　3. 人格

173.71　　　　　　　　　　　　　　　　　　　　　108001028

每個孩子都不一樣：解開人格差異與形成之謎（暢銷經典版）

原 著 書 名／No Two Alike: Human Nature and Human Individuality
作　　　者／茱蒂·哈里斯（Judith Rich Harris）
譯　　　者／洪蘭
責 任 編 輯／陳伊寧、賴芊曄

版　　　權／林心紅
行 銷 業 務／李衍逸、黃崇華
總　編　輯／楊如玉
總　經　理／彭之琬
發　行　人／何飛鵬
法 律 顧 問／元禾法律事務所 王子文律師
出　　　版／商周出版
　　　　　　台北市 104 民生東路二段 141 號 9 樓
　　　　　　電話：(02) 25007008　傳真：(02)25007759
　　　　　　E-mail：bwp.service@cite.com.tw
　　　　　　Blog：http://bwp25007008.pixnet.net/blog
發　　　行／英屬蓋曼群島商家庭傳媒股份有限公司城邦分公司
　　　　　　台北市中山區民生東路二段 141 號 2 樓
　　　　　　書虫客服服務專線：(02)25007718；(02)25007719
　　　　　　服務時間：週一至週五上午 09:30-12:00；下午 13:30-17:00
　　　　　　24 小時傳真專線：(02)25001990；(02)25001991
　　　　　　劃撥帳號：19863813；戶名：書虫股份有限公司
　　　　　　讀者服務信箱：service@readingclub.com.tw
　　　　　　城邦讀書花園：www.cite.com.tw
香港發行所／城邦（香港）出版集團有限公司
　　　　　　香港灣仔駱克道 193 號東超商業中心 1 樓
　　　　　　E-mail：hkcite@biznetvigator.com
　　　　　　電話：(852) 25086231 傳真：(852) 25789337
馬新發行所／城邦（馬新）出版集團【Cite (M) Sdn. Bhd.】
　　　　　　41, Jalan Radin Anum, Bandar Baru Sri Petaling,
　　　　　　57000 Kuala Lumpur, Malaysia.
　　　　　　Tel: (603) 90578822　Fax: (603) 90576622
　　　　　　Email: cite@cite.com.my

封 面 設 計／李東記
排　　　版／極翔企業有限公司
印　　　刷／韋懋實業有限公司
經　銷　商／聯合發行股份有限公司
　　　　　　電話：(02) 2917-8022　Fax: (02) 2911-0053
　　　　　　地址：新北市 231 新店區寶橋路 235 巷 6 弄 6 號 2 樓

■ 2019 年（民 108）2 月再版 1 刷　　　　　　　　Printed in Taiwan
■ 2022 年（民 111）4 月再版 1.5 刷

定價 450 元

城邦讀書花園
www.cite.com.tw